汽车快修
从入门到精通

顾惠烽 等编著

化学工业出版社
·北京·

这是一本专门针对社区汽车快修从业人员编写而成的快修店圣经，内容涵盖汽车快修的方方面面。

全书共分三篇，第一篇为汽车快修技术基础知识，第二篇为汽车快修技术入门与进阶，第三篇为汽车快修技术提高与精通。

本书内容讲解循序渐进，重点介绍汽车快修的基础知识和基本技能。全彩图解结合视频讲解，直观易懂。可供非4S店汽车快修从业者使用，也可作为职业院校、培训学校相关专业的培训教材，私家车主和汽车驾驶员也可参考。

图书在版编目（CIP）数据

汽车快修从入门到精通 / 顾惠烽等编著. —北京：化学工业出版社，2019.8（2024.5 重印）
ISBN 978-7-122-34436-6

Ⅰ.①汽… Ⅱ.①顾… Ⅲ.①汽车-车辆修理 Ⅳ.① U472.4

中国版本图书馆 CIP 数据核字（2019）第 085537 号

责任编辑：黄　滢	文字编辑：冯国庆
责任校对：边　涛	装帧设计：刘丽华

出版发行：化学工业出版社（北京市东城区青年湖南街13号　邮政编码100011）
印　　装：北京盛通数码印刷有限公司
787mm×1092mm　1/16　印张25　字数639千字　2024年5月北京第1版第4次印刷

购书咨询：010-64518888　　　　　　　　　　　　　售后服务：010-64518899
网　　址：http://www.cip.com.cn
凡购买本书，如有缺损质量问题，本社销售中心负责调换。

定　　价：99.00元　　　　　　　　　　　　　　　　　　　　版权所有　违者必究

前言

随着我国私家车保有量的持续增加，人们对汽车服务的需求也越来越高，不仅仅满足于4S店的单一规范化服务模式。因此，社区汽车快修店作为一种方便快捷的运营模式便应运而生，逐渐受到大多汽车消费者的青睐和广泛关注，日益蓬勃发展起来。

从整个汽车市场未来发展来看，汽车快修服务行业的前景广阔，市场空间巨大。汽车行业对汽车快修从业人员的需求量也会越来越多。为此，我们从初学者的角度出发，根据实际的岗位需求，编写了《汽车快修从入门到精通》一书。

本书系统全面地介绍了汽车快修技术，是一本适合汽车快修相关的从业者或专业院校师生的"充电宝"，内容涉及汽车快修业务的方方面面。全书内容分三篇共二十一章。第一篇为汽车快修技术基础知识，涵盖汽车养护周期、汽车快修流程、操作规范、工具设备以及汽车快修相关专业术语。第二篇为汽车快修技术入门与进阶，涵盖常规检查、油液更换、易损件的检查与更换、清洁养护与清洗、美容装饰与修复等内容。第三篇为汽车快修技术提高与精通，涵盖电气部件、轮胎、车轮、制动器、离合器、传动轴、空调、座椅、音响、导航、车灯及其线路等快修操作内容，重点介绍汽车快修的操作步骤和要领以及快修作业中常见故障排除的策略和技巧。

本书在编写过程中以行业规范为依托，注重知识性、系统性、实操性相结合，力求以直观的方式将实用的内容呈现给读者。充分发挥了图解的特色，主要以"全彩图解"的形式向读者传授汽车快修的基础知识和基本技能，真正做到用"图"说话——以"图"代"解"，以"解"说"图"，一目了然，通俗易懂。

书中对于难度较大的复杂知识点，还专门配备了"视频教学"，视频以"二维码"形式呈现。读者学习时可通过手机扫描书内的二维码，同步、实时地浏览对应知识点的数字媒体教学资源。数字媒体资源与图书的图文资源相互衔接、互为补充，可充分调动读者的主观能动性，确保读者在短时间内获得最佳的学习效果。

为了确保专业品质，本书的彩色图文内容和录制的教学视频均由一线教学专家团队编写和制作而成。参加本书编写的人员有顾惠烽、罗永志、彭川、陈浩、李金胜、丘会英、周迪培、顾森荣、冼锦贤、冼绕泉、黄木带、陈志雄、冼志华、黄俊飞。

限于笔者水平，书中疏漏之处在所难免，恳请广大读者批评指正。

编著者

目录

🔧 第一篇　汽车快修技术基础知识

01 第一章　了解汽车快修作业

第一节　汽车快修基本流程 …………………………………………………………… 2
第二节　汽车快修安全操作规范 ……………………………………………………… 6
第三节　汽车快修注意事项 …………………………………………………………… 8

02 第二章　熟悉汽车快修常用工具及设备

第一节　快修常用工具 ………………………………………………………………… 11
第二节　快修常用量具 ………………………………………………………………… 17
第三节　快修常用仪器 ………………………………………………………………… 20
第四节　快修常用设备 ………………………………………………………………… 22

03 第三章　了解汽车快修养护周期

第一节　发动机养护周期 ……………………………………………………………… 24
第二节　变速器养护周期 ……………………………………………………………… 27
第三节　制动系统养护周期 …………………………………………………………… 29
第四节　车轮和转向系统养护周期 …………………………………………………… 30

04 第四章　掌握汽车快修相关专业术语

第一节　点火顺序 ……………………………………………………………………… 32
第二节　闭环控制 ……………………………………………………………………… 33

第三节　失火 ·· 36
第四节　缸内直喷 ·· 37
第五节　空燃比 ·· 39
第六节　双离合自动变速器 ··· 40
第七节　无级变速器 ·· 41
第八节　直接换挡变速器 ··· 43

第二篇　汽车快修技术入门与进阶

05 第五章　汽车快修常规检查项目

第一节　概述 ··· 46
第二节　车身外观检查 ·· 46
第三节　灯光及雨刮检查 ··· 47
第四节　发动机舱检查 ·· 49
第五节　车内检查 ·· 52
第六节　后备厢检查 ·· 53
第七节　底盘检查 ·· 54
第八节　检查全车各部位连接及螺栓 ·· 54

06 第六章　汽车用油液的检查与更换

第一节　汽车用油液的种类 ··· 57
第二节　汽车用油液的功能与特性 ·· 59
第三节　发动机机油的检查与更换 ·· 63
第四节　检查和更换冷却液 ··· 65
第五节　检查和更换制动液 ··· 66
第六节　检查和更换转向助力液 ·· 67
第七节　玻璃水的检查与添加 ··· 69
第八节　检查和更换制冷剂 ··· 70
第九节　检查蓄电池和补充电解液 ·· 77
第十节　更换自动变速器油 ··· 78
第十一节　更换手动变速器油 ··· 80

07 第七章 汽车易损件的检查与更换

第一节　汽车易损件概述 ································ 82
第二节　检查和更换机油滤清器 ·················· 82
第三节　检查和更换燃油滤清器 ·················· 83
第四节　检查和更换空气滤清器 ·················· 84
第五节　检查和更换空调滤清器 ·················· 85
第六节　点火线圈的检查与更换 ·················· 87
第七节　火花塞的检查与更换 ······················ 89
第八节　雨刮器的检查与更换 ······················ 90
第九节　刹车灯的检查与更换 ······················ 91
第十节　前保险杠的更换 ······························ 92
第十一节　后保险杠的更换 ·························· 95
第十二节　前翼子板的更换 ·························· 97

08 第八章 汽车清洁与养护技术基础

第一节　汽车清洁与养护的作用 ················ 100
第二节　汽车清洁与养护的时机 ················ 100
第三节　汽车清洁养护方法及注意事项 ···· 101

09 第九章 汽车清洗作业

第一节　车身清洗 ·· 104
第二节　底盘清洗 ·· 104
第三节　发动机舱清洗 ································ 105
第四节　内饰清洗 ·· 105
第五节　后备厢清洗 ···································· 107
第六节　轮毂清洗 ·· 107
第七节　电脑洗车设备清洗 ························ 108
第八节　无水洗车 ·· 109

10 第十章 汽车部件的清洁与保养

第一节 清洁节气门 ……………………………………………………… 110
第二节 清洁喷油嘴 ……………………………………………………… 112
第三节 清除燃烧室积炭 ………………………………………………… 117
第四节 清除进气歧管积炭 ……………………………………………… 118
第五节 清洗三元催化器 ………………………………………………… 120

11 第十一章 汽车美容装饰与修复

第一节 车窗玻璃贴膜 …………………………………………………… 121
第二节 内饰保养 ………………………………………………………… 123
第三节 车身镀晶 ………………………………………………………… 125
第四节 车身打蜡 ………………………………………………………… 126
第五节 底盘装甲 ………………………………………………………… 127
第六节 漆面封釉 ………………………………………………………… 128
第七节 漆面研磨 ………………………………………………………… 129
第八节 漆面抛光 ………………………………………………………… 131
第九节 划痕快速修复 …………………………………………………… 132
第十节 凹陷修复 ………………………………………………………… 133
第十一节 轮毂的修复翻新 ……………………………………………… 134
第十二节 车身轻微损伤钣金修复 ……………………………………… 135
第十三节 快速喷漆 ……………………………………………………… 138

第三篇 汽车快修技术提高与精通

12 第十二章 汽车重要部件的快修技术概述

第一节 汽车快修作业中重要部件的种类 ……………………………… 150
第二节 汽车重要部件的快修维护特点 ………………………………… 151

13 第十三章
汽车电气部件快修作业

第一节　蓄电池（电瓶）的检查与更换　153
第二节　更换正时皮带　155
第三节　更换正时链条　164
第四节　检查电动车窗　167
第五节　检查电动后视镜　169
第六节　车窗玻璃升降器检查和更换　170
第七节　匹配车辆遥控器　175
第八节　车门锁的检查和更换　176
第九节　起动机的检查与更换　180
第十节　发电机的检查与更换　182
第十一节　汽车电气系统间歇性故障的快修　184

14 第十四章
汽车轮胎的检查与维护

第一节　轮胎外观检查　187
第二节　轮胎胎压检查　188
第三节　轮胎充氮气　189
第四节　轮胎的拆卸与安装　190
第五节　快速补胎　190
第六节　轮胎的更换　191
第七节　轮胎位置调整　193
第八节　更换备胎　194

15 第十五章
汽车车轮动平衡与定位

第一节　车轮动平衡　195
第二节　车辆举升　197
第三节　汽车四轮定位　198

16 第十六章
汽车制动器的检查与保养

第一节　检查与更换前制动片　202
第二节　检查与更换后制动片　206

第三节	检查与更换制动主缸	210
第四节	检查与更换制动盘	215
第五节	检查与更换制动管路	217
第六节	检查和调整手制动	219

17 第十七章
汽车空调的检查与保养

第一节	冷凝器的检查与更换	222
第二节	膨胀阀的检查与更换	224
第三节	压缩机的检查与更换	225
第四节	压缩机传动皮带的检查、调整与更换	230
第五节	空调压力开关的检查与更换	232
第六节	蒸发器温度传感器的检查与更换	233
第七节	空调系统检漏	236

18 第十八章
汽车音响导航设备快修作业

第一节	喇叭音量音调检查	238
第二节	检查与更换车载喇叭	239
第三节	行车喇叭的检查和更换	241
第四节	车载导航系统维护	243
第五节	检查和更换 CD 机	244
第六节	检查无线电广播设备	247
第七节	检查扬声器电路	248
第八节	检查收音机电源电路	252

19 第十九章
汽车车灯及其线路的检查与更换

第一节	检查车灯线路	253
第二节	近光灯的检查与更换	255
第三节	远光灯的检查与更换	259
第四节	警告灯的检查	262
第五节	前雾灯的检查与更换	264
第六节	后雾灯的检查与更换	269
第七节	危险警告开关的检查与更换	273
第八节	制动灯开关的检查与更换	278

第九节　转向信号闪光灯继电器的检查与更换 279
第十节　灯控灯开关电路的检查 281
第十一节　灯光系统故障症状及检查部位 284

20 第二十章 其他重要部件的快修作业

第一节　前减振器检查与更换 288
第二节　后减振器检查与更换 295
第三节　下摆臂的检查与更换 298
第四节　连接杆的检查与更换 302
第五节　转向机外球头的检查与更换 303
第六节　转向机内拉杆的检查与更换 306
第七节　传动轴及其防尘套的检查与更换 307
第八节　悬架系统的检查 318
第九节　离合器的检查与维护 320
第十节　发动机舱盖的检查与拆装 323
第十一节　后备厢盖的检查与拆装 325
第十二节　拆装座椅 327
第十三节　拆装雨刮水壶 330
第十四节　冷却系统防锈处理 332

21 第二十一章 汽车快修作业中常见故障的诊断与排除

第一节　发动机常见故障 334
第二节　变速器常见故障 344
第三节　传感器常见故障 349
第四节　执行器常见故障 370
第五节　启动系统常见故障 374
第六节　转向制动与照明系统常见故障 381
第七节　其他常见故障 386

参考文献 390

第一篇

汽车快修技术基础知识

第一章 了解汽车快修作业

第一节 汽车快修基本流程

 一、汽车维修服务工作流程

 1. 接待服务（表1-1-1）

表1-1-1 接待服务

序号	项目	内　容
1	接待准备	（1）服务顾问按规范要求检查仪容和仪表 （2）准备好必要的表单、工具、材料 （3）环境维护及清洁
2	迎接顾客	（1）主动迎接，并引导顾客停车 （2）使用标准问候语言 （3）恰当称呼顾客 （4）注意接待顺序
3	检查登记	（1）安装"三件套"（前左右翼子板垫、中网垫） （2）基本信息登录 （3）环车检查 （4）详细、准确地填写接车登记表
4	现场问诊	了解顾客关心的问题，询问顾客的来意，仔细倾听顾客的要求及对车辆故障的描述

续表

序号	项目	内　容
5	故障确认	（1）可以立即确定故障的，根据质量担保规定，向顾客说明车辆的维修项目和顾客的需求是否属于质量担保范围内 （2）如果当时很难确定是否属于质量担保范围，应向顾客说明原因，待进一步进行诊断后做出结论。如仍无法断定，将情况上报汽车服务部，待批准后做出结论 （3）不能立即确定故障的，向顾客解释（须经全面仔细检查后才能确定）
6	获得、核实顾客、车辆信息	（1）向顾客取得行驶证及车辆保养手册 （2）引导顾客到接待前台，请顾客坐下
7	确认备品供应情况	查询备品库存，确定是否有所需备品
8	估算备品/工时费用	（1）查看 DMS（汽车经销商管理）系统内顾客服务档案，以判断车辆是否还有其他可推荐的维修项目 （2）尽量准确地对维修费用进行估算，并将维修费用按工时费和备品费进行细化 （3）将所有项目及所需备品录入 DMS 系统 （4）如不能确定故障的，告知顾客待检查结果出来后，再给出详细费用
9	预估完工时间	根据对维修项目所需工时的估计及店内实际情况预估出完工时间
10	制作任务委托书	（1）询问并向顾客说明公司接受的付费方式 （2）说明交车程序，询问顾客旧件处理方式 （3）询问顾客是否接受免费洗车服务 （4）将以上信息录入 DMS 系统 （5）告诉顾客在维修过程中如果发现新的维修项目会及时与其联系，在顾客同意并授权后才会进行维修 （6）印制任务委托书，就任务委托书向顾客解释，并请顾客签字确认 （7）将接车登记表、任务委托书客户联交顾客
11	安排顾客休息	顾客在休息室等待

2. 作业管理（表1-1-2）

表 1-1-2　作业管理

序号	项目	内　容
1	服务顾问与车间主管交接	（1）服务顾问将车辆开至待修区，将车辆钥匙、"任务委托书"和"接车登记表"交给车间主管 （2）依"任务委托书"和"接车登记表"与车间主管进行车辆交接 （3）向车间主管交代作业内容 （4）向车间主管说明交车时间要求及其他须注意事项
2	车间主管向班组长派工	（1）车间主管确定派工优先度 （2）车间主管根据各班组的技术能力及工作状况，向班组派工
3	实施维修作业	（1）班组接到任务后，根据"接车登记表"对车辆进行验收 （2）确认故障现象，必要时试车 （3）根据"任务委托书"上的工作内容，进行维修或诊断 （4）维修技师凭"任务委托书"领料，并在出库单上签字 （5）非工作需要不得进入车内，不能开动顾客车上的电气设备 （6）对于顾客留在车内的物品，维修技师应小心地加以保护，若非工作需要严禁触动，因工作需要触动时要通知服务顾问以征得顾客的同意

续表

序号	项目	内容
4	作业过程中存在的问题	（1）作业进度发生变化时，维修技师必须及时报告车间主管及服务顾问，以便服务顾问及时与顾客联系，取得顾客谅解或认可 （2）作业项目发生变化时进行增项处理
5	自检及班组长检验	（1）维修技师作业完成后，先进行自检 （2）自检完成后，交班组长检验 （3）检查合格后，班组长在"任务委托书"上写下车辆维修建议、注意事项等，并签名 （4）交质检员或技术总监进行质量检验
6	总检	质检员或技术总监进行100%总检
7	车辆清洗	（1）总检合格后，若顾客接受免费洗车服务，将车辆开至洗车工位，同时通知车间主管及服务顾问车已开始清洗 （2）清洗车辆外观，必须确保不出现漆面划伤、外力压陷等情况 （3）彻底清洗驾驶室、后备厢、发动机舱等部位，地毯、仪表板等部位的灰尘也要清理干净，注意保护车内物品 （4）清洁后将车辆停放到竣工停车区，将车辆停放整齐，车头朝向出口方向

3. 交车服务（表1-1-3）

表1-1-3　交车服务

序号	项目	内容
1	通知服务顾问准备交车	（1）将车钥匙、"任务委托书"和"接车登记表"等物品移交车间主管，并通知服务顾问车辆已修完 （2）通知服务顾问停车位置
2	服务顾问内部交车	（1）检查"任务委托书"，以确保顾客委托的所有维修保养项目的书面记录都已完成，并有质检员签字 （2）实车核对"任务委托书"，以确保顾客委托的所有维修保养项目在车辆上都已完成 （3）确认故障已消除，必要时试车 （4）确认从车辆上更换下来的旧件 （5）确认车辆内外清洁度（包括无灰尘、油污、油脂） （6）其他检查：除车辆外观外，不遗留抹布、工具、螺母、螺栓等
3	通知顾客，约定交车	（1）检查完成后，立即与顾客取得联系，告知车已修好 （2）与顾客约定交车时间 （3）大修车、事故车等不要在高峰时间交车
4	陪同顾客验车	（1）服务顾问陪同顾客查看车辆的维修保养情况，依据"任务委托书"及"接车登记表"，实车向顾客说明 （2）向顾客展示更换下来的旧件 （3）说明车辆维修建议及车辆使用注意事项 （4）提醒顾客下次保养的时间和里程 （5）说明备胎、随车工具已检查并说明检查结果 （6）向顾客说明、展示车辆内外已清洁干净 （7）告知顾客3日内销售服务中心将对顾客进行服务质量跟踪电话回访，询问顾客方便接听电话的时间 （8）当顾客的面取下"三件套"，放于回收装置中

续表

序号	项目	内容
5	制作结算单	（1）引导顾客到服务接待前台，请顾客坐下 （2）打印出"车辆维修结算单"及出门证
6	向顾客说明有关注意事项	（1）根据"任务委托书"上的"建议维修项目"向顾客说明这些工作是被推荐的，并记录在"车辆维修结算单"上。特别是有关安全的建议维修项目，要向顾客说明必须维修的原因及不修复可能带来的严重后果，若顾客不同意修复，要请顾客注明并签字 （2）对保养手册上的记录进行说明（如果有） （3）对于首保顾客，说明首次保养是免费的保养项目，并简要介绍质量担保规定和定期维护保养的重要性 （4）将下次保养的时间和里程记录在"车辆维修结算单"上，并提醒顾客留意 （5）告知顾客会在下次保养到期前提醒、预约顾客来店保养 （6）与顾客确认方便接听服务质量跟踪电话的时间并记录在车辆维修结算单上
7	解释费用	（1）依"车辆维修结算单"，向顾客解释收费情况 （2）请顾客在"车辆维修结算单"上签字确认
8	服务顾问陪同顾客结账	（1）服务顾问陪同自费顾客到收银台结账 （2）结算员将"车辆维修结算单"、发票等叠好，注意有收费金额的页面朝外 （3）将找回的零钱及出门证放在叠好的发票等上面，双手递给顾客 （4）收银员感谢顾客的光临，与顾客道别
9	服务顾问将资料交还顾客	（1）服务顾问将车钥匙、行驶证、保养手册等相关物品交还给顾客 （2）将能够随时与服务顾问取得联系的方式（电话号码等）告诉顾客 （3）询问顾客是否还有其他要求
10	送顾客离开	送别顾客并对顾客的惠顾表示感谢

二、汽车快修工作流程

汽车快修工作流程如表 1-1-4 所示。

表 1-1-4 汽车快修工作流程

序号	项目	内容
1	检查诊断	（1）根据客户指定的问题进行针对性的检测，必要时使用相应的仪器和设备 （2）进行检测工作时，会与车主进行接触。原则上，维修技师不参与车主的交流，无法避免时，应礼貌回答，但不做深入讲解
2	故障记录	（1）检查车主指定现象存在的原因，确定是否属于正常现象 （2）对查明的原因，逐一记录在接车服务单"检测说明"栏位置 （3）对解决故障所需的配件及耗材逐一列明，然后交由接待顾问立刻进行"项目估价"。与车主一同等待确认后，确定是否进行施工作业。如客户不需要再离开
3	领料	维修技师根据用料计划，到陈列区或库房办理物料出库手续
4	施工作业	（1）及时按照派工要求严格进行施工作业 （2）施工作业前，安装防护"三件套" （3）关注施工作业的进度，确保能按照约定时间或提前完工交车

续表

序号	项目	内容
5	免费检测和安全检测	（1）完成车主指定的项目作业之后，方可进行公司免费检测的服务 （2）严格按照"免费检测单"所列项目进行检测，并逐一记录 （3）逐一填写服务建议所需的配件及服务项目，如果安全检测没有发现异常，则将"免费检测单"和接车单交车间主管并协同进行"完工总检" （4）如果发现异常，则将"安全检测单"和接车单一并移交接待顾问，由接待顾问向车主进行"追加估价" **注意：**完成车主指定作业项目后如不影响免费检测，则可暂时不装回车辆相关部件或装饰件。待完成检测后，方可一并完成安装
6	追加作业	（1）车主确定追加作业项目后，立刻进行追加项目作业 （2）完成之后，将"接车服务单"及"免费检测单"交店长进行"完工总检" （3）如未通过总检，则对未通过项目进行返工 （4）如通过总检，则将车钥匙和接车单交店长处。然后，将车主要求保留的旧件和余料以及车主购买未用完的余料装入后备厢（如果较脏，应先用干净的塑料袋或纸箱进行包装） （5）快速清理施工区，将余料旧件放入指定区域，收拾工具，恢复施工等待状态。地面如有油污，则按要求立刻进行清洁，完成清洁后，方可接待下一辆车入位施工
7	完工总检	（1）店长根据派工单和检测单要求，按技术规范和顾客要求对车辆作业结果进行质量检查，发现不足或遗漏，通知维修技师返工 （2）通过总检，应再次检查车辆上是否有遗漏的工具和耗材，并恢复车辆卫生。接过接车单、检测单和车钥匙，并将车驾驶出车间，停车入停车位，拉手刹，锁好车窗，取出车钥匙和随车单据，锁好车门 （3）将车钥匙及随车单据移交该车接待处 **注意：**如果店长不在店或太忙，本项由车辆接待顾问负责

第二节 汽车快修安全操作规范

 汽车维修技师安全操作规程

❶ 修理工必须先接受专业技术训练和培训，取得专业资格后才能担任修理技术工作。
❷ 没有车辆驾驶执照的修理工，不得从事汽车修理后的驾驶测试。
❸ 修理工必须穿工作服上班，袖口必须扣好，如留长发要将其压在帽子里，以免发生机械事故（图1-2-1）。
❹ 工作前应检查所使用的工具是否完好。施工时工具必须摆放整齐，不得随地乱放，工作后应清点工具并擦干净，按要求放入工具车或工具箱内（图1-2-2）。
❺ 车辆进入工位，熄火停稳后，垫好垫木、支好举升机臂、锁上保险。
❻ 严禁在发动机运转时，进入车下检查底盘或从事拆装作业。
❼ 严格控制灰尘、风沙，做好密封工作。清洗机件后的汽油应及时处理。

图 1-2-1　穿着工作服及劳保用品

图 1-2-2　检查工具是否有缺失

⑧ 拆装或搬移蓄电池时，应防止电解液溅到皮肤或衣物上，防止电解液中的硫酸损伤皮肤和衣物。蓄电池盖的气孔应经常检查有否堵塞，电解液平面不可超出规定。充电时盖子要打开，以免蓄电池发生爆炸。

⑨ 轮胎充气时，禁止人员靠近轮胎压圈的一边，以免压圈突然跳出伤人。

⑩ 各车间内应配置消防设备，并进行定期检查，保持完好有效，所有工人都应会使用消防灭火器材。

⑪ 溢漏出来的油料，必须立即铺撒砂子，并从车间清除出去。

⑫ 每天都应检查空气压缩机的自动调节阀，如发现管路有漏气现象，应立即修复，以免污染车间内的空气。

⑬ 拆装零部件时，必须使用合适工具或专用工具，不得大力蛮干，不得用硬物或手锤直接敲击零件。所有零件拆卸后要按顺序摆放整齐，不得随地堆放。

⑭ 废油应倒入指定废油桶收集，不得随地乱倒或倒入排水沟内，防止废油污染。

⑮ 修理作业时应注意保护汽车漆面光泽、装饰、座位以及地毯，并保持修理车辆的整洁。车间内不准吸烟。

⑯ 用千斤顶进行底盘作业时，必须选择平坦、坚实的场地并用角木将前后轮塞稳，然后用安全凳按车型规定支撑点将车辆支撑稳固。严禁单纯用千斤顶顶起车辆在车底作业。

⑰ 修配过程中应认真检查原件或更换件是否符合技术要求，并严格按修理技术规范精心进行作业和检查调试。

⑱ 发动机过热时，不得打开水箱盖，谨防沸水烫伤。

⑲ 地面指挥车辆行驶或移位时，不得站在车辆正前方或后方，并注意周围障碍物。

⑳ 清洁零件时，不得使用含铅的汽油。

㉑ 不得使用汽油清洗发动机，如必须使用汽油，必须先将蓄电池线拆下，绝对禁止在发动时清洗。

㉒ 修车使用的工作灯，必须是 36V 的安全电压，严禁用高压灯。下班时要切断电源。

㉓ 吊装、拆卸、组装要互相协作，由一人指挥，严防失误，防止滑落、挤压、碰撞、飞溅、燃烧伤人。

㉔ 使用机具、电钻、手砂轮、风扳手、喷灯时要执行有关操作规程，做到人离断电、火源熄。油桶、油盆、油箱加盖密封。

㉕ 认真检查零件、总成是否符合质量要求，严禁使用伪劣配件。

㉖ 正确使用设备和专用工具，不锤击、不敲打、不违章作业。

㉗ 配件、工件不落地，做好场地清洁。

二、汽车零部件大修安全操作规程

① 必须熟悉修理设备、工具，掌握其安全的使用方法。
② 工作前必须穿戴好劳保用品，针对具体工作内容提出安全生产要求。
③ 工作前应清理好现场，检查好工具、设备，使现场具备安全工作的条件。
④ 清洗配件应在专用的清洗盆内进行，手不可直接接触氢氧化钠等强腐蚀性的物品。
⑤ 工房、检验场所禁止吸烟。
⑥ 修理工房的电器设备应定期检查，修车使用的工作灯，其电压不超过36V。
⑦ 精密零件、部件，不准乱敲、乱打，按技术要求进行装配。
⑧ 对加铅汽油禁止用嘴吸胶管抽油，防止中毒。
⑨ 清洗配件时应用煤油（空白汽油），如必须用汽油或柴油清洗配件时，工作完毕应立即用热水和肥皂洗手。
⑩ 修理场地要保持清洁，做到文明生产，工作完毕应将易燃易爆品放置在安全地带。
⑪ 在试刹车时，要选择路段比较宽直的安全地带，并注意前后车辆，严禁在修理区域试刹车。
⑫ 在车辆修理区，必须配有消防器材。

三、汽车维修电工安全操作规程

① 安装检修时要使用专用工具，不准用铁锤等物敲打电气设备。
② 检修蓄电池时，应戴防护镜和耐酸手套，防止酸液溅出，检修现场不准存放易燃物品。
③ 维修工作结束时，要清点工具，防止遗留在发动机内。
④ 用汽油清洗零件时，严禁动用明火。

第三节 汽车快修注意事项

1. 工具使用

① 拆装总成、零部件连接螺栓及各种轴、轴承、齿轮等时，应使用合适工具，不允许用錾子剔打或电、气焊切割，也不允许用活扳手代替锤子敲打。若必须用锤子击打时，应垫以软金属冲棒或衬板，以防损伤零件或基体。
② 拆装机件时，应避免损伤机件工作表面。能够使用拉压工具进行分解和装配的机件，应使用拉压工具，不得硬砸或乱敲击。

2. 总成或零件分解

① 分解各总成、零部件时，对偶合件、旋转件和不能互换的零件均应在拆散之前检查

原来有无装配记号，没有的应重新做标记（如对轮胎与轮辋安装位置做记号），以防装错而破坏了原配合或平衡状态。常言道：修理匠，怎么拆，怎么装，不怕缺件时间长，就怕忘记怎样装。

❷有安装方向要求的，应看好原方向或做上标记，以防装反，如活塞、气缸垫、连杆等，做记号非常重要。

3. 零件清洗

❶清洗滚动轴承时，清洗液的温度不应过高。
❷下列机件不能用碱性溶液清洗。
a. 橡胶件、油封、非金属摩擦片等。
b. 各种胶木齿轮和塑料零件、铝合金、锌合金等件。
c. 机件经化学溶液清洗后，应用净水反复冲洗，以洗净其表面的化学溶液。
d. 总成、零件清洗后，应用干净拭布擦净或用压缩空气吹干。
❸零件清洗后，应防止碰伤精加工表面，不急于装配的应涂上保护层，以防锈蚀。
❹油管、气管的内部应彻底清洗干净，以保证管路畅通。安装管接头时，不允许缠绕棉纱等物，以防堵塞管道。

4. 螺栓（母）的紧固

❶有力矩要求的螺栓，应按修理或使用说明书规定的力矩或拧紧操作要求拧紧。
❷装复螺栓、螺母时，按需要加装与螺栓直径相一致的垫圈，垫圈内径不能过大。
❸装复螺栓的长度应适当，不能露出过长或旋入部分过短，应将螺孔内的油、水、杂物清理干净后，再拧入螺栓。
❹技术要求较高部位处的螺栓、螺母，应仔细检查其螺纹状况及自锁能力好坏，不能任意用其他螺栓（母）代替。
❺用数个螺栓连接的结合面，在装配时应按规定的先后次序，分数次且用不同的力矩拧紧。无特殊要求的，一般应交叉对称且均匀地拧紧，不要先将某个螺栓（母）一次拧紧，以防零件变形或结合不紧。
❻锁止可靠。用锁销锁止的螺栓应注意锁销直径与锁孔内径配合适当，将锁销的一片扣在螺母的方平面上，不能弯扣在螺栓端头上。若用铁丝锁紧时，应按方向将锁线拉紧并锁好。镀铜或自锁的螺栓、螺母，不能多次反复使用，以防锁止失效。

5. 连接件的拆卸

❶拆卸螺纹连接件时，应注意螺纹的旋向，对于多螺栓连接件，还应注意其拆卸顺序。双头螺栓可在螺杆上拧紧两个螺母，然后用扳手拆卸。对于生锈螺栓，可采用反复进退法、锤子敲击法、煤油浸泡法或喷灯加热法等进行拆卸。拆卸螺纹连接时，不能随便增加接力杆，以防螺栓被拧断。出现断头螺栓时，若其断头高出基体，可将高出端锉成方形或焊上一个螺母将其拧出；若断头在机体内，可在螺栓端部钻一个小于螺栓直径的孔，然后敲入一个方冲或攻反扣螺纹后用丝锥或反扣螺栓将断头螺栓拧出。

❷过盈配合件的拆卸，应尽量采用拉压器等专用工具。无专用工具时，可垫软金属或木块进行敲击拆卸。不允许用锤子直接敲击零件表面，以防零件被敲坏。

❸一般在修理中不拆卸铆接件，若出现铆钉松动或需要更换铆接零件，可将铆钉钻掉

或錾去。

6. 油封、衬垫的安装

❶ 注意转轴与油封孔的同轴度，衬垫的材料和厚度均要符合要求，以防松旷或密封不良。另外，油封的选择要符合要求。

❷ 密封衬垫厚度要适当，使安装完毕之后，既能完成封油作用，又能不使有关零件出现松旷或变形。

第二章 熟悉汽车快修常用工具及设备

第一节 快修常用工具

 常用工具

1. 手锤

手锤由锤头和手柄组成。锤头质量有 0.25kg、0.5kg、0.75kg、1kg 等。锤头形状有圆头和方头。手柄用硬杂木制成，长一般为 320～350mm（图 2-1-1）。

2. 起子

起子（又称螺丝刀）是用来拧紧或旋松带槽螺钉的工具。起子分木柄起子、穿心起子、夹柄起子、十字起子和偏心起子等。起子的规格（杆部长）分为 50mm、65mm、75mm、100mm、125mm、150mm、200mm、250mm、300mm 和 350mm 等几种。使用起子时，要求起子刃口端应平齐，并与螺钉槽的宽度一致，起子上无油污。让起子口与螺钉槽完全吻合，起子中心线与螺钉中心线同心后，拧转起子，即可将螺钉拧紧或旋松（图 2-1-2）。

图 2-1-1 手锤

图 2-1-2 起子

3. 钳子

钳子的种类很多，汽车快修中常用鲤鱼钳、尖嘴钳和斜口钳三种。

（1）鲤鱼钳（图2-1-3） 用于夹持扁的或圆柱形零件，带刃口的鲤鱼钳可以切断金属。使用时，擦净钳子上的油污，以免工作时打滑。夹牢零件后，再弯曲或扭切；夹持大零件时，将钳口放大。不能用钳子拧转螺栓或螺母。

（2）尖嘴钳（图2-1-4） 用于在狭小地方夹持零件。

图 2-1-3 鲤鱼钳

图 2-1-4 尖嘴钳

（3）斜口钳（图2-1-5） 主要用于剪切导线和元器件多余的引线，还常用来代替一般剪刀剪切绝缘套管、尼龙扎线卡等。

（4）剥线钳（图2-1-6）

❶ 根据缆线的粗细型号，选择相应的剥线刀口。
❷ 将准备好的电缆放在剥线钳的刀刃中间，选择好要剥线的长度。
❸ 握住剥线钳手柄，将电缆夹住，缓缓用力，使电缆外表皮慢慢剥落。
❹ 松开剥线钳手柄，取出电缆线，这时电缆金属整齐露在外面，其余绝缘塑料完好无损。

图 2-1-5 斜口钳

图 2-1-6 剥线钳

（5）大力钳（图2-1-7） 能以较大的夹紧力夹持工件。

图 2-1-7 大力钳

4. 扳手

用于拆装有棱角的螺栓和螺母。汽车修理中常用的有开口扳手、梅花扳手、套筒扳手、活络扳手、力矩扳手等。

（1）开口扳手（图2-1-8） 开口宽度在 6～24mm 内，有 6 件、8 件两种。适用于拆装一般标准规格的螺栓和螺母。

（2）梅花扳手（图2-1-9） 适用于拆装直径5～27mm的螺栓或螺母。每套梅花扳手有6件和8件两种。梅花扳手两端似套筒，有12个角，能将螺栓或螺母的头部套住，工作时不易滑脱。有些螺栓和螺母受周围条件的限制，梅花扳尤为适用。

图2-1-8　开口扳手

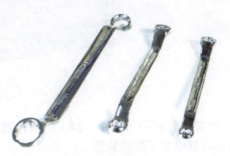

图2-1-9　梅花扳手

（3）套筒扳手（图2-1-10） 每套有13件、17件、24件三种。适用于拆装某些螺栓和螺母由于位置所限，普通扳手不能工作的地方。拆装螺栓或螺母时，可根据需要选用不同的套筒和手柄。

（4）活络扳手（图2-1-11） 此种扳手的开度可以自由调节，适用于不规则的螺栓或螺母。使用时，应将钳口调整到与螺栓或螺母的对边距离同宽，并使其贴紧，让扳手可动钳口承受推力，固定钳口承受拉力。扳手长度有100mm、150mm、200mm、250mm、300mm、375mm、450mm、600mm等。

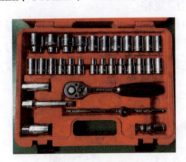

图2-1-10　套筒扳手

图2-1-11　活络扳手

（5）力矩扳手（图2-1-12） 力矩扳手又叫扭矩扳手、扭力扳手、扭矩可调扳手，是扳手的一种。按动力源可分为电动力矩扳手、气动力矩扳手、液压力矩扳手及手动力矩扳手；手动力矩扳手可分为预置式、定值式、表盘式、数显式、打滑式以及折弯式扳手，用以配合套筒拧紧螺栓。在汽车修理中扭力扳手是不可缺少的，如气缸盖螺栓、曲轴轴承螺栓等的紧固都需使用扭力扳手。

图2-1-12　力矩扳手

（6）指针式扭力扳手（图2-1-13）　指针式扭力扳手结构相对简单，它有一个刻度盘，当紧固螺栓时，扭力扳手的杆身在力的作用下发生弯曲，这样就可以通过指针的偏转角度大小表示螺栓、螺母的旋转程度，其数值可通过刻度盘读出。汽车维修中常用指针式扭力扳手的规格为300N·m。

图2-1-13　指针式扭力扳手

（7）梅花棘轮扳手（图2-1-14）　梅花棘轮扳手是普通梅花扳手的改进产品，它在梅花扳手的花环部增加了棘轮装置。

图2-1-14　梅花棘轮扳手

（8）内六角扳手（图2-1-15）　呈L形的六角棒状扳手，专用于紧固和拧松六角螺栓。

（9）机油滤清器扳手（图2-1-16）　分为钳式机油格扳手、帽式机油格扳手、三爪式机油格扳手。三者各有优劣。最好用的应该是帽式机油格扳手，因为它可以和机油滤清器无缝相扣，对机油滤清器没有损伤，需要不同车型配用相对应规格。

（10）气动扳手（图2-1-17）　气动扳手是汽修厂中最为常见的气动工具。气动扳手以压缩空气作为动力源，压缩空气进入风炮气缸之后带动里面的叶轮转动而产生旋转动力，同时叶轮再带动相连接的打击部位进行类似锤打的运动。在每一次敲击之后，把螺栓拧紧或者卸下来。它是一种既高效又安全的拆装螺栓的气动工具。

图2-1-15　内六角扳手

图2-1-16　机油滤清器扳手

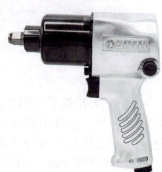

图2-1-17　气动扳手

二、专用工具

1. 火花塞套筒

火花塞套筒（图2-1-18）用于拆装发动机火花塞。火花塞套筒内六角对边尺寸为

22～26mm 的，用于拆装 14mm 和 18mm 的火花塞；火花塞套筒内六角对边为 17mm 的，用于拆装 10mm 的火花塞。

2. 黄油枪

黄油枪（图 2-1-19）用于各润滑点加注润滑脂，由油嘴、压油阀、柱塞、进油孔、杆头、杠杆、弹簧、活塞杆等组成。使用黄油枪时，将润滑脂一小团、一小团地装入储油筒，排除空气。装完后，拧紧端盖即可使用。对油嘴加注润滑脂时，应对正油嘴，不得歪斜。若加注不进去，应停止加注，检查油嘴是否堵塞。

图 2-1-18　火花塞套筒

图 2-1-19　黄油枪

3. 千斤顶

千斤顶（图 2-1-20）有螺旋千斤顶、液压千斤顶和液压举升器等。汽车常用液压千斤顶。千斤顶的举升力有 3t、5t、8t 等。液压千斤顶用于举升汽车及其他重物，其由顶块、螺旋杆、储油筒、油缸、摇动手柄、压油柱塞、柱塞筒、进出油阀、油阀、螺塞和壳体等组成。使用千斤顶前，应将汽车停放在平坦硬实的路面上，以防车辆倾斜；在松软路面上使用时，应在千斤顶底下加垫木；举升时，千斤顶应与重物垂直对正；千斤顶未支牢前及回落时，禁止在车下工作。使用千斤顶时，先把开关拧紧，放好千斤顶，对正被顶部位，压动手柄，就将重物顶起。当落下千斤顶时，将开关慢慢旋开，重物就逐渐下降。

图 2-1-20　千斤顶

4. 减振器弹簧压缩工具（图2-1-21）

❶ 在减振器弹簧拆装整个操作过程中，操作人员始终在减振器两侧，不得在减振器的两端，以防减振器弹簧没夹稳飞出。减振器弹簧拆装工作在总成修理间完成，周围不得有其他与工作无关人员。

❷ 拆卸前准备好所有工具及更换备件，减振器螺母拆下后操作人员不得离开现场，直至全部安装完毕。

图2-1-21　减振器弹簧压缩工具

5. 氧传感器拆装套筒

氧传感器拆装套筒用于拆装氧传感器，如图2-1-22所示。

图2-1-22　氧传感器拆装套筒

6. 油管拆装专用扳手

油管拆装专用扳手（图2-1-23）是维修制动液管路时的必备工具，它是介于梅花扳手与开口扳手之间的一种扳手。

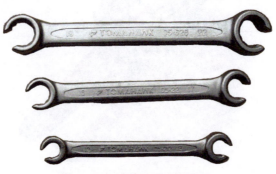

图2-1-23　油管拆装专用扳手

7. 拉马

拉马（图 2-1-24）是使轴承与轴相分离的拆卸工具。使用时用两个抓爪勾住轴承，然后旋转带有丝扣的顶杆，轴承就被缓缓拉出了。

图 2-1-24　拉马

第二节　快修常用量具

1. 卷尺（图 2-2-1）

图 2-2-1　卷尺

2. 钢直尺（图 2-2-2）

图 2-2-2　钢直尺

3. 游标卡尺（图 2-2-3）

图 2-2-3　游标卡尺

4. 万用表（图 2-2-4）

图 2-2-4　万用表

5. 外径千分尺（图 2-2-5）

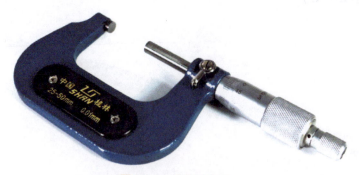

图 2-2-5　外径千分尺

6. 磁性表座及百分表（图 2-2-6）

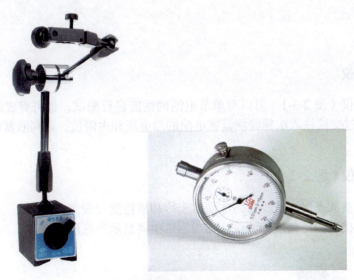

图 2-2-6　磁性表座及百分表

7. 轮胎花纹深度尺（图 2-2-7）

图 2-2-7　轮胎花纹深度尺

8. 试灯笔（图 2-2-8）

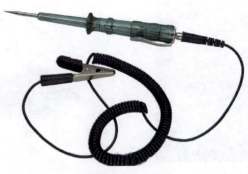

图 2-2-8　试灯笔

第三节　快修常用仪器

1. 蓄电池检测仪

蓄电池检测仪（图 2-3-1）可以对单节电池的性能进行测试，也可对成组使用的电池进行整体测试。通过交流注入法精确测量蓄电池的端电压和内阻值，来判断蓄电池容量和技术状态的优劣。

2. 冷却液检测仪（图 2-3-2）

❶ 测量防冻液冰点时，取少许防冻液涂于冷却液检测仪观测口上。
❷ 用眼睛直接观测冷却液检测仪，在观测口中将显示防冻液冰点。

图 2-3-1　蓄电池检测仪

图 2-3-2　冷却液检测仪

3. 制动液检测仪

制动液检测仪（图 2-3-3）是一款通过检测制动液中的含水量，来判断制动液是否需要更换的手持汽车检测设备，可以用来检测制动液 DOT3、DOT4 等。

图 2-3-3　制动液检测仪

图 2-3-4　空调压力检测表

4. 空调压力检测表

空调压力检测表（图2-3-4）是维修汽车空调冷气系统必不可少的重要工具，它与制冷系统相接可进行抽真空、加制冷剂和诊断制冷系统故障。空调压力检测表有多种用途，它可以用来检查系统压力、向系统充注制冷剂、抽真空、加注润滑油等。

5. 轮胎气压表

将轮胎气压表（图2-3-5）测量端槽口与轮胎气门嘴对正压紧，这时轮胎气压表指针发生偏转，其指示值即为该轮胎的充气压力，或者轮胎气压表的标尺在气压作用下被推出，这时标尺上所显示的数值即为该轮胎的充气压力。

6. 汽车故障诊断仪

汽车故障诊断仪（图2-3-6）是用于检测汽车故障的便携式智能汽车故障自检仪，用户可以利用它迅速地读取汽车电控系统中的故障，并通过液晶显示屏显示故障信息，迅速查明发生故障的部位及原因。

图 2-3-5　轮胎气压表

图 2-3-6　汽车故障诊断仪

7. 气缸压力测试表

气缸压力测试表（图2-3-7）是一种专门用于检查气缸内气体压力大小的量具。

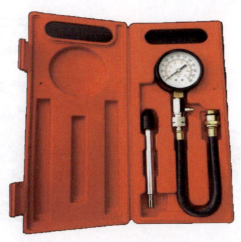

图 2-3-7　气缸压力测试表

8. 机油压力表

机油压力表（图 2-3-8）是一种专门用于检查机油压力的量具。

9. 燃油压力表

燃油压力表（图 2-3-9）是一种专门用于检查燃油压力的量具。

视频精讲

图 2-3-8　机油压力表

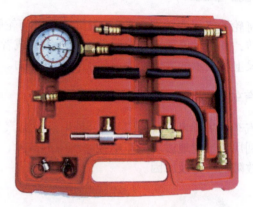

图 2-3-9　燃油压力表

第四节　快修常用设备

1. 轮胎拆装机

轮胎拆装机（图 2-4-1），也叫拆胎机、扒胎机，用于安装和拆卸汽车轮胎，可以为不同车辆更换轮胎，是汽车维修厂、快修店和 4S 店必备设备。轮胎拆装机有气动式与液压式两种，最常用的是气动式。

图 2-4-1　轮胎拆装机

图 2-4-2　轮胎动平衡机

2. 轮胎动平衡机

轮胎动平衡机（图2-4-2）用于检测轮胎的力偶不平衡度、两平面的不平衡度和角度位置等。轮胎动平衡试验比静平衡试验更能全面地测定轮胎在使用中的动态性能，一般多采用立式结构。轮胎动平衡机主要由机架、夹持盘、传动装置和检测系统等组成。

3. 车辆举升机

车辆举升机（图2-4-3）是用于汽车维修过程中举升汽车的设备。汽车开到举升机工位，通过人工操作可使汽车举升一定的高度，便于汽车维修。车辆举升机在汽车维修养护中发挥着非常重要的作用，现在的维修厂都配备了车辆举升机，车辆举升机是汽车维修厂的必备设备。

4. 四轮定位仪

四轮定位仪（图2-4-4）有前束尺和光学水准定位仪、拉线定位仪、CCD定位仪、激光定位仪和3D影像定位仪等几种，其中3D定位仪、CCD定位仪和激光定位仪是目前市场上的三大主流产品。3D定位仪是目前市场上最先进的四轮定位仪，测量方式先进，测量时间仅为传统定位仪的1/5。

图 2-4-3　车辆举升机

图 2-4-4　四轮定位仪

5. 废油抽取机（接油）（图2-4-5）

图 2-4-5　废油抽取机（接油）

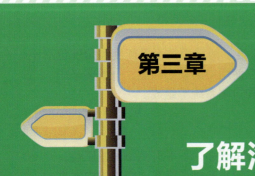

第三章 了解汽车快修养护周期

第一节 发动机养护周期

1. 机油和机滤的更换周期

机油和机滤更换是基础保养，机油又叫发动机润滑油。机油的更换周期一般为 7500km 或者 6 个月，哪个先到以哪个为准。对于新车或者刚刚大修过的汽车，第一次保养应小于 7500km 进行更换机油。因为新车或者刚大修过的车，发动机内部部件是新的，需要磨合才能完美地配合，易产生杂质。应选用正品机油，发动机内部部件是金属材料，金属表面相互摩擦，且运动速度快、工作环境特殊、温度高，在这样恶劣的环境下，只有用合格的机油才能保证发动机的正常工作。如果使用假机油，会导致活塞环卡死、拉缸、抱轴等故障。机油滤芯的作用是过滤机油，使机油有良好的润滑效果，因此和机油一起更换（图 3-1-1）。

图 3-1-1 更换机油和机滤

2. 空气滤芯的更换周期

空气滤芯（图3-1-2）的作用是过滤空气中的杂质、灰尘和颗粒物，起到净化空气的作用，使发动机有充足、干净的空气进行工作。根据车辆使用环境的情况选择更换周期，一般是20000km换一次，在平常保养时可对空气滤芯进行清洁。

图3-1-2　空气滤芯

3. 燃油滤清器的更换周期

燃油滤清器（图3-1-3）的作用是净化过滤燃油。燃油滤清器的滤芯分为外置和内置两种。外置燃油滤芯更换方便，可以2～3个保养周期换一次，也就是10000～15000km更换一次。内置燃油滤芯更换麻烦，工时费较高，可以选择20000～30000km换一次。

图3-1-3　燃油滤清器

4. 火花塞的更换周期

火花塞作为发动机工作的主要配件，其点火效果的好坏直接影响到发动机的工况和动力，更换周期根据品牌和材质选择，一般在40000km更换（图3-1-4）。

图 3-1-4　更换火花塞

5. 正时皮带的更换周期

正时皮带（图 3-1-5）是发动机中非常重要的一个部件，一般是 60000km 或 90000km（具体的更换时间可参考车辆用户手册）或者是 6 年换一次，时间和里程以先到为准。

图 3-1-5　正时皮带

6. 冷却液的更换周期

冷却液（图 3-1-6）作为发动机正常运转的必备条件，它的更换一定要及时。在冷却液中有各种作用的添加剂（如抗泡沫添加剂），添加剂在使用过程中会逐渐失去应有的作用，以至于不能起到冷却、防冻、防锈等效果。在不泄漏的前提下如抗泡沫添加剂失效时，冷却液在水泵叶轮的搅动下，会在冷却系统中产生大量的气体，气体会降低冷却效果，会增加冷却系统中的压力，导致冷却液溢出，从而引起发动机高温等现象的发生。更换周期一般在 60000km 或者 2 年。

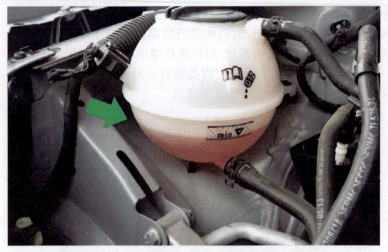

图 3-1-6 冷却液

第二节 变速器养护周期

一、自动变速器养护周期

❶ 汽车自动变速器(也称自动变速箱)在一般情况下每行驶 50000km 或每 2 年更换一次自动变速器油(ATF)。不过也要根据车型而定,不同的车型要求不一样。就日系车型来说,建议 40000～80000km 更换一次。

❷ 自动变速器工作过程(液力传动 - 变扭器、离合器等):由于变扭器在传递发动机动力时有一部分时间是利用液力实现的,因此这样会形成大量的热能,变速器工作温度在 120℃ 左右;同时离合器和制动器在工作时产生摩擦力矩时也会生成大量的热,因此会导致 ATF 在一定时间内变质。

❸ 自动变速器工作环境(温度、环境信息):经常工作在较苛刻环境下,变速器的工作负荷较大,导致变速器的工作温度升高,长时间也会导致 ATF 提前变质。

❹ 自动变速器的使用条件(驾驶员的驾驶习惯、极限范围):驾驶员总是追求动感驾驶模式,变速器总是在发动机高转速下完成换挡,长时间得不到高挡位的传动比,所以变速器温度会持续升高,从而导致 ATF 变质。

❺ 自动变速器数据参数的变化(压力、摩擦系数等):在某些工况下由于自动变速器的一些正常参数下降,导致压力、摩擦系数的降低而影响变速器的正常运转。

❻ 必须遵循对不同车型使用的自动变速器的养护要求。
a. 根据使用要求定期检查 ATF 的容量和品质。
b. 根据使用情况定期更换 ATF。
c. 选好专用型、质量符合使用标准的 ATF。

d. 选择最佳的养护方法进行养护作业（循环方式）。

e. 避免养护后带来问题。对于长时间未进行过养护的变速器，可能会因为更换 ATF 后而出现一些不可避免的问题。因为新的 ATF 具有清洁作用，如把原来油路中存有的油垢冲洗下来后，会影响变速器的正常运转，因此要对这种情况多加留意，最好在作业前解释清楚（图 3-2-1）。

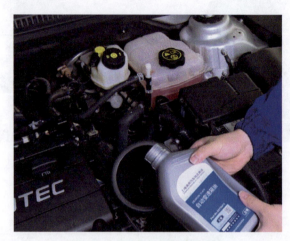

图 3-2-1　加注自动变速器油液

二、手动变速器养护周期

❶ 手动变速器油一般称为齿轮油，按其质量水平，美国石油学会将齿轮油分五档（GL-1 ～ GL-5）。GL-1 ～ GL-3 的性能要求较低，用于一般负荷下的正齿轮、伞齿轮，以及变速器和转向器等齿轮的润滑。GL-4 用于高速低扭矩和低速高扭矩条件下，汽车双曲线齿轮传动轴和手动变速器（图 3-2-2）的润滑。GL-5 的性能水平最高，用于运转条件苛刻的高冲击负荷的双曲线齿轮传动轴和手动变速器的润滑。齿轮油一般在正常行驶情况下 2 年或者 50000km 更换一次。

图 3-2-2　手动变速器

❷ 手动变速器的日常维护

a. 行驶一段里程后检查变速器是否有漏油的情况。

b. 检查变速器内油液是否充足。
c. 检查变速器内油液是否变质。
d. 变速器油及时更换。
e. 要选用润滑油黏度高，同时不会对变速器运作阻力产生影响的变速器油。

第三节　制动系统养护周期

❶ 制动系统由储液罐、制动液、制动总泵、真空助力器、制动踏板、制动开关、刹车灯、刹车油管、ABS、制动分泵总成、制动片和制动盘组成。

有的车后轮是鼓式制动，由制动鼓、从动片、主动片和制动分泵等组成。前制动器如图 3-3-1 所示。

视频精讲

图 3-3-1　前制动器

每次保养时制动系统是必查项目，检查刹车软管是否漏油，刹车片厚度、制动液、刹车盘和路试刹车性能是否良好。每套刹车片的使用寿命在 40000～60000km 之间，经常急刹车的刹车片磨损更快，更换周期更短。一般刹车片磨损到整个厚度的 1/3 时进行更换，刹车盘根据使用情况不同选择进行光刹车盘或更换刹车盘。

❷ 制动液（图 3-3-2）的更换周期一般是 2 年或者 60000km，以先到的为准。更换时一定要使用指定型号的制动液，不可以与其他品牌型号的制动液混用，以防产生化学反应，影响制动效果。随着时间和里程的增加，制动液中会慢慢地吸收空气的水分，水分过高会引起制动系统的腐蚀损伤。

图 3-3-2　制动液

制动液的沸点也会下降，在高负荷制动情况下，制动液中会产生气泡，进而影响制动效果和距离。

❸制动软管（图 3-3-3）使用时间长了要更换，其长时间接触空气、泥水以及风沙等，会出现开裂渗油。制动片要成套更换，不允许单换。市面上有许多品牌的制动片，选择时一定要配套合适，不同材质制动片的制动效果不同，制动距离也不同，对制动盘的磨损也不同，一定要慎选。

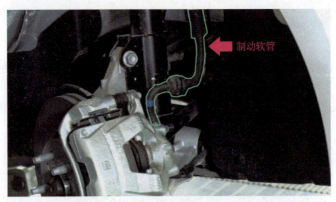

图 3-3-3 制动软管

第四节 车轮和转向系统养护周期

 车轮养护周期

❶轮胎使用期一般都是 3 年或 60000km（图 3-4-1）。

❷每行驶 15000km 对轮胎进行一次换位。如果急加油、急刹车、急打方向的情况比较少，根据实际使用情况，每行驶 20000km 对轮胎进行换位也可以。

第一点：如果轮胎出现老化现象（例如胎面花纹沟底或胎边有很多的小裂纹，已经快要伤及胎体），就需要及时将此轮胎换下，不管轮胎使用了多久以及磨损了多少。

第二点：如果轮胎花纹所剩沟槽深度达到或低于 1.6mm（轮胎胎面纵向直条沟槽内有指示该深度的指示标记），轮胎必须更换。

轮胎保养内容如下。

❶保管轮胎时，放置于阴暗、凉爽的地方并放掉轮胎内的空气。防止轮胎遭受日光直射、紫外线照射、臭氧、遇热等。这是很重要的。

❷下雨时应将轮胎搬到室内，以免轮胎内部进水。

❸轮胎粘上油或水，容易受到腐蚀或变形，因此应放在没有油和水的地方。

❹不要将轮胎放在可以导致其伤痕或变形的地方。

❺不要将轮胎放在发电机、电池等旁边。

❻长时间拆掉轮胎保管时，应注意轮胎内部渗出化学品，会弄脏地面。

图 3-4-1 轮胎

二、转向系统养护周期

汽车每行驶 40000 ~ 45000km，转向系统（图 3-4-2）需保养一次。
关于转向系统的保养检查，应从以下几点入手。

❶ 液压油是转向系统工作的关键，应定期检查液压油是否缺少，同时，清洗液压油杯及滤芯，防止液压油过脏或变质。

❷ 检查转向泵传动带的松紧度，松紧度应以手指按下 1cm 左右为宜。同时仔细观察是否有断口，如有，应及时更换。

❸ 定期检查液压系统的管接头是否有漏油现象，应防止液压油管与其他部件的接触而导致的摩擦破裂，同时，若液压油管有老化现象，应及时更换。

❹ 更换动力转向油时，油液品质应符合原厂要求，不同牌号的油液不能混用。

❺ 转向时，不可将方向盘长时间"打死"，特别是在原地转向时，要留有一定的余量，防止转向系统压力过大。

❻ 定期对转向系统进行清洗。由于动力转向油经常处于持续的极压和高温的工作环境下，所以一段时间后会出现污染劣化，并失去润滑性能，导致油泥、漆膜等沉积物生成，使汽车出现转向困难、方向盘发抖等故障。通过清洗可除去系统中的有害杂质和其他沉积物，消除动力转向系统内的噪声，并防止系统渗漏的发生和液压油泵的损坏。在更换液压油前，也应进行转向系统的清洗。

图 3-4-2 转向系统

第四章

掌握汽车快修相关专业术语

  第一节 点火顺序

❶ 汽油发动机都是多缸发动机，气缸数目一般有 3 个、4 个、5 个、6 个、8 个、10 个、12 个、16 个等，气缸的排列方式也有直列式和 V 型等形式。

❷ 多缸发动机各缸做功都有一个顺序，称为发动机的点火顺序。点火顺序取决于发动机结构、曲轴设计和曲轴负荷等因素。这里两次提及曲轴，实际上发动机的平稳性很大程度取决于曲轴，曲轴旋转不均匀而产生的离心惯性力，会使发动机振动。所以，曲轴曲拐（轴颈及其两端的曲柄）要尽可能对称均匀，连续做功的两缸相隔尽量远些，V 型发动机的左右两排气缸尽量交替做功等。因此，发动机必须要有一个能够平衡曲轴运转的点火顺序。

❸ 直列式发动机各气缸排列成一排，并呈直立状，排列在一个机体上共用一根曲轴和一个气缸盖。直列式发动机结构相对简单，易于制造和维修。但由于气缸直立使汽车前部比较高，影响轿车的空气动力学设计，因而直列式多用于 4 缸等小型发动机，防止尺寸过大。直列式 6 缸发动机如图 4-1-1 所示。

❹ V 型发动机的气缸分两排排列，两排气缸夹角为 60°～90°，呈 V 型而得名。两排气缸排列在一个机体上共用一根曲轴，各用一个气缸盖（即有两个气缸盖）。V 型发动机如图 4-1-2 所示。V 型发动机的优点是高度比直列式发动机小，汽车前部可以做得低一些，改善轿车的空气动力学性质，同时缩短了曲轴长度，不但减少了发动机的占用空间，使得发动机紧凑化，还可以减少发动机的扭转振动，令发动机运转更加平稳。当然其构造相对复杂，零件增加，成本增大。现在 V 型主要用于 6 缸及 6 缸以上发动机。

❺ 直列式和 V 型发动机的点火顺序如下。

a. 直列 3 缸发动机的点火顺序是 1-3-2 或 1-2-3。
b. 直列 4 缸发动机的点火顺序是 1-3-4-2 或 1-2-4-3。
c. 直列 5 缸发动机的点火顺序是 1-2-4-5-3。
d. 直列 6 缸发动机的点火顺序是 1-5-3-6-2-4 或 1-4-2-6-3-5。
e. 直列 8 缸发动机的点火顺序是 1-6-2-5-8-3-7-4 或 1-5-4-8-6-3-7-2。
f. 对于 V 型 6 缸发动机，首先要弄清楚气缸的排列顺序，因为 V 型发动机气缸序号的排列方法不是统一的。一般而言，人坐在驾驶室内，如果气缸顺序是，右边自前往后为1、3、5，左边自前往后为2、4、6，则点火顺序一般是1-4-5-2-3-6；如果右边自前往后为2、4、6，左边自前往后为1、3、5，则点火顺序一般是1-6-5-4-3-2。

g.V型8缸发动机，人坐在驾驶室内，如果左边自前往后为1、3、5、7，右边自前往后为2、4、6、8，则点火顺序是1-8-4-3-6-5-7-2；如果右边自前往后为1、2、3、4，左边自前往后为5、6、7、8，则点火顺序是1-5-4-8-6-3-7-2。

h.V型10缸发动机点火顺序是1-6-5-10-2-7-3-8-4-9。

i.V型12缸发动机，如果左边是1、2、3、4、5、6，右边是7、8、9、10、11、12，则点火次序是1-12-5-8-3-10-6-7-2-11-4-9。

图4-1-1　直列式6缸发动机

图4-1-2　V型发动机

第二节　闭环控制

为了实现对发动机动力系统进行更精确的控制和管理，不断提升动力性、燃油经济性和排放等各项水平，目前，各大汽车厂家针对电控发动机动力系统已经越来越多地采用了闭环控制策略。

与开环控制相比，闭环控制在控制系统中增加了反馈环节（反馈传感器）的控制，这样系统便能够适时地监测执行器的执行结果，并将监测到的信息反馈到输入端，调整输入量，达到修正控制误差、提高控制精度的目的（图4-2-1）。

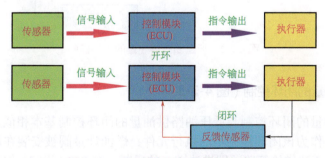

图4-2-1　开环控制与闭环控制的对比

一、进气系统的闭环控制

现在汽车发动机的进气系统普遍采用电子节气门（ETCS）进行进气量的控制，而电子节气门的开度控制就是一个典型的闭环控制。动力控制模块（PCM）根据油门踏板位置等各相关传感器提供的信号，对电子节气门发出相应的控制指令，使电子节气门开启一定的角度。为了确定电子节气门的开度是否正确，节气门位置传感器（TPS）会监测电子节气门的开度，并把该信息反馈给PCM，PCM将该信息与模块内部的目标值进行比较，对电子节气门进行适时控制和修正，并会在电子节气门的动作出现严重偏差时记录故障信息，从而完成对电子节气门的闭环控制。

二、燃油供给系统的闭环控制

现在的发动机电控系统对燃油供给方面的控制也更加精细，不仅对喷油器的喷油量（喷油时间）实施闭环控制，也对燃油泵的供油量（供油压力）进行闭环控制。以长安福特锐界为例，其搭载的一款2.0T缸内直喷发动机，该车的发动机控制系统对其低压油路和高压油路供油量的控制都采取了闭环控制策略。

1. 低压油路供油量的闭环控制（图4-2-2）

动力控制模块（PCM）接收发动机转速、进气压力传感器（或空气流量计）、节气门位置传感器等相关传感器的信号，发出控制指令给燃油泵模块，燃油泵模块依据此指令调整施加在电动燃油泵上的电压（5.5～13V），以调节电动燃油泵的燃油输出压力（即低压油路供油量）。在低压燃油管路上设有低压燃油压力传感器（FLP），该传感器监测电动燃油泵的燃油输出压力，把低压油路的压力信号反馈给PCM，PCM将该信号与模块内部的目标值进行比较，并发出指令对燃油泵模块（间接控制电动燃油泵）不断进行控制和修正，使低压燃油压力始终接近目标压力。这样的闭环控制，不仅可以提高发动机的燃油经济性，而且可以省掉低压油路中的回油管路，使系统结构更加简洁。

视频精讲

图4-2-2　低压油路供油量的闭环控制

2. 高压油路供油量的闭环控制（图4-2-3）

高压油路供油量的闭环控制与低压油路供油量的闭环控制基本相似，只是执行元件和反馈传感器不同。作为该闭环控制中的执行元件，燃油计量阀被安装在高压油泵上，用来控制高压油泵低压燃油供给管路（即进油道）的通断。在PCM设定的时间点，燃油计量阀会被供电，由此关闭了低压燃油供给管路，此时，高压油腔里的燃油在柱塞的作用下增压，当高压腔里的油压超过高压油轨的压力时，排油阀打开，高压燃油就被泵到油轨中；而当燃油计量阀断电时，高压油泵中的高压油腔与低压燃油供给管路相通，此时无法建立高压。因此，PCM只要正确控制燃油计量阀的通断电（PCM以脉宽调制信号PWM控制计量阀的接地），就可以实现对燃油高压压力的调节和控制。

动力控制模块（PCM）接收发动机转速、进气压力传感器（或空气流量计）、节气门位置传感器等相关传感器的信号，发出控制指令给燃油计量阀（IMV）。高压油轨上设有高压燃油压力传感器，即轨压传感器（FRP），该传感器监测油轨中的燃油压力（高压），并把油轨燃油压力信号反馈给PCM，PCM将该信号与模块内部的目标值进行比较，向燃油计量阀发出指令，不断对其进行控制，以使油轨燃油压力始终接近目标压力。

图 4-2-3　高压油路供油量的闭环控制

3. 混合气（空燃比）的闭环控制（图 4-2-4）

动力控制模块（PCM）接收发动机转速、进气压力传感器（或空气流量计）、节气门位置传感器、冷却液温度传感器等各种相关传感器的信号，发出控制指令给喷油器，通过控制喷油器喷油时间的长短（通常以 ms 计）实现对喷油量的控制。

图 4-2-4　混合气（空燃比）的闭环控制

在该闭环控制中，位于三元催化器上游的前氧传感器作为反馈传感器，适时监测排气中氧的含量，并以电压或电流等信号形式传输给 PCM，PCM 据此可知燃油混合气的浓稀程度，并发出指令对喷油器的喷油量实施修正，以使燃油混合气的浓度始终接近理想空燃比（14.7∶1），从而实现发动机的闭环控制，改善发动机的燃烧效率，减少有害气体的排放。

三、点火系统的闭环控制

点火系统的闭环控制就是点火提前角的闭环控制（图 4-2-5）。点火时间适当提前对发动机的动力性、燃油经济性和尾气排放都会有极大改善，不过这是有限度的，如果点火提前角过早，不但没有好处，反而会造成发动机工作粗暴，产生爆震，因此，现如今的电控发动机上都采取了点火提前角闭环控制策略。

在这一闭环控制中，执行元件是点火模块，反馈传感器是爆震传感器。

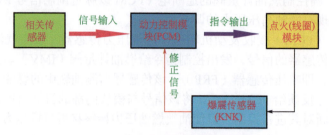

图 4-2-5　点火提前角的闭环控制

第三节　失火

发动机失火是汽车故障的一个现象，指一个或多个气缸不工作。

发动机失火后的直接现象是会导致汽车怠速不良、加速不稳、增加积炭等故障现象。由于未进行燃烧的混合气会直接排至大气，不仅污染大气，由于三元催化器内温度较高，还会直接损坏三元催化器和排气管，出现放炮等现象。

造成失火现象主要原因为单缸或多缸气缸内混合气不燃烧。此外，发动机喷油不足、气缸压缩压力不足、点火不足及进排气故障都会造成失火现象。

 **汽车发动机单缸失火原因分析**

❶ 点火故障，需要检查一下点火线圈以及高压线。点火线圈不能修理，坏了只能更换。

❷ 喷油故障，这可能是线路或者喷油压力不正常导致的。

❸ 缸压不正常，以及正时系统故障。

❹ 曲轴位置传感器故障，这个一般考虑不到。

❺ 人为操作原因，如维修时的粗心或失误：触动插接件导致其松动等引发的故障。

❻ 磨损老化，维护保养不及时，或使用劣质、不合格、不符合标准的机油。

❼ 发动机出现故障。

二、汽车发动机多缸失火原因分析

汽车发动机多缸失火，引发的原因有很多，下面以汽油机为例进行说明。

1. 电气线路方面原因

❶ 老化、漏电等，间断性的点火故障。

❷ 点火线圈或火花塞故障，点火不良或是导通不良。
❸ 松动、破皮搭铁等。
❹ 人为操作原因，如维修时的粗心或失误：触动插接件导致其松动等引发的故障。

2. 油路方面原因

❶ 喷油压力不够，电子油泵故障。
❷ 油管堵塞或有杂质，供油不畅。
❸ 喷油嘴故障，堵塞或是自身故障。
❹ 线路引发的喷油不正常。
❺ 其他故障。

视频精讲

3. 发动机自身原因

❶ 磨损老化，维护保养不及时，或使用劣质、不合格、不符合标准的机油。
❷ 由于磨损过度，缸压达不到正常值等。
❸ 皮带老化、点火正时不正确。
❹ 配气正时不正确。
❺ 进气部分或节气门段故障。
❻ 进排气门及摇臂组件（看排放标准）故障。
❼ 其他地方导致的不良。

另外，发动机抖动严重也是失火的原因，还有汽油含水、电脑线束/接地接触不好等。

第四节　缸内直喷

汽车缸内直喷技术（Gasoline Direct Injection，GDI），就是直接将燃油喷入气缸内与进气混合的技术（图 4-4-1）。与同排量的发动机相比，缸内直喷式发动机的喷射压力更高，燃油雾化更加细致，真正实现了精准地按比例控制喷油并与进气混合。同时，喷嘴位置、喷雾形状、进气气流控制以及活塞顶形状等特别的设计，使油气能够在整个气缸内充分、均匀

图 4-4-1　缸内直喷

地混合，从而使燃油充分燃烧，能量转化效率更高。因此有人认为缸内直喷式汽油发动机是将柴油机的形式移植到汽油机上的一种创举。

一、优点

❶ 缸内直喷式汽油发动机的油耗量低，升功率大。

空燃比达到40∶1（一般汽油发动机的空燃比是14.7∶1），也就是人们所说的"稀燃"。机内的活塞顶部一半是球形，另一半是壁形，空气从气门冲进来后在活塞的压缩下形成涡流运动，当压缩行程即将结束时，在燃烧室顶部的喷油嘴开始喷油，汽油与空气在涡流运动的作用下形成混合气，这种急速旋转的混合气是分层次的，越接近火花塞越浓，易于点火做功。

❷ 压缩比高达12∶1，与同排量的一般发动机相比，功率与扭矩都提高了10%。

供油系统采用缸内直喷设计的最大优势，就在于燃油以极高压力直接注入于燃烧室中，因此除了喷油嘴的构造和位置都异于传统供油系统外，在油气的雾化和混合效率上也更为优异。加上近年来车上各项电子系统的控制技术大幅进步，计算机对于进气量与喷油时机的判读与控制也越加精准，因此在搭配上缸内直喷技术使得发动机的燃烧效率大幅提升，除了发动机得以产生更大动力外，对于环保和节能也都有正面的帮助。

二、缺点

（1）从经济层面来看，采用缸内直喷的供油系统除了在研发过程必须花费更大成本外，对于车主来讲较传统电喷车需要更加频繁更换火花塞等零部件。此外，对燃油质量要求比较高，需要使用更高标号的燃油，因此无形中增加了车主的用车成本。

（2）缸内直喷发动机比传统电喷发动机更容易产生积炭，车主需要使用价格昂贵的缸内直喷发动机专用添加剂来解决积炭困扰。

三、技术名称

汽车缸内直喷技术在不同品牌中有着各自不同的名称，比如奔驰CGI/BlueDIRECT、宝马HPI、奥迪TFSI、大众TSI、通用SIDI、福特EcoBoost、丰田D4、本田Earth Dreams Technology（地球梦）、尼桑DIG、马自达SKYACTIV（创驰蓝天）、现代GDI等。

四、泄压方法

缸内直喷在维修拆装高压系统之前的泄压方法如下。

❶ 连接好仪器，进入发动机系统。

❷ 选择数据流功能，输入通道140，注意观察显示区3中的内容。启动发动机，怠速运转，发动机怠速时显示区3的显示数值约为5000kPa，此显示表示高压燃油泵所产生的压力。

❸ 取下燃油泵控制器（J538）的1号熔丝，并继续跟踪显示区的内容，发动机必须怠速运转1～2min以后显示区3中的显示内容快速下降。

❹ 显示值为 800kPa 时关闭点火开关，供油架内部仍然充满燃油，不过燃油不再处于高压状态，这时可以根据传统方法进行拆卸。

第五节　空燃比

空燃比，是混合气中空气与燃料的质量比，一般用每克燃料燃烧时所消耗的空气的克数来表示即 A/F。

空燃比是发动机运转时的一个重要参数，它对尾气排放、发动机的动力性和经济性都有很大的影响。

一、原理

为使废气催化率达到最佳（90%以上），必须在发动机排气管中安装氧传感器并实现闭环控制，其工作原理是氧传感器将测得废气中氧的浓度，转换成电信号后发送给ECU，使发动机的空燃比控制在一个狭小的、接近理想的区域内（14.7∶1）。若空燃比大时，虽然 CO 和 HC 的转化率略有提高，但 NO_x 的转化率急剧下降为 20%，因此必须保证最佳的空燃比。实现最佳的空燃比，关键是要保证氧传感器工作正常。如果燃油中含铅、硅，就会造成氧传感器中毒。此外使用不当，还会造成氧传感器积炭、陶瓷碎裂、加热器电阻丝烧断、内部线路断脱等故障。氧传感器的失效会导致空燃比失准，排气状况恶化，催化转化器效率降低，若时间过长会使催化转化器的使用寿命降低。

为了满足发动机各种工况的要求，混合气的空燃比不能都采用闭环控制，而是采用闭环和开环相结合的策略。

❶ 冷启动和冷却水温度低时通常采用开环控制方式。由于启动转速低、冷却水温度低、燃油挥发性差，需对燃油进行一定的补偿。混合气空燃比与冷却水温度有关，随着温度增加，空燃比逐渐变大。

❷ 部分负荷和怠速运行时可分为以下两种情况。

a. 若为了获得最佳经济性，可采用开环控制方式，将空燃比控制在比化学计量比大的稀混合气状态下工作。

b. 为了获得低的排放，并有较好的燃油经济性，必须采用电控汽油喷射系统加三元催化转化器，进行空燃比闭环控制。

二、汽油机过渡工况空燃比控制特点

加装三元催化转化器是电喷汽油机应用较广泛、技术较成熟的排放控制方案。为了提高三元催化转化器的净化效率，必须将空燃比控制在化学当量比附近，即过量空气系数 $a=1.1\sim 1.2$。当汽油机工作在稳定工况时，电控系统通过进气流量传感器检测进入气缸的空气量，通过控制喷油脉宽来保证空燃比在理论空燃比附近（$a=1$），同时采用氧传感器检测排气中的氧浓度，对空燃比进行反馈控制，形成闭环控制系统，消除批量生产在制造、装配中零部件公差以及环境条件变化造成的空燃比波动。然而当汽油机处于过渡工况时，将空

燃比精确控制在理论空燃比附近（$a=1$）存在如下技术问题。

❶ 氧传感器响应存在迟滞性。氧传感器信号反映了已燃混合气的浓度状况，当汽油机节气门位置突变时，汽油机工况快速变化，氧传感器空燃比反馈控制的响应时间长，来不及对空燃比进行反馈。

❷ 节气门突变时，进气系统存在动态的充排气现象，导致经过空气流量传感器（进气总管）的空气量与实际进入气缸内的空气量不相等，使根据进气量计算出的喷油量出现偏差。

❸ 进气管内油膜动态特性造成空燃比变化。对于多点电喷汽油机，汽油在进气门附近喷射，一部分汽油以油蒸气的形式直接进入气缸，而其余部分以液态油膜形式沉积在进气歧管壁面上，同时油膜以某一速率蒸发后进入气缸。当汽油机节气门突变时，汽油机转速发生变化，从而造成以蒸气直接进入气缸和以油膜蒸发进入气缸的汽油量发生变化。

❹ 时间顺序造成空燃比偏差。一方面，就某一缸而言，喷油过程是在进气过程之前，因而这时的喷油量是以其他气缸的进气量来计算的；另一方面，氧传感器信号是以前工作循环混合气浓度情况的反映，而汽油机节气门在迅速开大和关小的过渡过程中，进气流量发生了较大的变化，因而研究满足所有工况的空燃比控制策略具有重要意义。

第六节　双离合自动变速器

双离合自动变速器（Dual Clutch Transmission，DCT，见图 4-6-1）是以德国大众公司为首的欧洲车系主推的自动变速器。

图 4-6-1　双离合自动变速器（DCT）

DCT 有别于一般的自动变速器系统，它基于手动变速器而又不是自动变速器，除了拥有手动变速器的灵活性及自动变速器的舒适性外，还能提供无间断的动力输出。

一、特点

DCT 的传动轴运动时被分为两部分，一部分为实心的传动轴；另一部分为空心的传动轴。实心的传动轴连接了 1 挡、3 挡、5 挡及倒挡，而空心的传动轴则连接 2 挡、4 挡及 6 挡，两台离合器各自负责一根传动轴的啮合动作，引擎动力便会由其中一根传动轴做出无间断的传送。

二、类型

在变速器的四大流派（自动变速器、无级变速器、手自一体变速器以及DCT）中，DCT相对其他三种变速模式的最大优点是节能、舒适性好、可靠性强和投产成本低。但是DCT只是自动变速器技术中的一种，技术上有优点，也有明显缺点。DCT结构非常复杂，技术难度很大。DCT与手动变速器共通的零部件只是齿轮、轴和箱体等机械部分，这些AT（自动变速器）其实也可以用。DCT的核心部件——双离合器模块和液压控制系统，与手动变速器相比完全是两回事。与手动变速器最相近的自动变速器，应该是AMT（电控机械式自动变速器），只要在MT（手动变速器）基础上，加装一套自动换挡的电控系统即可。

DCT、AT、AMT（电控机械式自动变速器）、CVT（无级变速器）都有各自优点，也有各自适应的市场，单纯说支持发展哪一种是不合理的。

第七节 无级变速器

无级变速器（Continuously Variable Transmission，CVT，见图4-7-1）可以说是最理想的汽车变速器，因为从原始的橡胶带无级变速器开始，到有级的齿轮变速器过渡，再到现代的钢带无级变速器，说明只有无级变速器才是汽车变速器的终极目标。

图4-7-1 无级变速器（CVT）

一、优点

（1）燃油经济性好 CVT可以在相当宽的范围内实现无级变速，可获得传动系统与发动机工况的最佳匹配，依靠变速器无级调速来适应汽车的各种速度，使发动机长时间工作在最佳工况，因此可以提高发动机的燃烧效率，燃油经济性相应地得到提高。

（2）动力性好 CVT能与发动机实现闭环控制，充分发挥发动机的最大扭矩，其减速增扭的性能明显优于MT和AT，所以装配在需要强调扭矩的SUV车型；CVT汽车的加速性能（0～100km/h）比AT汽车提高7.5%～11.5%，高速状态加速性优于MT汽车。CVT

的特性使其动力性能明显优于 MT 和 AT。

（3）舒适性好　CVT 可以改善驾驶舒适性能。CVT 没有挡位，变速过程连续而线性，提速无换挡冲击，急加速时没有 AT 的退挡顿挫现象。CVT 系统有很宽的传动比，一般在 2.400～0.395，高速行驶时发动机转速低、噪声小，使驾驶员及乘客能够享受旅途安静、轻松舒适的感觉。

（4）操控性好　CVT 与液力变矩器匹配，液力变矩器可以放大发动机扭矩，所以起步快，加速更加顺畅。驾驶员超车时深踩油门踏板不会有 AT 退挡的感觉，而是改变速比，放大扭矩。在高速过弯时，松开油门踏板，没有 AT 的升挡现象，可保持扭矩高速出弯。CVT 具有比 AT 更优异的发动机制动效果，CVT 在上下坡时能自动探测坡度，在上坡时自动调整速比，增加扭力输出；在下坡时能加大发动机制动力矩，以降低下长坡时的滑行速度，提升了安全性与操控性。

（5）终身免维护　CVT 的可靠性与寿命主要取决于金属带传动组件的材质。据荷兰 VDT 公司技术资料称，现在新的设计和技术已经解决了 CVT 过去存在的问题，80 万套 CVT 在世界各地试用的结果，出现故障的只有 200 套，故障率为 0.25%。可见，该系统质量高，使用可靠。采用高强度优质材料、精密制造技术使 CVT 可达到与发动机相同的寿命并终身免维护。

（6）有害气体排放少　由于 CVT 可以实现与发动机的闭环控制，可使发动机经常处于经济转速区域内运转，改善燃烧过程，从而降低有害气体排放，同时可以延长三元催化器、氧传感器的使用寿命。德国 ZF 公司将自己生产的 CVT 装车测试，其有害气体排放物比装备 4 挡自动变速器的汽车减少约 10%，大大减少了对环境的污染。

（7）成本低　CVT 系统结构简单，零部件数目比 AT 少很多，一旦开始大规模生产，CVT 的成本将会比 AT 小。随着大规模生产以及系统、材料的革新，CVT 的生产成本将进一步降低。组装与维修成本随之下降，其简单的结构、较低的成本及优异的性能使 CVT 的前景十分广阔。

二、区别

❶ 东风日产的 CVT 与 AT 相比，变速连续不间断，没有换挡冲击现象，变速范围宽，起步较快，高速行驶时发动机转速低，油耗比 AT 减少 10% 以上。

❷ 东风日产的 CVT 与 DSG 相比，结构简单且变速范围比 DSG 宽，在高速状态油耗较低；CVT 起步使用液力变矩器，以传动液传送动力，没有部件发生摩擦，可以做到与车同寿命，终身免维护。

❸ 东风日产的 CVT 采用钢带传动，与链条的传动方式刚好相反，为推式传动（主动轮通过钢带的推片推动被动轮），推片侧面的下半部分与带轮接触，摩擦面积较大。推式传动比拉式传动可以传递更大的扭矩，所以东风日产的 CVT 可以匹配 3.5L 大排量的发动机。

❹ 东风日产 CVT 采用了液力变矩器，有增加转矩的作用，使起步加速性能有很大的提高。液力变矩器的超低转速使斜坡起步和倒车入库时能精准操作。与液力变矩器搭配的 CVT 可以装在需要超强扭矩的越野车上，这种组合提高了汽车的爬坡能力，大大提升了汽车行驶在崎岖路段上的能力。另外，液力变矩器以传动液传递动力，没有摩擦现象，延长了 CVT 的使用寿命，可以做到终身免维护。

第八节 直接换挡变速器

直接换挡变速器（Direct Shift Gearbox，DSG）（图 4-8-1）也称为 S-Tronic 变速器或者双离合变速器（Double-clutch Gearbox），它特殊的地方在于比别的变速器换挡更快，传递的扭矩更大而且效率更高。

图 4-8-1 直接换挡变速器（DSG）

DSG 有别于一般的半自动变速箱系统，它是基于手动变速箱而不是自动变速箱，因此，它也是 AMT（机械式自动变速器）的一员。DSG 变速器是世界上最先进的、具有革命性的变速器系统，大众汽车 2002 年于德国沃尔夫斯堡首次向世界展示了这一技术创新。DSG 可以手动换挡也可以自动换挡，它比传统的自动变速器易于控制也能传递更多功率但又比手动变速器反应更快。DSG 是从连续手动挡变速器（Sequential Manual Transmission，SMT）发展而来的，从本质上来说 SMT 是一款全自动电控离合的手动变速器。

一、常见分类

DSG 有两种形式，即俗称的"湿式"和"干式"。"湿式"双离合器，其双离合器为一大一小两组同轴安装在一起的多片式离合器，分别连接 1 挡、3 挡、5 挡以及倒挡和 2 挡、4 挡、6 挡齿轮。"湿式"是指双离合器安装于一个充满液压油的封闭油腔里。这种"湿式"结构具有更好的调节能力和优异的热容性，因此能够传递比较大的扭矩。6 挡 DSG 可匹配最大扭矩 350N·m 的发动机。在我国市场，帕萨特 2.0TSI 和迈腾 2.0TSI 两款国产车型，以及大众汽车 CC、R36、EOS、Scirocco、迈腾 3.2FSI 等的进口车型都装备了 6 挡 DSG。

"干式"双离合器，其双离合器由 3 个尺寸相近的离合器片同轴相叠安装组成。位于两侧的 2 个离合器片分别连接 1 挡、3 挡、5 挡、7 挡和 2 挡、4 挡、6 挡以及倒挡齿轮，中间盘在其间移动，分别与 2 个离合器片"结合"或"分离"，通过切换来进行换挡。因为它的"双离合器"不是像 6 挡 DSG 那样安装于封闭油腔里，所以，被称为"干式"双离合器。"干式"双离合器结构简单，但是"干式"双离合器自身结构的固有特性使它能够承受的最大扭矩比"湿式"离合器要低。7 挡 DSG 可匹配最大扭矩 250N·m 的"较小"的发动机。由于生产成本更低，生产者认为，"干式"较"湿式"更为"先进"。

二、优势

　　DSG旨在满足消费者对驾驶运动感和车辆节油的双重要求，为那些酷爱手动变速器的驾驶者们提供了非常好的选择。DSG带来低油耗的同时，车辆性能方面没有任何损失，同样具有出色的加速性和高时速，并且与传统自动变速器一样可以实现顺畅换挡，不影响牵引力。配备了DSG的发动机由于快速的齿轮转换，能够迅速产生牵引力和更大的灵活性，加速时间比手动变速器更加迅捷。以Golf GTI为例，带有DSG的车型0~100km/h加速只需6.9s，这个成绩比手动挡的车型更快。更加令人印象深刻的是，在性能提高的同时，配备DSG的车型百公里油耗只有8.0L，与手动挡车型相当。

三、不足

　　❶ 与传统的自动变速器相比，由于没有液力扭矩，又没有MT的半联动，对于小排量的发动机与DSG的组合，有时会出现低速扭矩不足的现象，表现为起步时轻微的抖动。

　　❷ 由于DSG是电脑控制的智能变速器，它的升降挡需要通过电脑向发动机发送信号，并且要等发动机回复确认后才能完成升降挡。多一个环节就多一个可能故障点，由于智能电子设备的使用增加了故障的概率。但总体来说瑕不掩瑜，在倡导低碳的时代，DSG代表着未来变速器的发展方向。

第二篇

汽车快修技术入门与进阶

第五章 汽车快修常规检查项目

第一节 概述

常规的检查有胎压、刹车油、发动机油、水箱水温、刹车片，还有行车电脑电路检查等。

① 机油保养（换"四滤"，机油滤清器，空气滤清器，汽油滤清器，空调滤清器）。
② 刹车保养（拆卸刹车片，量刹车片厚度，刹车固定销，涂上润滑剂）。
③ 发动机进气系统保养（免拆产品）。
④ 燃油管路保养（免拆产品）。
⑤ 发动机外围附件检查（全车油水、皮带、火花塞等）。
⑥ 门边铰链保养。
⑦ 检查底盘。
⑧ 检查转向系统。
⑨ 检查照明系统。
⑩ 检查空调系统。
⑪ 检查车内照明和仪表系统。

第二节 车身外观检查

① 检查送检车辆的型号、厂牌、出厂编号、车身（底盘）、发动机及出厂编号、号牌号码。
② 检查汽车的车身外观（图5-2-1）。
a. 车辆外观应整洁，各零部件应完好，连接紧固，没有缺损。
b. 车体周正，车体外缘左右对称部位高度差不得大于40mm；车身和驾驶室应坚固耐用，覆盖件无开裂和锈蚀，车身和驾驶室在车架上安装牢固，不能因车辆振动而引起松动。

c. 车身的外部和内部不应有任何可能使人致伤的尖锐突出。

d. 驾驶室和乘客舱所用的内饰材料应具有阻燃性。

e. 车门和车窗应开启轻便，不得有自行开启的现象，门锁应牢固可靠，门窗密封性好，没有漏水现象。

f. 机动车驾驶室必须保证驾驶员的前方视野和侧方视野车窗不允许张贴妨碍驾驶员视野的附加物及镜面反光遮阳膜。

g. 轿车应有护轮板，其他车辆的所有轮都应有挡泥板。

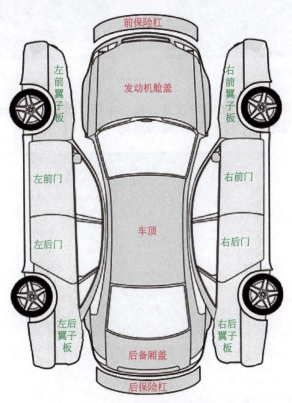

图 5-2-1　检查车身的外观

第三节　灯光及雨刮检查

 检查车辆前灯光

需要两名技师（技师 A 和技师 B）配合检查。

❶ 技师 B 通知技师 A 配合检查前部灯光并检查喇叭是否正常（图 5-3-1）。

❷ 技师 B 分别打开小灯、前雾灯、近光灯、远光灯、左转向灯、右转向灯、超速闪光灯、

危险警报灯（图 5-3-2）。

图 5-3-1　检查喇叭

图 5-3-2　打开灯光开关

❸ 技师 A 站在车辆正前方向偏 45 度角，检查小灯、前雾灯、近光灯、远光灯、左转向灯、右转向灯、超速闪光灯、危险警报灯是否点亮（图 5-3-3）。

图 5-3-3　检查前灯光是否点亮

二、检查刮水器性能

1. 检查雨刮器的动作

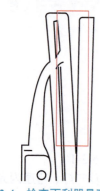

图 5-3-4　检查雨刮器是否开裂

❶ 检查是否可以顺利切换 LO/HI 动作。
❷ 检查动作范围是否正常（目测）。

2. 检查雨刮器的胶片是否损坏

❶ 检查是否有残留的水渍（目测）。
❷ 检查是否有"吱吱"声。
❸ 检查是否开裂（目测）（图 5-3-4）。
❹ 检查是否扭曲。

3. 检查车窗清洗器的喷淋功能

❶ 检查车窗清洗器的喷淋位置是否合适（目测）。
❷ 检查喷淋量是否合适（目测）。

> **注意：**
>
> 技师 A 站在车辆正前方向偏 45 度角，是为了防止技师 B 的误操作导致的安全忧患。

三、检查车辆后灯光

需要两名技师配合检查。
❶ 技师 B 通知技师 A 配合检查后部灯光。
❷ 技师 B 打开小灯、后雾灯、左转向灯、右转向灯、危险警报灯、制动灯、倒车灯。
❸ 技师 A 站在车辆正后方向偏 45 度角，检查小灯、后雾灯、左转向灯、右转向灯、危险警报灯、制动灯、倒车灯是否点亮（图 5-3-5）。

图 5-3-5　检查后灯光是否点亮

> **注意：**
>
> 技师 A 站在车辆正后方向偏 45 度角，是为了防止技师 B 的误操作导致的安全忧患。

第四节　发动机舱检查

1. 检查发动机机油液位

发动机机油液位应在上限（MAX）与下限（MIN）之间。目测检查发动机机油是否有泄漏。

2. 检查冷却系统

❶ 检查冷却液液位，液位应在上限（FULL）与下限（LOW）之间，如果在下限之下，检查无泄漏后则需要添加冷却液（图5-4-1）。

视频精讲

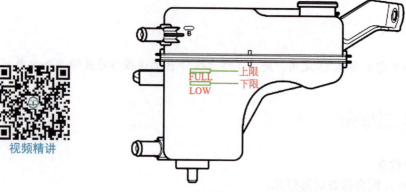

图 5-4-1 冷却液液位

❷ 用手捏冷却水管，检查是否有老化，目测水箱及水管各接头是否有漏水。
❸ 检查冷却风扇工作是否正常，是否有破损。

3. 检查制动液液位

液位应在上限（MAX）与下限（MIN）之间，如果在下限之下，检查无泄漏后则需要添加制动液。

4. 检查玻璃水

如果液位过低则进行补充。

5. 检查助力转向油液位

液位应在上限（MAX）与下限（MIN）之间，如果在下限之下，检查无泄漏后则需要添加助力转向油液。

检查助力转向泵油管是否有泄漏，用手检查是否有老化。

6. 检查蓄电池缆线的连接状况。

❶ 检查蓄电池线桩头是否松动（图5-4-2）。
❷ 检查蓄电池端子是否腐蚀（白色粉末，目测，见图5-4-2）。

> **注意：**
> 如果有腐蚀，应用钢丝刷清除掉腐蚀物。

❸ 检查蓄电池的电量。用蓄电池检测仪来测量蓄电池的电量。打印测量结果，并粘贴到保养记录表中（图5-4-3）。

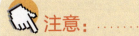

注意：

如果没有蓄电池检测仪，则测量蓄电池液的密度。

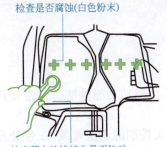

图 5-4-2　检查蓄电池

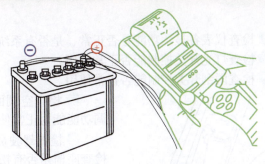

图 5-4-3　打印测量结果

7. 检查发动机线束

用手检查发动机线束是否有松动、老化、破损等。

8. 检查传动皮带

❶ 检查传动皮带内侧是否磨损（目测）（图 5-4-4）。
❷ 检查传动皮带是否开裂（目测）（图 5-4-5）。

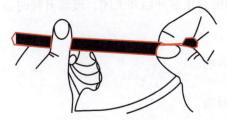

图 5-4-4　传动皮带内侧的磨损

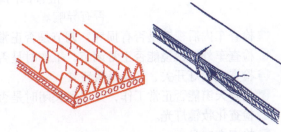

图 5-4-5　传动皮带裂开

❸ 用手指推动传动皮带的中间部分，检查传动皮带的张紧程度（图 5-4-6）。

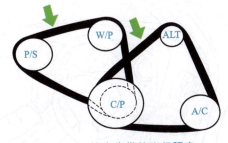

图 5-4-6　检查皮带的张紧程度

9. 检查空调系统

❶ 检查高低压空调管是否有破损、是否与车架接触、是否有松旷。

❷ 检查空调压缩机是否能正常工作。

第五节　车内检查

❶ 检查仪表各显示功能是否正常、是否有系统报故障。
❷ 检查灯光开关控制能否正常使用。
❸ 检查雨刮开关控制能否正常使用。

❹ 检查空调面板开关控制和功能键能否正常使用、空调功能能否正常使用。

❺ 检查驾驶员座椅开关控制能否正常调节；锁止座椅，检查座椅是否有松动。

❻ 检查安全带（图 5-5-1）。

a. 拉出安全带，检查织带是否锁定，并在用力猛拉时不会被伸长。

b. 检查带扣的功能。

c. 充分拉伸安全带，检查是否有损坏、撕裂或磨损（目测）。

❼ 检查其他车内电子设备的功能（DVD、导航、音响）。

❽ 检查中控锁功能，使车门锁锁止或开启，并使全车门锁打开。

❾ 检查四门玻璃能否正常开启和关闭，玻璃升降时是否有异响。

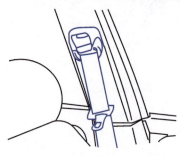

图 5-5-1　检查安全带

❿ 检查车内后视镜是否有损坏，调节是否正常。
⓫ 检查车外后视镜能否正常调节，工作时是否有异响。
⓬ 检查室内灯开关、灯光是否正常。
⓭ 检查天窗能否正常工作，开启和关闭时是否有异响。
⓮ 检查化妆镜灯光。
⓯ 检查方向盘。

a. 检查方向盘游隙。调节方向盘，使前轮朝向正前方位置；轻轻地左 / 右转动方向盘，直至感觉到压力为止；用量尺测量方向盘游隙（图 5-5-2）。

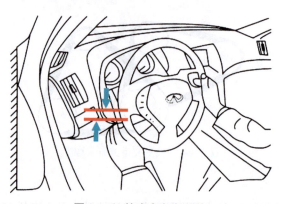

图 5-5-2　检查方向盘游隙

b. 检查方向盘的固定情况。上/下、左/右移动方向盘的同时，检查其是否晃动。

⑯ 检查换挡杆、挡位，能否正常换挡、挡位显示是否正确。

⑰ 检查刹车间隙。

a. 检查制动踏板游隙（图 5-5-3）。用手按制动踏板，直至感受到制动液的压力为止，检查与正常位置之间的制动踏板游隙。

制动踏板游隙为 3～11mm。

b. 检查制动踏板和仪表下板之间的高度（图 5-5-4）。压下制动踏板，用量尺测出制动踏板和仪表下板之间的高度。

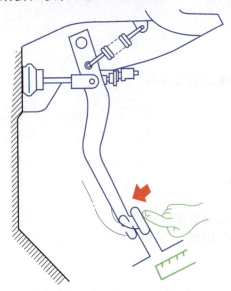

图 5-5-3　检查制动踏板游隙

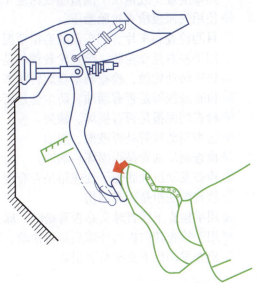

图 5-5-4　检查制动踏板和仪表下板之间的高度

第六节　后备厢检查

1. 检查后备厢灯光

检查在打开后备厢时灯泡能否点亮，关闭后备厢时灯泡能否熄灭。

2. 检查随车工具

检查随车工具是否损坏、是否缺失。

3. 检查备胎

❶ 检查备胎侧面是否开裂和损坏（目测）。

❷ 检查备胎上是否有钉子、石子等，以及表面磨损是否不均匀（目测）。

❸ 用厚度规（或量尺）测量胎纹深度（至少两点）（图 5-6-1）。

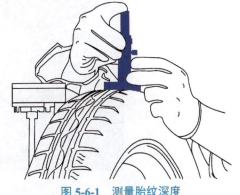

图 5-6-1　测量胎纹深度

第七节　底盘检查

① 将车辆举升至离地50cm。
② 检查轮胎侧面是否开裂和损坏（目测）。
③ 检查轮胎上是否有钉子、石子等，以及表面磨损是否不均匀（目测）。
④ 用厚度规（或量尺）测量胎纹深度（至少两点）。
⑤ 使用气压表检查轮胎胎压。
⑥ 目测检查刹车片、刹车盘的磨损情况。
⑦ 用手左右晃动轮胎，检查轮毂轴承是否有松旷。
⑧ 快速转动轮胎，检查刹车盘旋转状态，检查轴承是否有异响。
⑨ 检查减振器是否有漏油，防尘套是否有损坏。
⑩ 检查挡泥板是否有损坏、缺失。
⑪ 检查制动软管是否破损、漏油。
⑫ 检查制动油管是否损坏、漏油。
⑬ 检查发动机油底壳、变速箱是否有刮伤、漏油。
⑭ 检查燃油箱是否有刮伤。
⑮ 用手检查下摆臂球头是否有松旷、球头防尘套是否损坏。
⑯ 用手检查转向机内外球头是否松动、防尘套是否损坏。
⑰ 检查发动机下支架是否损坏。

第八节　检查全车各部位连接及螺栓

▶ **1. 紧固前托架固定螺栓**

选用扭力扳手紧固前托架固定螺栓（图5-8-1）。
标准力矩：160N·m。

图5-8-1　紧固前托架固定螺栓

2. 紧固发动机下支架固定螺栓

选用扭力扳手紧固发动机下支架固定螺栓（图 5-8-2）。
标准力矩：62N·m。

图 5-8-2　紧固发动机下支架固定螺栓

3. 紧固下摆臂固定螺栓

选用扭力扳手紧固左右下摆臂固定螺栓、下摆臂球头固定螺栓。
下摆臂固定螺栓标准力矩：70N·m。
下摆臂球头固定螺栓标准力矩：30N·m。

4. 紧固转向机固定螺栓

选用扭力扳手紧固转向机固定螺栓、拉杆外球头固定螺栓（图 5-8-3）。
转向机固定螺栓标准力矩：110N·m。
拉杆外球头固定螺栓标准力矩：35N·m。

图 5-8-3　紧固转向机固定螺栓

5. 紧固减振器固定螺栓

选用扭力扳手紧固减振器固定螺栓（图 5-8-4）。
标准力矩：90N·m。

图 5-8-4　紧固减振器固定螺栓

6. 紧固制动卡钳固定螺栓

选用扭力扳手紧固制动卡钳固定螺栓（图 5-8-5）。
标准力矩：100N·m。

图 5-8-5　紧固制动卡钳固定螺栓

视频精讲

第六章 汽车用油液的检查与更换

第一节 汽车用油液的种类

 发动机润滑油（机油）

发动机润滑油能对发动机起到润滑减摩、辅助冷却降温、密封防漏、防锈防蚀、减振缓冲等作用，被誉为汽车的"血液"。机油由基础油和添加剂两部分组成。基础油是机油的主要成分，决定着机油的基本性质，添加剂则可弥补和改善基础油性能方面的不足，赋予某些新的性能，是机油的重要组成部分（图6-1-1）。

发动机是汽车的"心脏"，发动机内有许多相互摩擦运动的金属表面，这些部件运动速度快、运行环境差，工作温度可达400～600℃。全新 Pure Plus 技术可将天然

图 6-1-1　发动机机油

气制成较纯净的全合成基础油，在此基础上添加独有的动力清洁技术，从而创造出具有超强清洁保护性能的机油。在恶劣的工况下，只有合格的机油才可降低发动机零件的磨损，延长使用寿命。市场上的机油因其基础油不同可简分为矿物油及合成油两种（植物油因产量稀少故不计）。合成油中又分为全合成及半合成。矿物基础油应用广泛，用量很大（约95%以上），但有些应用场合则必须使用合成基础油调配的产品。

 冷却液

冷却液，全称为防冻冷却液，意为有防冻功能的冷却液，可以防止寒冷季节停车时因结冰而胀裂散热器和冻坏发动机气缸体。但是要纠正一个误解，冷却液不仅仅是冬天

图 6-1-2 冷却液

用的，它应该全年使用，汽车正常的保养项目中，每行驶一年，需更换一次发动机冷却液（图 6-1-2）。

冷却液由水、防冻剂、添加剂三部分组成，按防冻剂成分不同可分为酒精型、甘油型、乙二醇型等。酒精型冷却液是用乙醇（俗称酒精）作防冻剂，其特点是价格便宜，流动性好，配制工艺简单，但沸点较低，易蒸发损失，冰点易升高，易燃等，现已逐渐被淘汰。甘油型冷却液沸点高、挥发性小、不易着火、无毒、腐蚀性小、但降低冰点效果不佳、成本高、价格昂贵，用户难以接受，只有少数北欧国家仍在使用。乙二醇型冷却液是用乙二醇作防冻剂，并添加少量抗泡沫、防腐蚀等综合添加剂配制而成。由于乙二醇易溶于水，可以配成不同冰点的冷却液，其最低冰点可达 -68℃，这种冷却液具有沸点高、泡沫倾向低、黏温性能好、防腐和防垢等特点，是一种较为理想的冷却液，目前国内外发动机所使用的和市场上所出售的几乎都是乙二醇型冷却液。压缩机冷媒有时也被称为冷却液。

三、制动液

制动液（图 6-1-3）是液压制动系统中传递制动压力的液态介质，用在采用液压制动系统的车辆中。制动液又称刹车油或迫力油，是制动系统制动不可缺少的部分，而在制动系统中，它作为力传递的介质，因为液体是不能被压缩的，所以从总泵输出的压力会通过制动液直接传递至分泵之中。

制动液有以下三种类型。

（1）蓖麻油-醇型 由精制的蓖麻油（45%～55%）和低碳醇（乙醇或丁醇，55%～45%）调配而成，经沉淀获得无色或浅黄色清澈透明的液体，即醇型汽车制动液。醇型制动液有 2 个牌号，蓖麻油加乙醇为醇型 1 号，蓖麻油加丁醇为醇型 3 号。醇型制动液的原料容易得到，合成工艺简单，产品润滑性好；缺点是沸点低，低温时性质不稳定。醇型 1 号在 45℃ 以上出现乙醇蒸气，产生气阻；在 -25℃ 时蓖麻油呈乳白色胶状物析出，并随温度降低而增加，堵塞制动系统，使制动系统沉重、失灵。在醇型 3 号皮碗试验中发现，制动液颜色稍变深，丁醇稍有溶解腐蚀橡胶的现象，在 -28℃ 时也有白色沉淀物析出。有的文献介绍加入甘油调整，但在低温下仍有沉淀且分层。

图 6-1-3 制动液

（2）合成型 用醚、醇、酯等掺入润滑、抗氧化、防锈、抗橡胶溶胀等添加剂制成。

（3）矿油型 用精制的轻柴油馏分加入稠化剂和其他添加剂制成。

液压制动（刹车）液是用于液压制动系统中传递压力以制止车轮转动的一种功能性液体。其制动工作压力一般为 2MPa，高的可达 4～5MPa。所有液体都有不可压缩特性，在密封的容器中或充满液体的管路中，当液体受到压力时，便会很快地、均匀地把压力传导至液体的各个部分。液压制动便是利用这个原理进行工作的。

四、转向助力油

转向助力油（图6-1-4）是汽车助力转向泵用的一种特殊液体，通过液压作用，可以使方向盘变得非常轻巧，其与自动变速器油、制动液以及减振油类似。

图6-1-4　转向助力油

五、变速箱油

变速箱油（变速器油）是保持排挡系统清洁的油类用品，能起到保证变速箱正常工作并延长传动装置寿命的作用。自动变速箱油如图6-1-5所示，手动变速箱油如图6-1-6所示。

图6-1-5　自动变速箱油

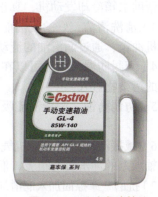

图6-1-6　手动变速箱油

第二节　汽车用油液的功能与特性

一、发动机润滑油

1. 按黏度划分等级

10W-40就是它的SAE标准黏度值，这个黏度值表示这种机油是多级机油，W代表

Winter（冬天），W 前面的数值代表低温时的流动性能，数值越小，低温时的启动性能越好。W 后面的数值代表机油在高温时的稳定性能（即变稀的可能性），数值越大，说明机油高温的稳定性能越好。

四冲程机油的黏度等级分类适用美国汽车工程师学会的分类，即 SAE 分类。

SAE 润滑油黏度分类的冬季用油牌号分别为：0W、5W、10W、15W、20W、25W，W 前的数值越小，表明其低温黏度越小，适用的最低气温越低。

SAE 润滑油黏度分类的夏季用油牌号分别为：20、30、40、50，数值越大，表明其黏度越大，适用的最高气温越高。

SAE 润滑油黏度分类的冬夏通用油牌号分别为：5W-20、5W-30、5W-40、5W-50、10W-20、10W-30、10W-40、10W-50、15W-20、15W-30、15W-40、15W-50、20W-20、20W-30、20W-40、20W-50。数值小的代表冬季使用，数值越小，表示适用最低气温越低；数值大的代表夏季使用，数值越大，表示适用的最高气温越高。数值范围越大，表明适用的气温范围越大。

2. 润滑油主要作用

（1）润滑　活塞和气缸之间，主轴和轴瓦之间均存在着快速的相对滑动，要防止零件过快的磨损，则需要在两个滑动表面间建立油膜。有足够厚度的油膜将相对滑动的零件表面隔开，从而达到减少磨损的目的。

（2）辅助冷却降温　机油因比热容较低，且在发动机内部，本身并不具有冷却作用。但发动机内由于燃料燃烧产生热能，在发动机工作时，机油能够将热量带回机油箱再散发至空气中帮助水箱冷却发动机，真正起冷却作用的是发动机壳外部的水（或防冻液体类）。

（3）清洗清洁　好的机油能够将发动机零件上的碳化物、油泥、磨损金属颗粒通过循环带回机油箱，通过润滑油的流动，冲洗零件工作面上产生的脏物。

（4）密封防漏　机油可以在活塞环与活塞之间形成一个密封圈，减少气体的泄漏和防止外界的污染物进入。

（5）防锈防蚀　润滑油能吸附在零件表面，防止水、空气、酸性物质及有害气体与零件接触。

（6）减振缓冲　当发动机气缸口压力急剧上升，运动突然加剧，活塞、活塞销、连杆和曲轴轴承上的冲击负荷很大，润滑油能起到缓冲的作用。

（7）抗磨　摩擦面加入润滑油，能使摩擦系数降低，从而减少了摩擦阻力，节约能源消耗，减少磨损。润滑油在摩擦面间可以减少磨粒磨损、表面疲劳、黏着磨损等所造成的磨损。

 二、冷却液

1. 概述

冷却液是保证水冷式发动机正常工作必不可少的工作介质。

若发动机过热，就会导致充气效率降低，发动机功率下降，使早燃、爆震倾向加大，过早损坏零部件，恶化运动件之间的润滑，加剧其磨损等。

若发动机过冷，就会导致进入气缸的混合气品质差，使发动机功率下降，燃料消耗增加，燃烧生成物中的酸性物质腐蚀零部件，未燃的燃料冲刷和稀释运动件表面的润滑

油膜，使其磨损加剧。这就要求使用者必须了解冷却液的性能特点，掌握冷却液的正确使用方法。

2. 功能

（1）防腐蚀　冷却系统中的散热器、水泵、缸体及缸盖、分水管等部件是由钢、铸铁、黄铜、紫铜、铝、焊锡等金属组成的，由于不同金属的电极电位不同，在电解质的作用下容易发生电化学腐蚀；同时冷却液中的二元醇类物质分解后形成的酸性产物、燃料燃烧后形成的酸性废气也可能渗透到冷却系统中，促进冷却系统腐蚀。冷却系统腐蚀会使散热器水箱的下水室、喷油嘴隔套、冷却管道、接头以及水箱排管发生故障，同时腐蚀产物堵塞管道，引起发动机过热甚至瘫痪；若腐蚀穿孔，冷却液渗入燃烧室或曲轴箱会产生严重的破坏，因为当冷却液或水与润滑油混合时，会产生油污和胶质，削弱润滑，使得液压阀、阀推杆和活塞环黏结。因而冷却液中都加入一定量的防腐蚀添加剂，防止冷却系统产生腐蚀。

（2）防水垢　冷却液在循环中应尽可能少地减少水垢的产生，以免堵塞循环管道，影响冷却系统的散热功能。综上所述，在选用、添加冷却液时，应该慎重。首先，应该根据具体情况去选择合适配比的冷却液；其次，将选择好配比的冷却液添加到水箱中，使液面达到规定位置即可。

（3）防开锅　符合国家标准的冷却液，沸点通常都超过105℃，比起水的沸点100℃，冷却液能耐受更高的温度而不沸腾（开锅），在一定程度上满足了高负荷发动机的散热冷却需要。

（4）冬季防冻　冷却液还可用于冬季防冻。为了防止汽车在冬季停车后，冷却液结冰而造成水箱、发动机缸体胀裂，要求冷却液的冰点应低于该地区最低温度10℃左右，以备天气突变。

三、制动液

1. 性能指标

我国现行的制动液标准GB 12981—2012《机动车辆制动液》为强制性标准，其技术指标要求分别是外观、平衡回流沸点、湿平衡回流沸点、运动黏度（100℃、-40℃）、pH值、液体稳定性、腐蚀性、低温流动性和外观、蒸发性能、溶水性、液体相容性、抗氧化性、橡胶相容性、行程模拟性能和防锈性能。

合格达标的制动液有以下几个特性。

❶ 在高温、严寒、高速、湿热等工况条件下保证灵活传递制动力。
❷ 对刹车系统的金属和非金属材料没有腐蚀性。
❸ 能够有效润滑刹车系统的运动部件，延长刹车分泵和皮碗的使用寿命。

对制动液的性能要求如下。

❶ 黏温性好，凝固点低，低温流动性好。
❷ 沸点高，高温下不产生气阻。
❸ 使用过程中品质变化小，并不引起金属件和橡胶件的腐蚀和变质。

2. 有机硅制动液

传统的制动液是以乙二醇为基础的液压传动油，乙二醇制动液的最大弱点是易吸水，从而降低它的沸点。当快速刹车时,刹车所产生的高温会导致水和乙二醇混合液沸腾,产生气塞现象,并引起刹车液储量的衰减。此外吸水后的乙二醇制动液还会对油漆的表面产生腐蚀作用。

由于硅油具有优良的化学惰性、疏水性和耐高温性能,因此可圆满地克服乙二醇制动液所产生的腐蚀、气塞和储量衰减难题。

有机硅制动液的优点如下。

(1)节省长期维修费用　由于硅油不吸水,可防止水分的积聚或使氧化剂不致因溶解而腐蚀金属部件,硅油的非导电性也不会引起电解腐蚀。因此,液压制动系统不需大修和更换零件。此外,由于硅油的固有稳定性,可不需经常更新。

(2)刹车系统运转安全　即使在288℃的高温或-40℃的严寒气候环境中,仍能安全运转。

(3)延长刹车系统寿命　硅油除了可防止液压刹车系统的零部件不受腐蚀外,还能起润滑作用,使金属-橡胶和金属-塑料零部件不致磨损。

(4)操作安全　硅油制动液基本无毒,不需要采用特别的预防措施。长期储存不会由于吸水而降低物理性能。

(5)兼容性好　若将普通的多元醇制动液加入硅油制动液中,不会影响其他使用性能。这一点使得在紧急情况下,可使两类液体互相作用,但最好还是整个制动系统都装填100%的硅油制动液。

(6)不会沾污汽车表面　硅油制动液与多元醇制动液不同,它不会损伤汽车表面,万一在行车过程中发生喷溅或泄漏事故,可轻而易举地擦拭干净。

(7)设计的灵活性强　硅油制动液对所有合金、橡胶和塑料材料都具有很好的适应性,从而给刹车系统的设计带来了很大的灵活性。例如,由于硅油制动液的卓越的介电性能,制动失灵警报系统和液面指示器的设计可通过安置一个穿过主液压缸的电压计进行简化。

四、转向助力油

转向助力是汽车上的一种增加舒适性的技术,可以在驾驶员进行转向的时候自动提供转向力,从而减轻驾驶员的转向劳动强度,而转向助力油就是加注在转向助力系统中的一种介质油,起到传递转向力和缓冲的作用。

汽车上配置的助力转向系统大致可以分为三类:第一类是机械式液压转向助力系统;第二类是电子液压转向助力系统;第三类是电动转向助力系统。

五、变速器油

1. 特点

(1)自动变速器油　ATF是专门用于自动变速器的油液。早期的自动变速器没有专用油液,而是用发动机机油代替。由于工作状况和技术要求差异很大,所以发动机机油作为自动变速器油液的方法很快被淘汰。如今使用的自动变速器专用油液既是液力变矩器的传动油,又是行星齿轮结构的润滑油和换挡装置的液压油。

(2)手动变速器油　一般称为齿轮油,手动变速器油的特点参见本书第三章第二节。

2. 辨别油品

（1）闻油味　正品油有一股焦煳味。
（2）看油的流动性　正品油"挂瓶"后，很长时间不净。
（3）看油的气泡　正品油摇动后，很少见气泡。
（4）看油的黏稠度　正品油沾手不易去掉，能拉丝。

如不具备上述特征，建议还是慎重一些，换了假冒伪劣油，对变速器的损害是很严重的，得不偿失。

第三节　发动机机油的检查与更换

排空发动机机油

❶ 打开机油加注口盖，拉起机油尺（图6-3-1）。
❷ 在车辆底部放置一个接油容器。

> **注意：**
> 在拧松或拆卸机油滤清器时，需要在车辆底下放置一个接油的容器，避免机油漏出滴落到地上。

❸ 选用棘轮扳手、接杆和24mm套筒拧松机油滤清器盖（图6-3-2）。

图6-3-1　打开机油加注口盖

图6-3-2　拧松机油滤清器盖

❹ 将车辆举升至合适的高度，确认举升机锁止可靠。
❺ 将废油收集器放到发动机油底壳下部，使用合适的扳手拧松油底壳放油螺栓，排放发动机机油（图6-3-3）。
❻ 更换放油螺栓密封圈（图6-3-4）。
❼ 待油液完全排空后，安装放油螺栓，清洁油底壳上的机油（图6-3-5）。
标准力矩：8N·m。

图 6-3-3　排放发动机机油

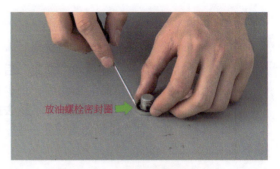
图 6-3-4　更换放油螺栓密封圈

注意：

① 流出的机油呈滴落状态时就可以安装放油螺栓。
② 将油液清理干净是为了在车辆发动机运行后或者路试后检查放油螺栓处是否会漏油。

❽ 收起废油收集器。
❾ 降下车辆。
❿ 取下机油滤清器壳（图 6-3-6）。

图 6-3-5　安装放油螺栓

图 6-3-6　取下机油滤清器壳

 加注发动机机油

❶ 更换机油滤清器及密封圈，在新的密封圈上涂抹上机油（图 6-3-7）。

图 6-3-7　更换机油滤清器及密封圈

❷ 将机油滤清器盖安装到机油滤清器座上并紧固。

标准力矩：25N·m。

❸ 将 5W-30 发动机机油加到发动机中，根据维修手册以及实际的情况，给车辆添加 4.5L 机油。

❹ 等待 1min 后，检查机油液位是否符合要求，如不符合要求则继续加注机油（图 6-3-8）。

❺ 启动发动机，使发动机运行。

❻ 检查仪表上的机油灯是否点亮。

❼ 检查机油滤清盖是否漏油。

❽ 举升车辆，检查油底壳放油螺栓是否漏油。

❾ 复原车，交车给质检人员。

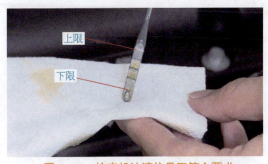

图 6-3-8　检查机油液位是否符合要求

第四节　检查和更换冷却液

一、检查冷却系统是否有泄漏

❶ 检查冷却液液位是否在 MAX 与 MIN 之间（图 6-4-1）。

❷ 检查储液壶盖是否损坏。

❸ 启动发动机，检查仪表水温是否报警、水温是否过高。

❹ 检查冷却风扇工作是否正常，关闭发动机。

❺ 检查冷却液散热器是否损坏、漏水。

❻ 检查冷却液水管是否老化、漏水。

❼ 检查发动机缸垫是否漏水。

图 6-4-1　检查冷却液液位

二、更换冷却液

❶ 取下冷却液储液壶盖（图 6-4-2）。

❷ 举升车辆到合适的高度。

❸ 旋出水箱排放塞，排空冷却液（图 6-4-3）。

❹ 排放完成后，旋紧排放塞。

❺ 降下车辆。

❻ 加注冷却液并对冷却系统进行排空气。

❼ 排完空气后，将冷却液加至 MAX 与

图 6-4-2　取下冷却液储液壶盖

MIN 之间。

⑧ 安装储液壶盖（图 6-4-4）。

⑨ 复原车辆。

图 6-4-3　排空冷却液

图 6-4-4　安装储液壶盖

第五节　检查和更换制动液

一、检查制动液

检查制动液液位是否在 MAX 与 MIN 之间，如果液位低于 MIN，首先检查前后制动片和制动盘的磨损情况，如余量只剩 4mm 时必须更换；再检查制动管路是否泄漏，如有泄漏则必须进行维修，如无问题必须添加至 MAX 与 MIN 之间（图 6-5-1）。

图 6-5-1　检查制动液液位

二、更换制动液

① 清洁储液壶上的灰尘。

② 取下储液壶盖及过滤网。

③ 抽空储液壶中的制动液，并加注新的制动液，加满为止（图 6-5-2）。

④ 拆卸车辆四个轮胎。

⑤ 车内人员踩制动踏板数次，然后踩住制动踏板，车外人员旋松放气螺栓，然后观察

制动液的流出情况，直到制动液中无气泡，然后旋紧放气螺栓。

❻ 按照右后、左后、右前、左前的顺序进行换液及排放轮缸的空气（图6-5-3）。

图6-5-2 加注新的制动液

图6-5-3 排放轮缸的空气

 注意：

操作过程中，需要留意制动液的液位。

❼ 排气完成后，安装车辆轮胎。
❽ 加注制动液至MAX与MIN之间。
❾ 复原车辆并进行质检。

第六节 检查和更换转向助力液

一、检查转向助力液

❶ 旋开转向助力液储液罐盖。
❷ 用干净的清洁布将转向助力液液面指示器擦干，并清洁、疏通储液罐盖上的通气孔。
❸ 重新装入并旋紧储液罐盖。
❹ 再次旋开储液罐盖，此时转向助力液液面指示器油迹位置即为转向助力液液面高度位置（图6-6-1）。

图6-6-1 检查液位

二、更换转向助力液

❶ 清洁储液罐外表及油管接头处的油迹、灰尘。

❷举升车辆到合适位置。
❸取下转向助力液储液罐盖。
❹用抽油器从储液罐抽出转向助力液（图6-6-2）。
❺用鲤鱼钳拆下储液罐上的出油软管的卡箍（图6-6-3），移出阻挡位置，拆下软管。

图6-6-2　抽出转向助力液

图6-6-3　拆下卡箍

❻将出油软管放到储液桶内。
❼启动发动机并让其怠速运转。
❽将方向盘从左到右，再从右到左来回转动，确保动力转向系统中的转向助力液完全被排出。

 注意：

① 不能将方向盘停留在左右极限位置，否则会导致系统压力过高、过热，损坏转向助力泵。
② 储液盘的放置位置应低于转向助力泵的位置，否则油液不能完全排净。

❾重新连接动力转向系统出油软管。
❿添加转向助力液（图6-6-4）。
⓫启动发动机，并使发动机在怠速下运转（图6-6-5）。

图6-6-4　添加转向助力液

图6-6-5　启动发动机

⓬将方向盘从左到右，再从右到左来回转动，使转向系统处于正常工作状态。
⓭关闭发动机。
⓮用抽油器从储液罐中抽出转向助力液。

⑮ 用鲤鱼钳拆下储液罐上的出油软管的卡箍，移出阻挡位置，拆下软管。
⑯ 将出油软管放到储液桶内。
⑰ 检查排放出的转向助力液，直到油液清澈为止，否则重复以上步骤。
⑱ 关闭发动机。
⑲ 加注转向助力液。
⑳ 启动发动机，检查是否有泄漏。
㉑ 复原车辆并交付质检人员。

第七节　玻璃水的检查与添加

夏季雨水丰富，加之鸟类、动物活动频繁，停在树下的车辆常常会发现前挡风玻璃脏污不堪，树胶、鸟粪等需要使用玻璃水进行清洗。

一、玻璃水的功效

（1）清洗性能　玻璃水是由多种表面活性剂及添加剂复配而成的。表面活性剂通常具有润湿、渗透、增溶等功能，从而起到清洗去污的作用。

（2）防冻性能　酒精、乙二醇的存在，能显著降低液体的冰点，从而起到防冻的作用，能很快溶解冰霜。

（3）防雾性能　玻璃表面会形成一层单分子保护层，这层保护膜能防止形成雾滴，保证挡风玻璃清澈透明，视野清晰。

（4）抗静电性能　用玻璃水清洗后，清除吸附在玻璃表面的物质，能消除玻璃表面的电荷。

二、检查玻璃水

❶ 打开发动机舱机盖。
❷ 如图 6-7-1 所示，找到雨刷水壶或雨刷水壶盖（标注有喷水标志）。

图 6-7-1　找到雨刷水壶盖

❸ 能看到整个水壶的直接观察液位即可，若无法看到，需要用手指堵住橡胶管的一端，然后将另一端插入水壶中，直至感觉触碰到壶底，拔出，观察橡胶管的液位，也就是说利用橡胶管充当液位尺。

❹ 若玻璃水壶内的液位低于 1/3 时，建议及时添加，避免影响正常的玻璃喷水清洁。

三、添加玻璃水

玻璃水分为以下三种。

❶ 仅适用于夏天用的玻璃水。

❷ 有的玻璃水是防冻的，适合冬天用。

❸ 冬夏都适用的，称为特效防冻型玻璃水。

最常用的是夏天用的玻璃水，其主要作用是清除车前窗的虫子之类的脏污。但是在选择玻璃水的时候，还是要根据实际的天气和温度来选择。气候不同，车里用的玻璃水也是不同的。

添加玻璃水的方法很简单，只需打开玻璃水储液壶（雨刷水壶）盖，加入适量的玻璃水即可（图 6-7-2）。

图 6-7-2　添加玻璃水

第八节　检查和更换制冷剂

一、检查制冷剂

视频精讲

1. 检查条件

❶ 发动机转速为 1500r/min。
❷ 鼓风机速度控制开关处于"高"位。
❸ 空调开关为"开"。
❹ 温度选择器为"最凉"（图 6-8-1）。
❺ 完全打开所有车门。

2. 从视液窗中看制冷剂（图 6-8-2）

（1）清晰、无气泡　清晰、无气泡，说明制冷剂适量。若开、关空调机的瞬间制冷剂起泡沫，随后就变清，也同样说明制冷剂适量。如果开、关空调机从视液窗内看不到动静，而且出风口不冷，压缩机进、出口之间没有温差，则说明制冷剂已漏光。若出风口不够冷，而且关闭压缩机后无气泡，无流动，则说明制冷剂过多。

图 6-8-1　打开空调（风量最大、温度最低）

（2）偶尔出现气泡　若偶尔出现气泡，并且伴有膨胀阀结霜，则说明系统中有水分。若无膨胀阀结霜现象，则可能是制冷剂少量缺少或有空气进入。

（3）有泡沫出现　若泡沫不断出现，则说明制冷剂不足。如果泡沫很多，也可能是因为有空气存在。

（4）出现机油条纹　若视液窗的玻璃上有条纹状的油渍，则说明冷冻机油量过多。

（5）出现污浊　若视液窗上留下的油渍是黑色的或有其他杂物，则说明系统内的冷冻机油已变质。

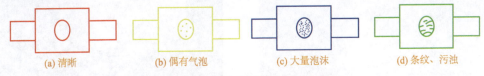

(a) 清晰　　　(b) 偶有气泡　　　(c) 大量泡沫　　　(d) 条纹、污浊

图 6-8-2　视液窗中看到的制冷剂情况

3. 通过检查系统的压力检查制冷剂量

（1）连接空调压力表（图 6-8-3）

注意：

① 连接时，用手而不要用任何工具紧固加注软管。
② 如果加注软管的连接密封件损坏，则更换。
③ 由于低压侧和高压侧的连接尺寸不同，连接软管时不要装反。
④ 软管和车侧的维修阀门连接时，把快速接头接到维修阀门上并滑动，直到听到"卡嗒"声。
⑤ 连接压力表时，不要弄弯管道。

（2）检查制冷系统的压力（图 6-8-4）

技术标准： R134a 空调系统压力正常范围，表读数：低压侧为 0.15～0.25MPa，高压侧为 1.37～1.57MPa。

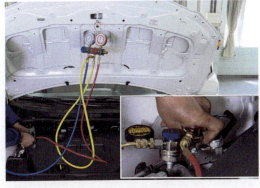

图 6-8-3　连接空调压力表

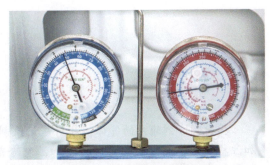

图 6-8-4　检查制冷系统的压力

二、更换制冷剂

❶ 记录回收加注机内新、废冷冻油的量和制冷剂量（图6-8-5和图6-8-6）。

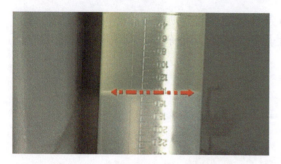

图6-8-5 回收加注机新冷冻油的量

图6-8-6 回收加注机废冷冻油的量

❷ 电源插入合适的有地线的电源插座上，并开启设备。
❸ 检查剩余容量和制冷剂净重（图6-8-7）。
❹ 按"排气"键，即开始排气2s（图6-8-8）。

图6-8-7 检查剩余容量和制冷剂净重

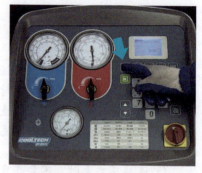

图6-8-8 按下"排气"键

显示屏显示如图6-8-9所示。

| 排气 | 回收 | 抽真空 | 充注 | 菜单 |

正在排气2s······

0:01

图6-8-9 排气时显示屏显示

 注意：

排出制冷剂罐内的气体，此时应记录制冷剂回收加注机内制冷剂的量。制冷剂回收加注机规定，制冷剂的量应为需加注制冷剂量的3倍以上，同时多于3kg，小于8kg，以保证能正常加注制冷剂。

2s 完成后显示屏显示如图 6-8-10 所示。

❺ 按"确认"键继续排气,按"取消"键退出排气。

❻ 连接制冷剂回收加注机的红、蓝歧管至车辆空调高、低压管路检测口,并打开维修阀(图 6-8-11)。

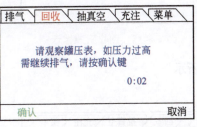

图 6-8-10 排气完成后显示屏显示

图 6-8-11 连接高、低压管路检测口

 注意:

① 车辆上空调的高、低压管路的区分:管路相对较细,并且检测口保护盖上标有"H"的为高压管;管路相对较粗,检查口保护盖上标有"L"的为低压管。
② 将维修阀连接到汽车空调管路检测口上,连接好后顺时针拧开维修阀。
③ 连接检测口时应注意双手进行,一只手从下方托住管道,以保护管道,另一只手安装维修阀。
④ 可记录车辆空调高、低压管路的静态压力,以作为后续工作的参考。

❼ 打开控制面板上红色(高压)和蓝色(低压)阀门(手柄箭头指向左边为开)(图 6-8-12)。

❽ 按" "键直到显示屏上显示如图 6-8-13 所示。

图 6-8-12 打开高、低压阀门

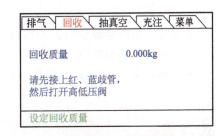

图 6-8-13 回收质量

❾ 可以通过数字键盘设定所需的回收质量。

❿ 按" "键,压缩机启动,系统将进行管路清理,时间为 1min。管路清理完成后,开始回收,其显示如图 6-8-14 所示。

⓫ 回收完成后，屏幕显示如图 6-8-15 所示。

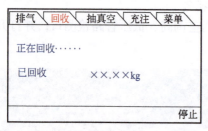

图 6-8-14　正在回收显示

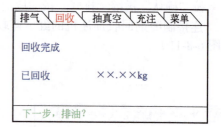

图 6-8-15　回收完成显示

⓬ 按 "➡" 键，进行排油程序，显示如图 6-8-16 所示。
⓭ 排油完成后，屏幕显示如图 6-8-17 所示。

图 6-8-16　正在排油显示

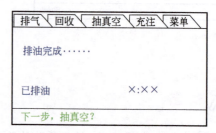

图 6-8-17　排油完成显示

⓮ 回收所有制冷剂并排油之后，空调系统抽真空。
a. 在控制面板上，打开红、蓝两个阀门（图 6-8-18）。
b. 按 "🚗" 键，直到屏幕上出现抽真空状态（图 6-8-19）。

图 6-8-18　打开阀门

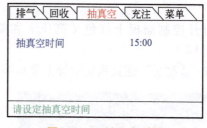

图 6-8-19　抽真空时间

可以通过数字键盘设定所需的抽真空时间：当光标在 "15：00" 字符处闪动时，选择数字键，程序将切换到抽真空时间设置界面。

c. 按 "➡" 键开始抽真空操作。显示屏上原显示的 "mm：ss" 值开始记时。

 注意

进行抽真空之前，必须检查压力表。只有在低压小于 0 时才可进行抽真空操作，否则将会损坏真空泵。如果压力大于 0，请先运行回收功能。

d. 抽真空完成后，屏幕显示如图 6-8-20 所示。
e. 按"➡"键，保压显示如图 6-8-21 所示。

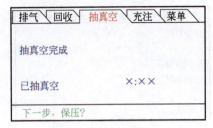

图 6-8-20　抽真空完成

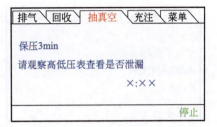

图 6-8-21　保压

f. 3min 保压完成后（图 6-8-22），观察压力表的变化（是否泄漏）（图 6-8-23），如果泄漏，应查明泄漏原因并解决；如不泄漏，选择下一步操作。

图 6-8-22　保压完成后

图 6-8-23　观察压力表的变化

g. 按"➡"键，显示屏显示如图 6-8-24 所示。
需手动键入加注量，加注从高压侧进行。新冷冻油液面如图 6-8-25 所示。

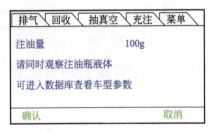

图 6-8-24　加注机显示器

图 6-8-25　新冷冻油液面

注意：

具体根据当时的情况来定，或者进入数据库进行查询，或者向零部件生产商咨询。进入数据库的具体操作参考操作中的数据库项。空调零部件更改后需多加注一定量的冷冻油。

h. 按"➡"键，显示屏显示如图 6-8-26 所示。
i. 按"➡"键，显示屏显示如图 6-8-27 所示。

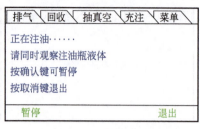

图 6-8-26　正在注油

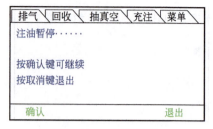

图 6-8-27　注油暂停

j. 注油完成后，下一步进入充注流程。
k. 进行二次抽真空，设定抽真空时间为 30min 或以上，结束后进行保压 1min。

三、加注制冷剂

❶ 把低压手动阀关闭，高压手阀打开，进行单管充注（图 6-8-28）。
❷ 按控制面板上的"🅧"键，直到显示屏上显示如图 6-8-29 所示。

图 6-8-28　低压手动阀关闭，高压手阀打开

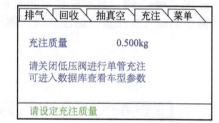

图 6-8-29　输入加注量

在默认情况下，充注程序可以自动判断工作状态，也可以通过数字键盘设定所需的充注质量。

注意：

① 为避免空气进入空调系统，不要去除注油瓶中所有的油液。
② 设置新充注量时请参考车辆制造商的详细说明或设备的数据库。

❸ 打开控制面板高压阀门，关闭低压阀门。
❹ 按"➡"键充注开始。屏幕上显示已充注制冷剂的质量（图 6-8-30）。
❺ 充注完成后，屏幕显示如图 6-8-31 所示。

图 6-8-30　正在充注

图 6-8-31　充注完成

❻ 按 "➡" 键系统进行管路自动清理，主要清理两个歧管内残留的制冷剂。
❼ 复原车辆并交付质检人员。

第九节　检查蓄电池和补充电解液

检查蓄电池

❶ 检查蓄电池壳体是否有裂纹、渗漏电解液的现象，如果有，则更换蓄电池（图 6-9-1）。
❷ 检查蓄电池正负极柱是否有腐蚀物，如果有，则用铜丝刷子清洁。
❸ 检查蓄电池电缆接头与极柱和连接导线有无松动，如果有，应紧固或更换电缆接头。
❹ 用清洁布清洁蓄电池外观。
❺ 选择万用表的直流电压 20V 挡，将红黑表笔与蓄电池正负极柱顶端连接。
❻ 观察并记录电压读数。蓄电池正常电压值为 11.5～12.5V（图 6-9-2）。

图 6-9-1　检查蓄电池

图 6-9-2　检测电压

❼ 检查蓄电池电解液液位高度（图 6-9-3）。

注意：

检查电解液液位时，不能用明火照明，不能使用大功率照明灯。

图 6-9-3　检查电解液液位

二、补充电解液

❶ 拆卸蓄电池加液孔盖（图 6-9-4）。
❷ 加注电解液或蒸馏水。
❸ 清洁蓄电池加液孔盖，保持加液孔盖上透气孔的清洁。
❹ 安装蓄电池加液孔盖（图 6-9-5）。

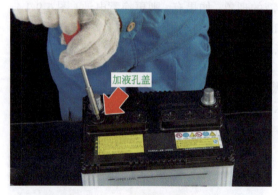

图 6-9-4　拆卸蓄电池加液孔盖

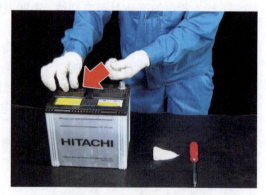

图 6-9-5　安装蓄电池加液孔盖

第十节　更换自动变速器油

一、排空变速器油

❶ 举升车辆到合适的高度并上锁。
❷ 拆卸发动机下护板。
❸ 将废油收集器放到变速器下部。

视频精讲

❹ 用棘轮扳手、接杆和 11mm 套筒拧松变速器放油螺栓，用手旋出变速器放油螺栓，排放变速器油（图 6-10-1）。

❺ 待油液完全排空后，安装放油螺栓并紧固（图 6-10-2）。

图 6-10-1　排放变速器油

图 6-10-2　安装放油螺栓并紧固

❻ 使用化清剂将放油螺栓附近的油液清理干净

注意：

将油液清理干净是为了在车辆运行后或者路试后检查放油螺栓处是否会漏油。

❼ 收起废油收集器。

二、加注变速器油

❶ 用手拔出变速器排气管，旋出排气管接头。

❷ 将加油漏斗安装到加注口上（图 6-10-3）。

❸ 加注自动变速器油（图 6-10-4）。按维修手册的要求加注 5L（规定范围为 4～6L）。

图 6-10-3　将加油漏斗安装到加注口上

图 6-10-4　加注自动变速器油

❹ 收起加油漏斗，复原车辆。

三、检查变速器油

❶ 启动发动机,检查放油螺栓是否有泄漏(图 6-10-5)。

图 6-10-5　检查放油螺栓是否有泄漏

❷ 待发动机水温到达 90℃。
❸ 升起车辆并锁止举升机,放置废油收集器。
❹ 用棘轮扳手、接杆和 11mm 套筒拆卸变速器油位螺栓(图 6-10-6)。
❺ 变速器内多出的油液会流出,待油液流干净后安装油位螺栓(图 6-10-7)。

图 6-10-6　拆卸变速器油位螺栓

图 6-10-7　检查液位

❻ 安装液位螺栓并紧固。
❼ 复原车辆。
❽ 对车辆进行路试,然后检查放油螺栓和液位螺栓是否漏油。

第十一节　更换手动变速器油

一、排放变速器油液

❶ 将车辆举升到合适的高度并锁止举升机。
❷ 拆卸发动机下护板。

视频精讲

❸ 将废油收集器放到变速器下部。
❹ 用合适的工具拧松变速器放油螺栓并取下,排放变速器油(图 6-11-1)。
❺ 更换放油螺栓垫片。

图 6-11-1　排放变速器油

❻ 待油液呈滴状时,安装放油螺栓(图 6-11-2)。

图 6-11-2　安装放油螺栓

二、加注变速器油液

❶ 移走废油收集器。
❷ 加注变速器油液。
❸ 复原车辆并交付质检人员。

第七章

汽车易损件的检查与更换

第一节　汽车易损件概述

汽车易损件包含：机油滤清器、空气滤清器、燃油滤清器、空调滤清器、火花塞、刹车片、刹车盘、离合器、雨刮片、密封条、正时皮带、轮胎、蓄电池。

第二节　检查和更换机油滤清器

发动机在工作过程中，金属磨屑、尘土、高温下被氧化的积炭和胶状沉淀物、水等不断混入机油。机油滤清器的作用就是滤掉这些机械杂质和胶质，保持机油的清洁，延长其使用期限。机油滤清器应具有滤清能力强、流通阻力小、使用寿命长等性能。

▶ 1. 检查机油滤清器

目视检查机油滤清器是否损坏，是否漏油。

▶ 2. 更换机油滤清器

❶ 使用机油滤清器扳手拆卸机油滤清器（图 7-2-1）。

视频精讲

图 7-2-1　拆卸机油滤清器

❷ 取下机油滤清器（图 7-2-2）。

图 7-2-2　取下机油滤清器

> **注意：**
>
> 拆卸机油滤清器时，需要放置一块布，避免机油流到其他零部件。

3. 安装机油滤清器

> **注意：**
>
> 安装机油滤清器前，密封圈上需要涂抹润滑油。

❶ 将机油滤清器安装到机油座上（图 7-2-3）。
❷ 使用机油滤清器扳手紧固（图 7-2-4）。
标准力矩：25N·m。

图 7-2-3　安装机油滤清器

图 7-2-4　紧固机油滤清器

第三节　检查和更换燃油滤清器

燃油滤清器的主要功能是滤除燃油中的杂质。

1. 检查燃油滤清器

目视检查燃油滤清器是否损坏，接头是否漏油。如果接头处出现漏油，需要对油管进行检查，必要时可更换燃油管。

2. 更换燃油滤清器

① 拆卸燃油滤清器进油管和出油管。
② 拆卸燃油滤清器固定卡箍。
③ 取下燃油滤清器（图 7-3-1）。
④ 安装燃油滤清器。
⑤ 安装燃油滤清器固定卡箍。
⑥ 安装燃油滤清器进油管和出油管。

图 7-3-1　燃油滤清器

第四节　检查和更换空气滤清器

汽车空气滤清器主要负责清除空气中的微粒杂质。活塞式机械（内燃机、往复压缩机等）工作时，如果吸入空气中含有灰尘等杂质就将加剧零件的磨损，所以必须装有空气滤清器。空气滤清器由滤芯和壳体两部分组成。空气滤清器的主要要求是滤清效率高、流动阻力低、能较长时间连续使用而无需保养。

1. 检查空气滤清器

检查空气滤清器是否损坏，滤芯是否脏污堵塞。

2. 更换空气滤清器

① 拆卸空气滤清器连接管路（图 7-4-1）。

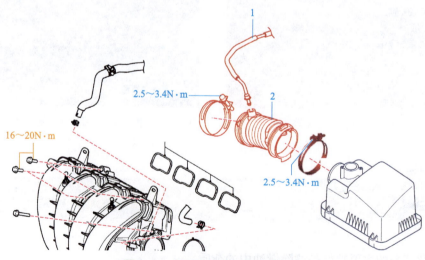

图 7-4-1　拆卸空气滤清器连接管路
1—真空管路；2—连接软管

② 拆卸空气滤清器上盖固定螺栓。
③ 取下空气滤清器上盖（图 7-4-2）。

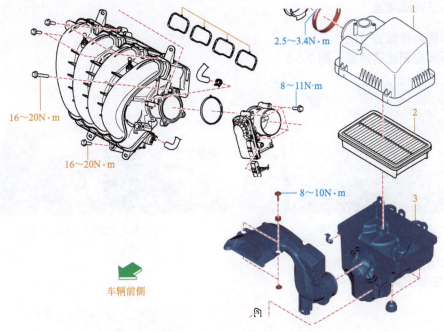

车辆前侧

图 7-4-2　取下空气滤清器上盖

1—空气滤清器上盖；2—空气滤清器；3—空气滤清器底壳

④ 取下空气滤清器（图 7-4-2）。
⑤ 安装空气滤清器。
⑥ 安装空气滤清器上盖及固定螺栓。
⑦ 安装空气滤清器连接管路（图 7-4-1）。

第五节　检查和更换空调滤清器

　　空调滤清器，俗称花粉滤清器，其作用是：过滤从外界进入车厢内部的空气，使空气的洁净度提高。一般的过滤物质是指空气中所包含的杂质，如微小颗粒物、花粉、细菌、工业废气和灰尘等。
　　空调滤清器的效果是防止这类物质进入空调系统，给车内乘用人员提供良好的空气环境，保护车内人员的身体健康，也可防止玻璃雾化。

 检查空调滤清器

　　检查空调滤清器是否损坏，滤芯是否脏污堵塞。

二、更换空调滤清器

1. 拆卸空调滤清器

❶ 拆卸杂物箱盖（图 7-5-1）。
❷ 拆卸空调滤清器盖（图 7-5-2）。

图 7-5-1　拆卸杂物箱盖

图 7-5-2　拆卸空调滤清器盖

❸ 取出空调滤清器（图 7-5-3）。
注意安装方向（图 7-5-4）。

图 7-5-3　取出空调滤清器

图 7-5-4　箭头向下

2. 安装空调滤清器

❶ 安装空调滤清器（图 7-5-5）。

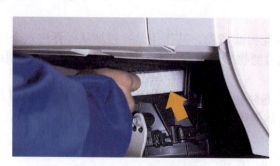

图 7-5-5　安装空调滤清器

❷ 安装空调滤清器盖（图 7-5-6）。

❸ 安装杂物盒盖（图 7-5-7）。

图 7-5-6 安装空调滤清器盖

图 7-5-7 安装杂物盒盖

第六节 点火线圈的检查与更换

点火线圈的作用是将低压电转变为 15000～40000V 的高压电，以满足火花塞跳火的需要。

一、检查点火线圈（图 7-6-1）

❶ 检查点火线圈胶套是否硬化。
❷ 检查胶套是否漏电，是否破损。
❸ 检查点火线圈胶套中心弹簧是否缺失。

图 7-6-1 检查点火线圈

二、更换点火线圈

1. 拆卸点火线圈

❶ 分离线束固定卡扣。

视频精讲

❷ 拆卸发动机装饰盖（图 7-6-2）。
❸ 用手拔出点火线圈线束插接器（图 7-6-3）。

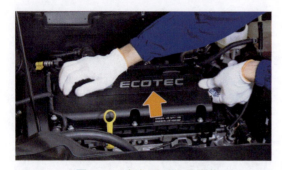

图 7-6-2　拆卸发动机装饰盖

图 7-6-3　用手拔出点火线圈线束插接器

❹ 用 T40 棘轮扳手拧松点火线圈固定螺栓，取下固定螺栓（图 7-6-4）。
❺ 取下点火线圈（图 7-6-5）。

图 7-6-4　取下固定螺栓

图 7-6-5　取下点火线圈

2. 安装点火线圈

❶ 将点火线圈安装到发动机上（图 7-6-6）。

图 7-6-6　将点火线圈安装到发动机上

❷ 安装固定螺栓。
标准力矩：8N·m。
❸ 连接点火线圈插接器。
❹ 安装发动机装饰盖。
❺ 安装发动机线束。

第七节　火花塞的检查与更换

火花塞的作用是将点火线圈所产生的脉冲高压电引进燃烧室，利用电极产生的电火花点燃混合气，完成燃烧。

一、检查火花塞

视频精讲

火花塞的电极正常颜色为灰白色，如电极烧黑并附有积炭，则说明存在故障。检查时可将火花塞与缸体导通，用中央高压线触接火花塞的接线柱，然后打开点火开关，观察高压电跳位置。如高压电跳位置在火花塞间隙，则说明火花塞作用良好；否则，需要换新（图7-7-1）。

各种车型的火花塞间隙均有差异，一般应在0.7～0.9mm之间。检查间隙大小，可用火花塞量规或薄的金属片进行。如间隙过大，可用起子柄轻轻敲打外电极，使其间隙正常；间隙过小时，则可利用起子或金属片插入电极向外扳动（图7-7-2）。

图 7-7-1　检查火花塞跳火

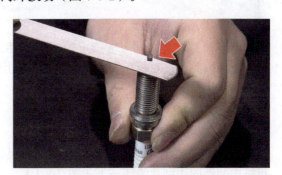

图 7-7-2　检查火花塞间隙

二、更换火花塞

❶ 选用棘轮扳手和火花塞专用工具（图7-7-3）。
❷ 拆卸1缸火花塞（图7-7-4）。

视频精讲

图 7-7-3　选用棘轮扳手和火花塞专用工具

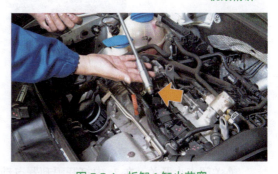

图 7-7-4　拆卸1缸火花塞

❸ 安装火花塞。
❹ 使用工具紧固火花塞（图7-7-5）。
❺ 使用扭力扳手将火花塞紧固至25N·m（图7-7-6）。

图7-7-5　使用工具紧固火花塞

图7-7-6　紧固火花塞

第八节　雨刮器的检查与更换

雨刮器是安装在挡风玻璃上的重要附件，它的作用是扫除挡风玻璃上妨碍视线的雨雪和尘土。因此，它对行车安全具有重要的作用。

 检查雨刮器

逐次开启雨刮器各挡位，检查刮拭情况，如果装上的雨刮器刮拭不净，应使用干净抹布将雨刮器的雨刮片清洁一下（图7-8-1）。

图7-8-1　清洁雨刮片

 更换雨刮器

❶ 关闭点火开关，在3s内打开雨刮器点动挡开关，使雨刮臂停留在维修位置（图7-8-2）。

❷ 将雨刮臂拉起，在挡风玻璃上放置泡沫或纸板，以防止雨刮臂击碎或划伤挡风玻璃（图 7-8-3）。

图 7-8-2　雨刮臂停留在维修位置

图 7-8-3　放置泡沫或纸板

❸ 拆卸雨刮片时需要松开雨刮片上的卡扣，并缓慢将雨刮臂放置在挡风玻璃上的泡沫或纸板上（图 7-8-4）。

❹ 由远及近地安装新雨刮片，安装新雨刮片时一定要听到"咔嚓"声，以确保其牢固地装在雨刮臂上（图 7-8-5）。

❺ 将两个雨刮片都安装好后取下垫在挡风玻璃上的泡沫或纸板，放下两雨刮片。

❻ 检查雨刮器的刮水情况和工作情况（图 7-8-6）。

图 7-8-4　拆卸雨刮片卡扣

图 7-8-5　安装雨刮片

图 7-8-6　更换雨刮器后的检查

 第九节　刹车灯的检查与更换

刹车灯一般安装在车辆尾部，主体颜色为红色，可增强光源的穿透性，以便后面行驶的车辆即使在能见度较低的情况下，也能易于发现前方车辆刹车，起到防止追尾事故发生的作用。

简单车型的刹车灯就是电源通过熔丝，然后到刹车开关，踩下制动踏板进行刹车时，开关连通,电源被送到两个刹车灯和一个高位刹车灯,通过负线与车体连接构成回路。

一、检查刹车灯

一名技师在车内踩下制动踏板,另一名技师在车尾观察刹车灯是否点亮(图7-9-1)。

图7-9-1 检查刹车灯

二、更换刹车灯

❶ 打开后备厢盖。
❷ 拆卸内饰板。
❸ 拔下刹车灯线束插接器。
❹ 逆时针旋出刹车灯灯泡(图7-9-2)。
❺ 顺时针旋入刹车灯灯泡(图7-9-3)。

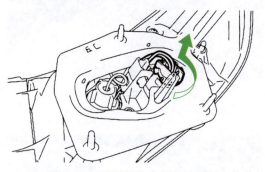

图7-9-2 逆时针旋出刹车灯灯泡

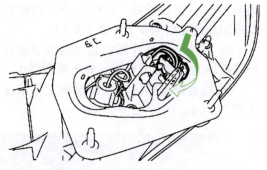

图7-9-3 顺时针旋入刹车灯灯泡

❻ 连接刹车灯线束插接器。
❼ 安装内饰板。

第十节 前保险杠的更换

一、概述

汽车保险杠是吸收和减缓外界冲击力、防护车身前后部的安全装置。

多年前汽车前后保险杠是用钢板冲压成槽钢,与车架纵梁铆接或焊接在一起的,与车身有一段较大的间隙,看上去很不美观。随着汽车工业的发展和工程塑料在汽车工业中的大量应用,汽车保险杠作为一种重要的安全装置也走向了革新的道路。目前的轿车前后保险杠除了保持原有的保护功能外,还要追求与车体造型的和谐与统一,追求本身的轻量化。

轿车的前保险杠是由塑料制成的，人们称为塑料保险杠（图 7-10-1）。

图 7-10-1　前保险杠

二、更换前保险杠

1. 拆卸前保险杠

（1）拆卸散热器上的空气导流板　拆下 6 个卡子（图 7-10-2）和散热器上的空气导流板。

（2）拆卸散热器格栅防护罩　拆下 2 个散热器格栅防护罩（图 7-10-3）。

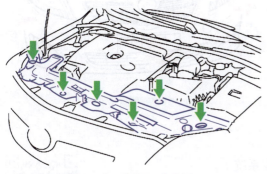

图 7-10-2　拆下 6 个卡子

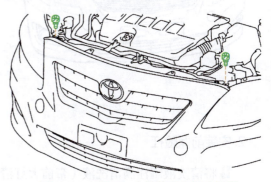

图 7-10-3　拆下 2 个散热器格栅防护罩

（3）拆卸前保险杠总成

❶ 使用螺丝刀，将销转动 90° 并拆下销固定卡子（图 7-10-4）。

> 提示：
>
> 右侧与左侧程序相同。

❷ 拆下卡子（图 7-10-5）。
❸ 沿前保险杠总成四周粘贴保护性胶带（图 7-10-6）。
❹ 拆下 6 个螺钉、2 个螺栓和 3 个卡子。

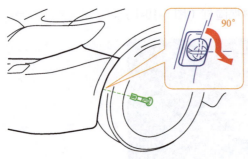

图 7-10-4　将销转动 90°

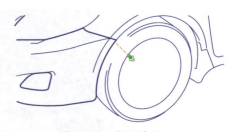

图 7-10-5　拆下卡子

⑤脱开 6 个卡爪 [图 7-10-7 中（1）、（2）] 并拆下前保险杠总成。
⑥断开连接器。
⑦排放清洗液（带前大灯清洗器系统）。

图 7-10-6　粘贴保护性胶带

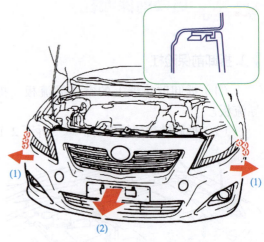

图 7-10-7　脱开 6 个卡爪

2. 安装前保险杠

①将清洗液罐注满清洗液（带前大灯清洗器系统）。
②安装前保险杠总成。
a. 断开雾灯连接器（带雾灯或侦测声呐系统）。
b. 接合 6 个卡爪（图 7-10-8）并安装前保险杠总成。
c. 安装 6 个螺钉、3 个卡子和 2 个螺栓（图 7-10-9）。
d. 安装销固定卡夹。
e. 安装卡子。

视频精讲

> 提示：
>
> 右侧与左侧程序相同。

③安装 2 个散热器格栅防护罩。
④安装 6 个卡子和散热器上的空气导流板。

⑤ 雾灯对光准备工作。
⑥ 雾灯对光检查。
⑦ 雾灯对光调整。

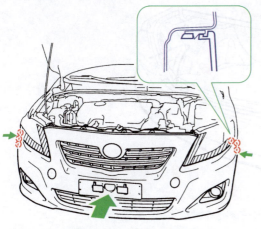
图 7-10-8　接合 6 个卡爪

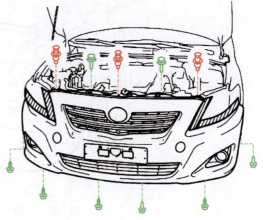
图 7-10-9　安装 6 个螺钉、3 个卡子和 2 个螺栓

第十一节　后保险杠的更换

一、拆卸后保险杠

❶ 拆下 3 个螺钉（图 7-11-1）和左后侧围板挡泥板（带后翼子板挡泥板）。

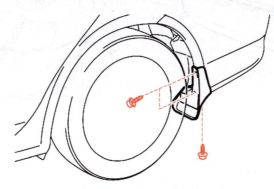
图 7-11-1　拆下 3 个螺钉

❷ 拆卸右后侧围板挡泥板（带后翼子板挡泥板）。

提示：

右侧与左侧程序相同。

❸拆卸后保险杠总成。
a. 在后保险杠总成四周粘贴保护性胶带。
b. 拆下6个卡子和2个螺栓（图7-11-2）。

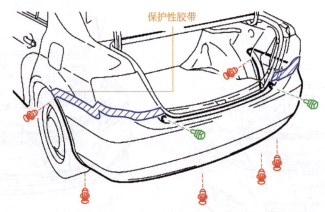

图7-11-2　拆下6个卡子和2个螺栓

c. 脱开16个卡爪（图7-11-3）并拆下后保险杠总成。
d. 断开连接器（带侦测声呐系统）（图7-11-4）。

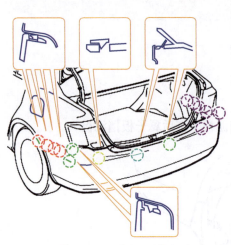

图7-11-3　脱开16个卡爪

图7-11-4　断开连接器

 二、安装后保险杠

❶安装后保险杠总成。
a. 连接连接器（带侦测声呐系统）。
b. 接合16个卡爪并安装后保险杠总成。
c. 安装2个螺栓和6个卡子。
❷用3个螺钉安装左后侧围板挡泥板（带后翼子板挡泥板）。
❸安装右后侧围板挡泥板（带后翼子板挡泥板）。

视频精讲

> **提示：**
>
> 右侧与左侧程序相同。

第十二节　前翼子板的更换

一、概述

翼子板是遮盖车轮的车身外板，因旧式车身上该部件形状及位置似鸟翼而得名。按照安装位置又分为前翼子板和后翼子板，前翼子板安装在前轮处，必须要保证前轮转动及跳动时的最大极限空间，因此设计者会根据选定的轮胎型号尺寸用"车轮跳动图"来验证翼子板的设计尺寸是否合适。

二、更换前翼子板

1. 拆卸前翼子板

❶ 拆卸前轮。
❷ 拆卸轮罩前板（带侧挡泥板）。
❸ 拆卸侧挡泥板（带侧挡泥板）。
❹ 拆卸前翼子板挡泥板（带前翼子板挡泥板）。
❺ 拆卸前翼子板外接板衬块。
拆下 2 个螺栓（图 7-12-1）和前翼子板外接板衬块。
❻ 拆卸前翼子板内衬（不带前翼子板挡泥板和侧挡泥板）。
a. 使用螺丝刀，将销转动 90° 并拆下销固定卡子（图 7-12-2）。
b. 拆下卡子（图 7-12-2）。

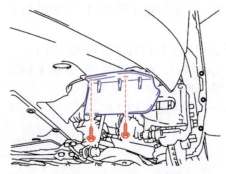

图 7-12-1　拆下 2 个螺栓

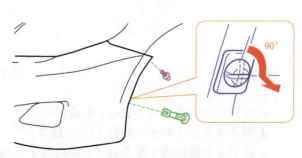

图 7-12-2　将销转动 90° 并拆下销固定卡子

c. 脱开3个卡爪（图7-12-3）和前保险杠。

d. 拆下8个卡子和6个螺钉（图7-12-4）。

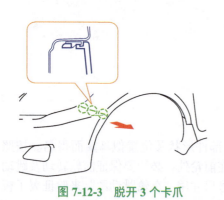

图7-12-3　脱开3个卡爪

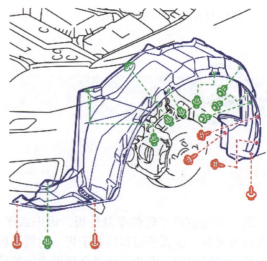

图7-12-4　拆下8个卡子和6个螺钉

e. 拆下4个密封垫（图7-12-5）和前翼子板内衬。

> **提示：**
> 密封垫必须更换为新的，因为拆下时它们会破裂。

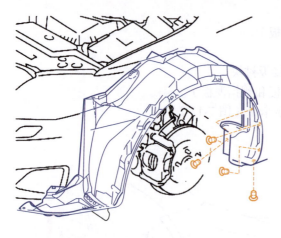

图7-12-5　拆下4个密封垫

❼ 拆卸前翼子板内衬（带前翼子板挡泥板）。

a. 使用螺丝刀，将销转动90°并拆下销固定卡子（图7-12-2）。

b. 拆下卡子（图7-12-2）。

c. 脱开3个卡爪（图7-12-3）和前保险杠。

d. 拆下8个卡子和4个螺钉（图7-12-6）。

e. 拆下4个密封垫（图7-12-5）和前翼子板内衬。

❽ 拆卸前翼子板内衬（带侧挡泥板）。

a. 使用螺丝刀，将销转动90°并拆下销固定卡子（图7-12-2）。

b. 拆下卡子（图7-12-2）。

c. 脱开3个卡爪（图7-12-3）和前保险杠。

d. 拆下8个卡子和5个螺钉（图7-12-7）。

e. 拆下4个密封垫（图7-12-5）和前翼子板内衬。

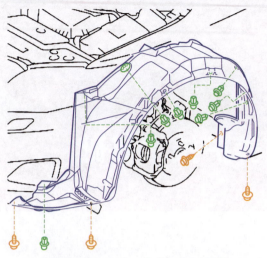
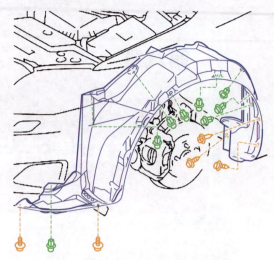

图 7-12-6　拆下 8 个卡子和 4 个螺钉　　　　　图 7-12-7　拆下 8 个卡子和 5 个螺钉

2. 安装前翼子板

❶ 安装前翼子板内衬（不带前翼子板挡泥板和侧挡泥板）。
a. 更换 4 个新的密封垫。
b. 安装 6 个螺钉和 8 个卡子。
c. 接合 3 个卡爪并安装前保险杠。
d. 安装销固定卡子。
e. 安装卡子。
❷ 安装前翼子板内衬（带前翼子板挡泥板）。
a. 更换 4 个新的密封垫。
b. 安装 4 个螺钉和 8 个卡子。
c. 接合 3 个卡爪并安装前保险杠。
d. 安装销固定卡子。
e. 安装卡子。
❸ 安装前翼子板内衬（带侧挡泥板）。
a. 更换 4 个新的密封垫。
b. 安装 5 个螺钉和 8 个卡子。
c. 接合 3 个卡爪并安装前保险杠。
d. 安装销固定卡子。
e. 安装卡子。
❹ 用 2 个螺钉安装前翼子板外接板衬块。
❺ 安装前翼子板挡泥板（带前翼子板挡泥板）。
❻ 安装侧挡泥板（带侧挡泥板）。
❼ 安装轮罩前板（带侧挡泥板）。
❽ 安装前轮。
扭矩：103N·m。

第八章 汽车清洁与养护技术基础

 第一节 汽车清洁与养护的作用

❶ 洗车不仅仅是使汽车清洁亮丽、光彩如新,其主要的目的在于保养,也就是说洗车工作是汽车保养的最基本工作。延长汽车漆面的寿命主要在于保养,也就是说洗车是车身漆面保养的基本工作。现代汽车所使用的烤漆型面漆,可以为车身提供光亮度的保护面。但是,漆质再硬、漆膜再厚,经过长时间的风化、酸雨、高温、强光、树汁、鸟粪、虫尸等特殊情况,又未能及时护理,也会给漆面造成诸多不良影响。其中化学污染过的雨水或融化的雪水,对漆面的损害最为严重。阳光紫外线透过车身上的酸雨水珠,聚光点的穿透能力极强,如果不及时进行护理,就会在车漆表层产生极难处理的污渍,而有害物质的不断沉积、腐蚀、渗透,使车漆褪色、失去光泽、形成氧化层。平时用车蜡掸子清除车身的灰尘,漆面便可得到最基本的保护,少受外界有害物质的侵蚀。

❷ 创造良好车内环境,保护健康。汽车内饰中的地毯、座椅、空调风口、后备厢等处,经常接触潮湿的空气或水渍,在特定的环境中,这些地方最易滋生细菌,使内饰霉变,散发出臭气,不但影响室内空气环境,更重要的是不利于健康。汽车内饰美容将减少这方面的影响。

❸ 保护汽车内饰,延长使用寿命。车室的清洁、杀菌、除臭,可以有效地防止各种污物对车室如地毯、真皮座椅、纤维织物等的腐蚀。

 **第二节 汽车清洁与养护的时机**

 洗车频率最好一周一次

洗车次数不宜过于频繁,否则会加速漆面氧化,如遇到灰尘、泥泞、大雨等天气,过后应尽快对车辆进行清洗。同时，若长时间不洗车，空气中的酸性成分和鸟粪、灰尘等有害物质的侵蚀和附着，会加速车漆的老化和损坏。漆面受损也会使车体金属部分因失去保护而氧化，导致车辆较早损坏。因此，一周洗一次车是最佳频率。

二、洗车要选好天气

选择一个不冷不热的天气洗车最好，因为这样的天气既不会因为强光照射而给车漆带来损伤又不用担心因为阴天而不利于残留水分的蒸发。车辆清洗完毕后最好不要立即开走，应仔细检查和擦拭之后再将车辆驶出清洗区。这是因为车身未干透时，机盖缝隙、玻璃胶条等处很容易黏附灰尘。

第三节　汽车清洁养护方法及注意事项

一、细心观察

应由两位技师（A技师、B技师）同时进行：一位检查外部，一位检查内部。观察要求如下。

❶ 仔细阅读工单上的注意事项。
❷ 仔细检查车身外观、轮胎气压有无异常。
❸ 观察车门、车窗、天窗是否关闭正常，防止进水。
❹ 观察并分析车身不同位置的洁净情况和前中网是否有虫尸等，以便更好地清洗。
❺ 观察内室有无损坏的地方，及时向组长报告。

二、A技师进行洗车前的发动机清洁

❶ 根据发动机的清洁程度，如果较干净可直接用吹枪和一条毛巾，一边吹一边擦。
❷ 如果发动机长时间没有清洁，可以一边用长毛龙卷风风枪吹，一边用湿毛巾擦拭（不可留有树叶等杂物）。
❸ 将车内脚垫取出清洗。取脚垫时，注意要用手将其兜出，避免脚垫上的尘土落入车中，个别有扣子的脚垫注意取出时不能过于用力，以免造成损坏。如果在施工前损坏应告知所在组组长，由组长处理。塑料或者橡胶脚垫用水打湿，喷洒全能水，再用刷子刷净上面的污垢，用清水冲净后，放置到干净处，棉脚垫可用龙卷风风枪吹洗干净后放置到干净处。

三、车身冲洗、擦拭

❶ 高压冲水。两位技师同时用高压枪冲洗漆面上的污垢和泥土，在冲洗时，水枪前头离漆面在20～40cm的距离冲洗效果最好。两人同时进行操作，冲洗顺序是从车顶向车后，

从后到前，然后从前挡到发动机盖，再到中网翼子板、轮胎、内衬板。

注意：

挡泥板、排气管要特别注意不要有污垢。

❷边角缝的刷洗。需要两把牙刷、两瓶全能水，两位技师同时进行。

注意：

不要刷洗机盖两侧的边缝。如果刷洗不当，会出现细小的划痕，这里如果有污垢可以将机盖打开用毛巾将其擦干净，刷洗是从前到后两人同时进行的。

❸喷洒药液（悬浮洗车液）和玻璃洁液。两位技师同时进行，各自喷洒不同的液体，注意不要遗漏。

❹两位技师用毛巾和花洒同时进行操作，由前到后，由上到下，依次冲擦，花洒和毛巾配合使用。

❺高压冲水。两人同时用高压枪冲漆面，把施工留下的污垢冲洗干净，也包括门边。

❻擦水。用大毛巾先拉去车身上的大水，再用漆面毛巾擦干。

❼吹水。用一条漆面毛巾和吹枪，两人同时进行操作。吹水时枪头要距离车的漆面约3cm，以防止枪头划到漆面，顺序是从前到后，从上到下，一边吹，一边用漆面毛巾擦（注意前中网到车镜、门把手、后牌照水最多，要多吹几遍，必须保证车的漆面、边缝没有水）。

四、轮胎、轮毂还原

❶选用轮胎养护液和轮毂清洗剂，两把牙刷和两把板刷（两人同时操作）。

❷先用板刷和水把轮胎表面脏的东西全部清洗干净，钢圈上的污渍也要先清洗干净。然后将轮胎养护液和轮毂清洗剂喷于轮胎和轮毂表面。刷洗时注意范围，包括轮胎侧面和正面5～10cm处。还要把内衬板的四周刷洗一下，根据轮胎的新老程度分析刷洗的遍数，一般三四遍就可以了。

❸轮毂还原。先将轮毂冲湿然后喷洒药液，用专用的刷子将轮毂上的污垢清洗干净后，再用干净毛巾擦，轮胎也要擦一下。

❹轮胎底部和下侧要到最后检查时将车子移动一下再刷洗，以便将没有刷洗到的地方刷洗干净。

五、内室清洗

❶用吹枪将仪表盘、座椅、门板和座椅以下地方的灰尘吹净，注意死角的缝隙。

❷用吸尘器将地板上的泥土吸净。如有吸不到的死角应用气枪先吹出再进行吸尘。应将后备厢里面的物品取出放置到小推车或储物箱里，如果有贵重物品，必须送到前台由专人保管。

③ 擦门边。用门边毛巾擦,特别是里面有很多污垢时可以用牙刷和全能水进行刷洗。

④ 擦内室。先用龙卷风风枪一边吹仪表盘、门板、座椅及扶手箱,一边用毛巾(毛巾要求一车一清洗、一车一消毒,以免造成驾乘人员交叉感染)擦拭。擦洗仪表盘时注意必须将电源关掉,再吹一两秒后用毛巾擦净,避免按钮键盘残留水气。应用内室毛巾将座椅的前后、上下都要擦洗干净,包括顶棚和一些死角都要擦,确保内室没有浮灰。

六、A 技师负责擦玻璃

将全车的玻璃降至车窗的 3/4 时,先用漆面毛巾擦拭降下来的玻璃,再用玻璃毛巾擦拭,然后将玻璃升起,将全车的玻璃擦拭干净,要做到无水印、无手印、无油渍、无浮灰。

注意:

夏天擦玻璃时不要坐在客人车里。因为身上有很多汗,会把客人的座椅弄脏,客人看到会产生不好的印象。检查玻璃是否擦干净时,要斜侧着或者蹲下来头抬起来看。B 技师用漆面毛巾将全车的漆面检查一遍,查看有无水印、手印(尤其是车的侧裙,还有排气筒)。

七、检查清扫

由专人检查,将轮胎没有清洗的地方清洗干净,检查胎压后确认交车,将所在的工位打扫干净。

第九章 汽车清洗作业

第一节 车身清洗

车身清洗操作步骤如下。

图 9-1-1 在车身上喷涂清洗液

❶ 在车身上喷涂清洗液（图 9-1-1）。
❷ 使用高压水枪冲洗车顶、前挡风玻璃、后挡风玻璃、车窗、车门、车门下边、轮毂。
❸ 冲洗干净后，使用毛巾擦去车身、玻璃上的水渍。
❹ 车身的水渍擦干后，继续擦干车边的水渍。
❺ 使用吸尘机清洁车内及后备厢。
❻ 使用湿抹布清洁车内仪表台、中控台、门板。
❼ 使用专用的吹刷，吹干大灯缝隙、车身装饰条缝隙和尾灯缝隙的水渍等。
❽ 轮胎上光油（清漆）并清洁轮毂。

第二节 底盘清洗

底盘上的泥水如果不及时清洗，长时间滞留在底盘上，会对底盘造成严重腐蚀。

在雨天，雨水不可避免地会溅到底盘上。特别是那些没有底盘保护的车型，雨水会渗到底盘里，附在车架、电极等部位。时间长了车架可能锈迹斑斑，会加速蓄电池电极的老化。

❶ 将车辆举升到合适的高度。
❷ 使用防水纸包好排气管、线束插接器。

注意：

如果排气管温度高，可在排气管冷却后再进行包装。

❸ 使用压水枪从尾部到前部冲洗底盘。

 注意：

不能冲到发动机、变速器的电路。

❹ 使用清洗剂再次冲洗底盘。
❺ 使用高压气枪吹干底盘的水渍。
❻ 最后拆卸包装的防水纸。

第三节　发动机舱清洗
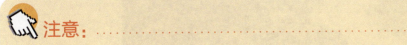

发动机舱清洗步骤如下。
❶ 打开发动机舱盖并支撑好。
❷ 清除表面灰尘。
❸ 灰尘清除干净后，喷涂适量的发动机清洗剂，等待5min。
❹ 使用毛刷对顽固油泥进行清除。
❺ 使用湿抹布清洁发动机舱。
❻ 最后使用干毛巾清洁发动机舱（图9-3-1）。

图9-3-1　发动机舱清洁完成

第四节　内饰清洗

内饰清洗是一种汽车美容方式，内饰清洗分为地毯、座椅、空调风口、后备厢、仪表台、中控台、地板、顶棚等清洗。

▶ **1. 清洁空调出风口格栅上的灰尘**

使用小刷子刷下出风口上的灰尘（图9-4-1），在清洁灰尘的同时用湿布在清洁部位附近擦拭掉落的灰尘。对于一些空调出风口格栅上的边角位，可以使用蘸湿的棉签来清洁。

图 9-4-1　清洁空调出风口格栅上的灰尘

2. 清洁塑料内饰

清洁塑料内饰，要用到除尘的掸子、柔软的干布、专用的汽车内饰清洁剂以及橡皮擦。

❶ 使用除尘的掸子稍微去除塑料内饰上的灰尘。

❷ 在塑料饰板上喷上专用的内饰清洁泡沫。待泡沫散去一点便可以使用干布开始拭擦饰板，直到泡沫完全被拭去，塑料内饰变得干净为止。

❸ 一些积聚在沟槽内的污渍用布难以清除的，可以使用橡皮擦轻轻擦拭来清除。

3. 桃木内饰的清洁

❶ 先用湿布清除上面的灰尘。

❷ 如有指纹等污渍，则使用少量的内饰清洁剂清洁。

❸ 使用柔软的吸水力强的干布（如镜头布）拭去桃木上的水分。

4. 车顶绒面/布料的清洁

❶ 使用吸尘器把绒顶的灰尘吸走。

❷ 使用拧干的湿布轻轻擦拭整个绒顶表面。

❸ 让绒顶自然晾干即可。

使用太湿的布料会使绒顶太湿，难以干透，从而出现水渍或发霉。

对于水渍，可以使用内饰清洁剂进行清洁。

5. 清洁皮质座椅

❶ 往真皮上喷上适量的皮革清洁剂，让皮革清洁剂覆盖皮革表面（图 9-4-2）。

❷ 等待 3～5min，泡沫散去，使皮革清洁剂充分溶解污渍。

图 9-4-2　清洁皮质座椅

❸ 使用柔软的干布把溶解的污渍和皮革清洁剂擦去就完成皮质座椅的清洁。

6. 地毯的清洁

❶ 使用吸尘器把大颗粒的尘土及石子吸走。
❷ 取出地毯并使用棒子拍打以去除灰尘。
❸ 对于一些水渍以及轻微污渍，可以使用内饰清洁剂清除。
千万不要使用强力清洁剂或者用水洗地毯，前者会导致地毯掉色，后者会损坏地毯。

第五节　后备厢清洗

❶ 清理后备厢杂物。
❷ 使用吸尘机清洁。
❸ 清洗后备厢的毛绒部分是关键，切忌用水。正确的方法是采用多功能泡沫，也可以用刷子将污垢刷干净。
❹ 清洗铁质部分，用刷子蘸清洁剂进行清洁，清洁之后用干毛巾擦干。
❺ 清洁后备厢边沿和水槽的污垢。用湿毛巾蘸洗洁精水进行清洁，水槽里面如果擦不到，可以用毛巾缠在木棍上进行清洁（图9-5-1）。

图9-5-1　清洁后的后备厢

第六节　轮毂清洗

汽车行驶中，刹车片在摩擦中会产生大量的黑色粉末，轮毂上就会附着这样的黑色粉末和来自路面的各种污渍。应当定期进行清洁，否则时间长了如果这些附着物渗入轮毂外涂层，很难清洁。

轮毂清洗剂是自喷罐式的设计，使用非常方便，只需打开盖子，摇匀罐中的试剂，然后对准需要清洁的部分喷出即可。

轮毂清洗剂的作用效果与泡沫清洁剂差不多，喷完后会与轮毂表面的污物反应，产生大量气泡。

随着气泡的产生，污渍也会被溶解，跟随清洁剂往外流淌。

专业轮毂清洁剂，在使用时无刺鼻性味道，清洁效果也非常明显，刹车粉末和锈渍都可以去除掉，并且作用时间较短，操作方便。对于轮毂的养护和清洗，如果轮毂污渍不多，可以先用清水及海绵刷清理并冲洗。当轮毂表面有难以清除的污渍时，再选用专业的清洗剂，如轮毂清洁剂或者铁粉去除剂，这种清洗剂能够有效地去除污渍，但对于轮毂外涂层还是会有一定的腐蚀，在清洗后要注意冲洗干净。另外，轮毂本身就存在着一层金属保护膜，所以清洗时还要特别注意不要使用油漆光亮剂或其他研磨材料。

第七节　电脑洗车设备清洗

电脑洗车是用大量的流动水冲洗车身，洗完后还会经过机器自动风干程序，可以把存留在车身缝隙里的水流吹出。

电脑洗车能自动闪避后视镜、天线等，确保汽车安全；电脑洗车洗净力强、水量大、不伤车，对车漆的磨损程度为手工洗车的30%以下，电脑洗车刷压力均匀，洗车速度及方向稳定。测试结果表明：电脑洗车50次后，车漆磨损小于万分之三毫米，而人工洗车磨损大于万分之十毫米。

电脑洗车分为半自动与全自动两种（图9-7-1）。

图9-7-1　自动洗车

两者的共同点是：驾驶员将待洗的汽车驶入洗车机的车道中，发动机熄火，拉起手制动，驾驶员可离开车内也可留在车内，紧闭车门、车窗。

两者的不同点是：半自动，需要人工操作洗车机上的功能按钮；全自动，只要洗车场人员或驾驶员按下机器上的启动按钮即可全程自动操作。

电脑洗车操作中应注意以下事项。

❶驱车进入洗车道，要将汽车确实停放在洗车道中所设定的位置。

❷无论是半自动还是全自动洗车机，除应将车门、车窗紧闭外，车内最好不要有人滞留（因为有些车的防渗水功能不佳，容易在清洗过程中造成渗水进入车内，导致人员服装溅湿）。

❸自动洗车机洗完的车，都会由洗车机上的压缩空气吹干。为避免汽车防渗水功能不佳造成车门缝滴水，车主在进入车内将汽车驶出洗车道时，最好先将车门与车顶间的接缝处所渗的水擦干，否则会滴在身上。

❹目前的自动洗车机系列，其结构上大同小异，但适用的车型、具体的操作方法均不尽相同，在使用时，必须认真阅读设备的使用操作说明，以免发生误操作，造成损失。

第八节　无水洗车

无水洗车是指对汽车进行清洁、打蜡、上光、养护一次完成的汽车保洁方式。无水洗车产品配方由多种新型表面活性剂、浮化剂及悬浮剂等漆面保护成分组成，能将尘土吸附在擦车布上，避免划伤车漆，可以使清洗和光洁效果更好。

采用物理清洗和化学清洗相结合的原理和方法，对汽车进行干洗，是很有效的方法，实践证明它有如下七大好处。

❶ 不损伤车辆漆面。长期使用该方法，相反能起到对车辆的养护作用。
❷ 操作清洗时仅使用微量水甚至不使用水，可节约大量水资源。
❸ 不污染环境，无任何废水和废气排放。
❹ 不需要任何设备与能源。只要一个工具箱，几块抹布，一把毛刷即可，无需投入大量资金。
❺ 操作简单。操作工无需特殊培训，一讲就会，一看就懂，经过一天学习完全可单独操作。
❻ 方便易行，可上门服务。无需车辆开到洗车点，较受车主欢迎，可在各地推广。

无水洗车步骤如下。

❶ 检查车身。洗车专员到达现场后进行车辆确认并开始全车检查。
❷ 车身清洗。开始车身清洗，用微水喷枪打湿车身，用专用洗车液包裹溶解颗粒物，用喷枪再次冲洗车身，用专用大毛巾拖干溶解物，用专用小毛巾擦拭残留污渍，最后用另外的小毛巾＋洗车液擦拭车下身部位和前后挡泥板。
❸ 玻璃护理。用专用小毛巾＋玻璃光亮剂擦拭前后挡风玻璃及4个门边玻璃。
❹ 轮毂护理。用专用小毛巾＋钢圈清洗剂清洗4个钢圈，使用轮胎保护剂进行轮毂上光。
❺ 细节处理。进行全车细节检查，去除一些可处理的细微划痕与树脂，确认车辆清洗完毕。

视频精讲

视频精讲

第十章 汽车部件的清洁与保养

第一节 清洁节气门

节气门是控制空气进入发动机的一道可控阀门,气体进入进气管后会和汽油混合变成可燃混合气,从而燃烧形成做功。它上接空气滤清器,下接发动机缸体,被称为汽车发动机的"咽喉"。

❶ 拆卸空气滤清器(图10-1-1)。
❷ 拔下节气门插接器(图10-1-2)。

图10-1-1 拆卸空气滤清器

图10-1-2 拔下节气门插接器

❸ 拆卸连接节气门的水管(图10-1-3)。
❹ 旋松四颗节气门固定螺栓(图10-1-4)。

图10-1-3 拆卸连接节气门的水管

图10-1-4 旋松四颗节气门固定螺栓

⑤ 取下四颗固定螺栓。
⑥ 取下节气门（图10-1-5）。

视频精讲

> **注意：**
>
> 取下螺栓时，必须用手扶着节气门。

⑦ 使用清洁剂清洗节气门上的积炭（图10-1-6）。

图10-1-5 取下节气门

图10-1-6 清洗节气门积炭

> **注意：**
>
> ① 清洁时，保持节气门电动机侧朝上，防止清洁剂损坏节气门和密封圈。
> ② 使用清洁剂时，禁止将节气门清洁侧朝向人员方向，防止清洁剂飞溅到人员，造成安全事故。
> ③ 如果清洁剂进入眼睛等敏感部位时，应先用大量清水冲洗，再及时送往医院救治。

⑧ 再使用干净的抹布擦干节气门上的清洁剂。
⑨ 检查确认积炭已清除（图10-1-7）。
⑩ 安装节气门（图10-1-8）。

图10-1-7 检查确认积炭已清除

图10-1-8 安装节气门

⑪ 安装冷却液水管（图10-1-9）。
用手检查水管是否有漏水。

⑫ 安装节气门线束插接器（图 10-1-10）。

图 10-1-9　安装水管

图 10-1-10　安装节气门线束插接器

⑬ 安装空气滤清器。
⑭ 连接空气流量传感器。
⑮ 使用诊断仪对节气门做匹配（图 10-1-11），按电脑提示操作（图 10-1-12）。

图 10-1-11　使用诊断仪对节气门做匹配

图 10-1-12　按电脑提示操作

⑯ 复原车辆。

第二节　清洁喷油嘴

汽车用的喷油嘴是个简单的电磁阀，当电磁线圈通电时，产生吸力，针阀被吸起，打开喷孔，燃油经针阀头部的轴针与喷孔之间的环形间隙高速喷出，形成雾状，利于燃烧充分。

❶ 燃油系统卸压。

 注意：

① 拆下任何燃油系统零件之前，都应执行以下程序，以防止燃油溅出。
② 即使执行以下程序之后，压力仍保留在燃油管路内。
③ 断开燃油管路时，用棉丝抹布或一块布盖住，以防燃油喷出或涌出。

a. 拆下后排座椅坐垫总成。

b. 拆下后地板检修孔盖。
c. 从燃油泵总成上断开连接器。
d. 启动发动机。在发动机自然停止后，将点火开关置于"OFF"位置。

> 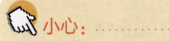 小心：
> 在等待发动机自然停止时，不要提高发动机转速或行驶车辆。

e. 再次启动发动机，确认发动机不启动。
f. 拆下燃油箱盖并释放燃油箱中的压力。
g. 连接燃油泵总成连接器。
❷ 从蓄电池负极端子断开电缆。
❸ 拆卸发动机盖罩。
❹ 分离 2 号通风软管（图 10-2-1）。
❺ 拆卸发动机线束（图 10-2-2）。
a. 拆下 2 个螺栓并断开搭铁线。
b. 断开 4 个喷油器总成连接器。
c. 断开 2 个线束卡夹。

视频精讲

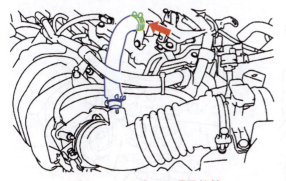

图 10-2-1　分离 2 号通风软管

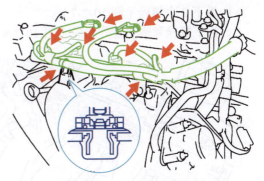

图 10-2-2　拆卸发动机线束

d. 断开 4 个线束卡夹（图 10-2-3）。
e. 拆下 2 个螺栓和 2 个线束支架（图 10-2-4）。

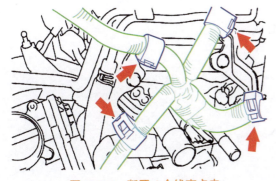

图 10-2-3　断开 4 个线束卡夹

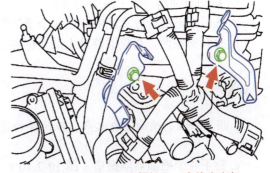

图 10-2-4　拆下 2 个螺栓和 2 个线束支架

❻ 断开燃油管分总成。
a. 拆下 2 号燃油管卡夹（图 10-2-5）。
b. 使用 SST 09268-21010，断开燃油管分总成（图 10-2-6）。

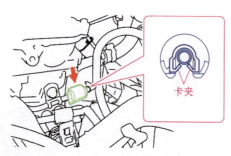

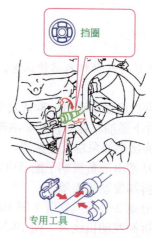

图 10-2-5　拆下 2 号燃油管卡夹

图 10-2-6　断开燃油管分总成

❼ 拆卸输油管分总成。
a. 拆下螺栓并拆下线束支架。
b. 拆下 2 个螺栓（图 10-2-7）。
c. 拆下螺栓和输油管分总成（图 10-2-8）。

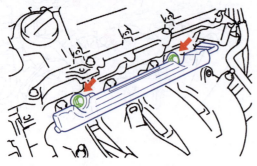

图 10-2-7　拆下 2 个螺栓

图 10-2-8　拆下螺栓和输油管分总成

d. 拆下 2 个 1 号输油管隔垫。
❽ 拆卸喷油器总成（图 10-2-9）。
a. 从燃油输油管分总成中拉出 4 个喷油器总成。
b. 重新安装时，在喷油器轴上贴上标签。

 小心：

用塑料袋将喷油器包起来，以防异物进入。

c. 拆下 4 个喷油器隔振垫（图 10-2-10）。

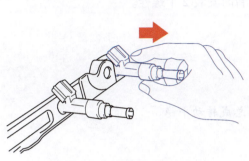
图 10-2-9 拆卸喷油器总成

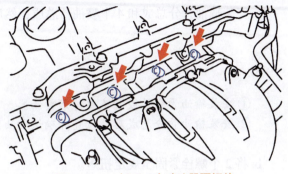
图 10-2-10 拆下 4 个喷油器隔振垫

❾ 清洗喷油器（图 10-2-11）。
a. 将线束连接到喷油器总成和蓄电池 10s，使喷油器保持常开。
b. 使用化清剂从进油方向喷入，清洁喷油器内部。
❿ 安装喷油器总成。
a. 将新喷油器隔振垫安装到喷油器总成上。
b. 在喷油器总成 O 形圈（图 10-2-12）接触面上涂抹一薄层汽油或锭子油。

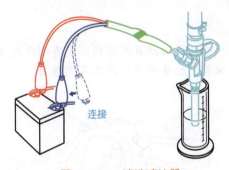
图 10-2-11 清洗喷油器

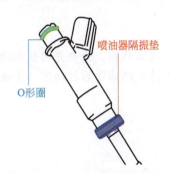
图 10-2-12 喷油器总成 O 形圈

c. 向左和向右转动喷油器总成，以将其安装到输油管分总成上（图 10-2-13）。

 小心：
① 不要扭曲 O 形圈。
② 安装喷油器后，检查并确认它们可以平稳转动。
③ 如果不能平稳转动，则换上新的 O 形圈。

⓫ 将 2 个 1 号输油管隔垫安装到气缸盖上。

 小心：
以正确方向安装 1 号输油管隔垫。

⓬ 安装输油管分总成。

a. 安装输油管分总成和4个喷油器总成，然后暂时安装2个螺栓。

> **小心：**
> ① 安装输油管分总成时不要掉落喷油器。
> ② 安装输油管分总成后，检查并确认喷油器总成转动平稳。

b. 将2个螺栓紧固至规定扭矩。
扭矩：21N·m。
c. 安装螺栓以固定输油管分总成。
扭矩：21N·m。
d. 用螺栓安装线束支架。
⑬ 连接燃油管分总成。
a. 将燃油管分总成连接器插入输油管，直到听到"咔嗒"声（图10-2-14）。

> **小心：**
> ① 在工作前，检查并确认燃油管连接器和燃油管的断开部分周围没有划痕或异物。
> ② 连接燃油管后拉动燃油管连接器与燃油管，检查并确认其已牢固连接。

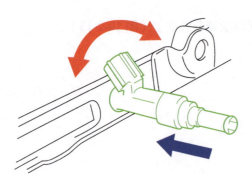

图10-2-13　安装输油管分总成

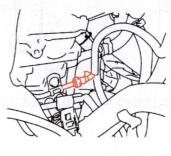

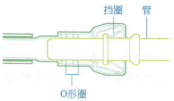

图10-2-14　安装燃油管分总成

b. 安装新的2号燃油管卡夹。
⑭ 连接发动机线束。
a. 用2个螺栓安装2个线束支架。
b. 连接4个线束卡夹。
c. 连接4个喷油器总成连接器。

d. 连接 2 个线束卡夹。
  e. 用 2 个螺栓连接搭铁线。
⑮ 连接 2 号通风软管。
⑯ 将电缆连接到蓄电池负极端子。
  扭矩：5.4N·m。
⑰ 检查燃油是否泄漏。
⑱ 安装发动机盖罩。

第三节　清除燃烧室积炭

受限于电喷发动机控制特点，气缸每次工作的时候都是先喷油再点火。当熄灭发动机的一瞬间点火被马上切断，但是这次工作循环所喷出的汽油却无法被回收，只能贴附在进气门和燃烧室壁上，汽油很容易挥发，但汽油中的蜡和胶质物却留了下来，长此以往汽油中的蜡和胶质物越积越厚，反复受热后变硬就形成了积炭。

一、清洁方法

❶ 预热发动机达到正常温度。
❷ 依次拆下火花塞（柴油车拆下喷油嘴）。
❸ 每缸注入一支清洗剂，静置 10～20min。
❹ 用吸收性好的抹布将火花塞（或柴油车喷油嘴）口遮盖，启动电动机 5s，以便松动后的积炭排除。
❺ 装上火花塞（或者喷油嘴），恢复所有部件。
❻ 启动发动机怠速运转 1min，然后以 2000～3000r/min 运转，以便已经软化的积炭彻底排出，直至尾气烟雾排尽（2～3min）。

注意：

勿将本产品掉在漆面上，清洗时请在开放的空间或通风良好的房间内操作，远离儿童及动物，切勿食用。如意外溅入眼睛等部位，请及时用大量清水清洗及上医院就诊。

二、积炭的危害

1. 爆震

当发动机吸入混合气后，在压缩行程还未到达设计的点火位置，正常点火之外的因素却导致燃气混合物提前点燃，此时，燃烧所产生的巨大冲击力与活塞运动的方向相反，引起发动机震动称为爆震。

爆震又分为有感爆震与无感爆震两种，有感爆震通常会引起发动机抖动，甚至车身也明显地发生抖动，无感爆震主要的表现是发动机噪声加大。

由于积炭严重时气缸实际体积变小，压缩比增加，同时在高温环境下积炭由于散热能力差会一直燃烧，这时吸入混合气提前被积炭点燃，产生爆震。

2. 加剧磨损

由于燃烧室的积炭过多，发动机在工作中受到震动及气流的影响，燃烧室的部分积炭容易脱落，一部分被排气带走，另一部分却被黏附在缸壁上，当活塞高速运动时，这些积炭粉尘就会加剧缸壁与活塞的磨损，直接影响发动机的寿命。

3. 冷启动困难

当燃烧室积炭过多时会造成冷启动困难，冷启动时喷油嘴喷出的燃油会被积炭大量吸收，导致冷启动时的混合气过稀，使得启动困难。当发动机启动后由于气门上积炭已粘满油，所以会释放过浓黑烟。此时发动机很不稳定，转速快慢不均，踩加油踏板不走车，发动机极易熄火。

4. 动力下降

发动机排量是指发动机各缸工作容积的总和。排量是较为重要的结构参数，它能全面衡量发动机的大小。发动机的性能指标和排量密切相关，一般来说排量越大，功率也就越高。如果燃烧室内形成了大量的积炭，缸内的容积就会变小，同时排量也会变小，直接降低了发动机的功率，造成行驶无力，油耗偏高。

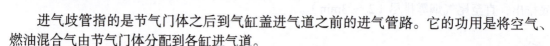

第四节　清除进气歧管积炭

进气歧管指的是节气门体之后到气缸盖进气道之前的进气管路。它的功用是将空气、燃油混合气由节气门体分配到各缸进气道。

❶ 排净发动机冷却液。
❷ 拆卸2号气缸盖罩。
❸ 拆卸空气滤清器盖分总成。
❹ 拆卸节气门体总成。
❺ 拆卸进气歧管。
　a. 拆下螺栓和线束支架。
　b. 断开3根软管。
　c. 拆下4个螺栓、2个螺母、进气歧管撑条和进气歧管（图10-4-1）。
　d. 将衬垫从进气歧管上拆下（图10-4-2）。
❻ 使用化清剂清除进气道上的积炭，可使用刷子或毛巾配合清除（图10-4-3）。
　a. 将化清剂喷入进气道内，使用毛巾擦拭，直至积炭完全清除。
　b. 如果积炭比较厚，则需要使用刷子进行清除。

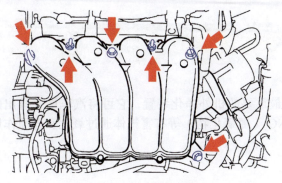 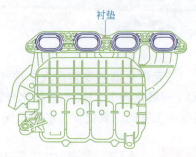

图 10-4-1　拆卸螺栓及螺母　　　　　　图 10-4-2　将衬垫从进气歧管上拆下

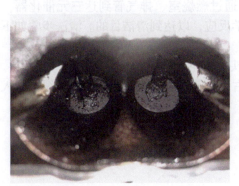 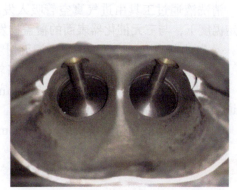

(a) 清除积炭前　　　　　　　　　　　(b) 清除积炭后

图 10-4-3　清除积炭

 注意：

① 清除积炭时，观察气门是否关闭，如气门在打开状态，化清剂会流入气缸。
② 如需要清除气门打开的那个进气道时，可转旋曲轴使该缸发动机气门关闭。

❼ 将新衬垫安装至进气歧管。
❽ 用4个螺栓和2个螺母安装进气歧管和进气歧管撑条。
扭矩：28N·m。
❾ 用螺栓连接线束支架。
扭矩：5.0N·m。
❿ 连接3根软管。
⓫ 安装节气门体总成。
⓬ 安装空气滤清器盖分总成。
⓭ 安装2号气缸盖罩。
⓮ 添加发动机冷却液。
⓯ 检查冷却液是否泄漏。

第五节　清洗三元催化器

三元催化器是安装在汽车排气系统中最重要的机外净化装置，它可将汽车尾气排出的 CO（一氧化碳）、HC（碳氢化合物）和 NO_x（氮氧化物）等有害气体通过氧化和还原作用转变为无害的二氧化碳、水和氮气。

一、吊瓶法清洗三元催化器

清洗液通过工具由进气真空管吸入发动机，通过燃烧室、排气管到达三元催化器，在一定温度下，与三元催化器表面的覆盖物发生化学反应，以达到清洁目的。清洗步骤如下。

❶ 启动发动机，待水温正常后熄灭引擎。
❷ 将清洗液倒入专用设备内，将设备输出接头与真空管连接。
❸ 启动发动机，将转速控制在 2000r/min 左右，打开流量控制阀，将清洗液缓慢滴入进气道。清洗时间为 30～40min。
❹ 清洗完毕后保持发动机运转 3～5min。

二、草酸法清洗三元催化器

这种方法对解决三元催化器严重堵塞（图 10-5-1）和催化剂中毒有很好的效果，而且成本比较低，见效也很明显。草酸是一种用来清洗生锈物品的很好的清洗剂，其腐蚀性比较弱，对所清洗的物品不会造成伤害。不过，这种清洗方法有些麻烦，需要把三元催化器拆下清洗，再重新装上。

图 10-5-1　三元催化器堵塞

三元催化器清洗注意事项如下。

❶ 清洗前检查三元催化器是否有机械损伤，是否发生热烧结，行驶里程是否超过 20 万千米，是否有铅中毒，如有上述情况，则清洗无效。
❷ 检查混合气浓度是否合适。
❸ 清洗三元催化器前应清洗节气门、喷油嘴和燃烧室。
❹ 清洗过程中，切勿让引擎熄火。
❺ 清洗过程中，急速不宜太高，以免三元催化器过热。

第十一章 汽车美容装饰与修复

第一节　车窗玻璃贴膜

车窗贴膜就是在车辆前后挡风玻璃、侧窗玻璃以及天窗上贴上一层薄膜状物体,而这层薄膜状物体也称为太阳膜或者隔热膜。

它的作用主要是阻挡紫外线、阻隔部分热量以及防止玻璃飞溅导致的伤人、防眩光等情况发生,同时根据太阳膜的单向透视性能,达到保护个人隐私的目的。

1. 防尘车间进行降尘

车间降尘如图 11-1-1 所示。

2. 裁膜下料

❶ 用喷壶喷洒安装液至要施工的玻璃外表面(图 11-1-2)。

图 11-1-1　车间降尘

图 11-1-2　喷洒安装液

❷ 对该玻璃进行清洁,清洁时要配合橡胶刮板或塑料刮板将玻璃表面清洁干净(图 11-1-3)。

❸ 清洁完成后，在玻璃表面再次喷洒安装液，将模板铺平贴在车窗玻璃表面，尤其是边角部位（图11-1-4）。

图11-1-3 清洁

图11-1-4 将模板铺平贴在车窗玻璃表面

❹ 用美工刀沿车窗边角将模板裁好后备用（图11-1-5），在裁膜台上，利用模板进行裁膜下料（图11-1-6）。

两侧尺寸应稍大于模板2～3mm，上下边缘尺寸应大于模板2～3cm，注意区分主副膜。

❺ 在裁剪后门的小窗膜时，应提前观察好窗边密封条情况，如果太紧，则在裁膜时应注意边缘处不要有预留。

注意：

裁膜时，膜的边角处应倒成圆角，裁剪要平滑，一气呵成。

图11-1-5 裁模板

图11-1-6 裁膜

❻ 对玻璃内侧进行清洁（图11-1-7）。

❼ 清洁安装液（图11-1-8）。

图11-1-7 对玻璃内侧进行清洁

图11-1-8 清洁安装液

❽ 将膜安装到玻璃上，准备好必要的工具，把多余的膜片裁切掉（图 11-1-9）。

❾ 在玻璃上再次喷洒安装液。去除膜上的透明保护层，将膜贴到玻璃的内侧。再次喷洒少量安装液，将副膜贴在主膜上。

使用刮水板将安装液挤出（图 11-1-10）。去除安装液的过程中，应该尽量刮掉隔热膜与车窗玻璃之间的安装液，这样可以减少隔热膜的干燥时间，获得更好的粘接效果、整体性能以及视觉效果。

图 11-1-9　安装车窗膜

图 11-1-10　使用刮水板将安装液挤出

施工完毕后，施工人员要再次检查全车施工部位效果，有无气泡、划伤等问题，确认无误后，收拾工具并将车内物品还原，将车辆交还车主，并提醒车主施工后使用注意事项。

第二节　内饰保养

一、清洁仪表台

仪表盘、中控区多为塑胶制品，存在较多细条纹，沾染的成分简单，多为灰尘黏附，可选用专用清洁剂配合龙卷风吹枪清洁。在除尘的基础上，用拧干的湿毛巾擦拭，在仪表盘上喷塑胶清洁上光剂，并进行轻轻擦拭，即可得达到清洁光亮的目的（图 11-2-1）。

图 11-2-1　清洁仪表台

二、清洁安全带

将安全带拉出，使用专用清洁剂配合龙卷风吹枪，从上到下，喷上少许清洁剂，湿润半分钟，然后把干净的毛巾折叠成四方形，顺其纹路方向擦拭。污垢严重时，可重复以上操作，并可结合蒸汽清洗机的蒸汽来清洁。处理干净后，用另一块干净的棉布擦拭干净（图 11-2-2）。

不能选用染色剂或漂白剂为清洗剂，否则将会降低安全带的强度。

图 11-2-2　清洁安全带

图 11-2-3　车门内衬清洁

三、车门内衬清洁

车门内衬的污渍主要来源是鞋印等，因此，除了用专用清洁剂配合龙卷风吹枪清洁外，对于较难去除的痕迹，还需要配合较硬质的毛刷清洁（图 11-2-3）。

四、地板清洁

地板一般分为两种材质，即丝绒面料和皮革材质。

对于皮革材质的地板，可以直接用吸尘器配合半干毛巾擦拭，较难去除的污渍也可采用清洁剂配合龙卷风吹枪清洁。

对于丝绒材质的地板，由于污渍附着力较强，因此，除了用专用清洁剂配合龙卷风吹枪清洁外，对于较难去除的痕迹，还需要配合较硬质的毛刷清洁（图 11-2-4）。

图 11-2-4　地板清洁

第三节　车身镀晶

汽车漆面镀晶是为了区别于镀膜、打蜡、封釉而提出的概念，镀晶的基本要求是所使用材料 SiO_2 为无机物，能在施工表面生成几何结构，通常情况下分子为纳米级，通过高分子聚合物的作用在施工表面形成一层隔离层，该隔离层具有抵抗紫外线、抗油、低表面能、疏水的功能，从而保护漆面。

一、脱脂

脱脂工序要在车身湿润的情况下进行。

脱脂时要戴上专用手套施工，不可用手碰到车漆表面。使用第一块镀晶专用海绵涂抹产品中的脱脂剂，并在干燥前使用脱脂布擦拭干净、均匀（图11-3-1）。

图 11-3-1　脱脂

二、镀晶

使用气枪将车身吹干。

确认车身完全干燥后再进行镀晶，将适量溶剂倒于第二块镀晶专用海绵表面并对每个部位进行均匀涂抹。待半干后，使用专用擦车脱脂棉布擦涂均匀（图11-3-2）。

图 11-3-2　镀晶

用脱脂棉布擦涂时，一定要擦涂均匀，否则在全部施工完成后会出现印记无法擦除的情况，到那时只能对该部位重新进行研磨抛光。

三、稳定（部分产品）

有些镀晶类产品还需要在涂膜干燥后 30min 内进行一项工序，称为亲水性稳定，简称稳定。

按照涂膜时的施工步骤依次涂抹均匀，在常温下放置 1～12h 后，用专用擦车脱脂棉布擦拭干净。

第四节 车身打蜡

车身打蜡的作用首先就是防水、防酸雨，由于车蜡的保护，会使车身的水滴附着量降低，效果十分明显，能达到 50%～90%；其次是防高温和紫外线，天气越来越热，汽车常年在外行驶或存放，很容易因光照而导致车漆老化褪色，而打蜡形成的薄膜可以将部分光线反射，有效避免车漆老化；再次就是车蜡可以防静电，当然同时也防尘。汽车在行驶时与空气摩擦产生静电，而车蜡则可以有效地隔断车身与空气、尘埃的摩擦。少了静电，自然少了灰尘的吸附，而且车蜡还能起到上光的作用，使汽车显得更新、更好看一点。

一、涂抹车蜡

❶ 用打蜡海绵蘸适量车蜡，以划小圆圈旋转的方式均匀涂蜡；圆圈的大小以圆圈内无遗漏漆面为准，每圈盖前一圈 1/3，圆圈轨迹沿车身前后直线方向（图 11-4-1）。

❷ 全车打蜡顺序：把漆面分成几部分，按左前机舱盖 - 左前翼子板 - 左前保险杠 - 左车顶 - 左前车门 - 左后车门 - 左后翼子板 - 后备厢盖 - 后保险杠的顺序研磨左半车身，按相反顺序研磨右半车身，直到所有漆面无遗漏地打蜡（图 11-4-2）。

图 11-4-1 涂抹车蜡

图 11-4-2 全车打蜡

❸ 在全部漆面上均匀涂一薄层车蜡，以漆面明显覆盖一层车蜡为准（图 11-4-3）。

注意：

车蜡切勿涂到车身的橡胶制品上，万一涂到要及时擦拭干净，否则，待到车蜡干燥会很难清除。

二、擦蜡和提光

❶ 上蜡后 5～10min 蜡表面开始发白，说明蜡已经干燥。用柔软干燥的毛巾擦蜡，直到整个车表没有残蜡（图 11-4-4）。

图 11-4-3　漆面上均匀涂一薄层车蜡

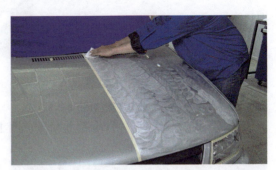

图 11-4-4　擦蜡

❷ 擦蜡后彻底清洁玻璃、保险杠、饰条、轮胎、钢圈等，顺序与涂抹蜡一样。用纯棉毛巾把蜡擦掉并用合成麂皮摩擦漆面，直到漆面的倒影清晰可见为佳。

三、清理缝隙

用干净的毛巾将全车缝隙处残留的蜡擦拭干净，不要有残留。

 第五节　底盘装甲

汽车底盘装甲的学名是汽车底盘防撞防锈隔音。它是一种高科技的黏附性橡胶沥青涂层，具有无毒、高遮盖率、高附着性等优点，可喷涂在车辆底盘、轮毂、油箱、汽车下围板、后备厢等暴露部位，快速干燥后形成一层牢固的弹性保护层，可防止飞石和沙砾的撞击，避免潮气、酸雨、盐分对车辆底盘金属的侵蚀，防止底盘生锈和锈蚀，保护车主的行车安全。

❶ 施工人员穿好防护服，戴好护目镜和防毒口罩（图 11-5-1）。
❷ 使用遮蔽纸对底盘进行遮蔽，包括排气管、车身等（图 11-5-2）。
❸ 使用湿布清洁底盘上的泥土。
❹ 涂料使用前要充分摆匀。

图 11-5-1　穿着防护服

图 11-5-2　对底盘进行遮蔽

⑤ 对底盘进行均匀喷涂（图 11-5-3）。
⑥ 必须完全对底盘进行全覆盖喷涂（图 11-5-4）。

图 11-5-3　对底盘进行均匀喷涂

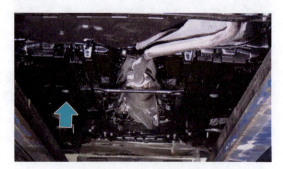

图 11-5-4　全覆盖喷涂

⑦ 拆卸遮蔽纸。
⑧ 对使用过的喷枪进行清洁。

第六节　漆面封釉

　　封釉，指用柔软的羊毛或海绵通过震抛机的高速震动和摩擦，利用釉特有的渗透性和黏附性把釉分子强力渗透到汽车表面中去。

　　封釉后的车身漆面能够达到甚至超过原车漆效果，使旧车更新、新车更亮，并同时具备抗高温、密封、抗氧化、增光、耐水洗、抗腐蚀等特点，还为以后的汽车美容、烤漆、翻新奠定了基础。

　　封釉的作业时间需要 4～5h，所需要的设备包括喷枪、封釉机、红外线烤灯、变速抛光机。

一、封釉的五道工序

1. 中性清洗

清洗剂要使用中性的，因为碱性的清洁剂会腐蚀车漆，如果残存在车体缝隙中，腐蚀性则更大，建议使用中性清洗剂，避免伤害车漆。

2. 黏土打磨

由于长期积存的尘土、胶质、飞漆等脏污很难靠清洗来去除，因此经过清洗的车漆表面仍然是毛毛糙糙的，这就需要用一种从细腻火山灰中提炼出来的"去污黏土"进行全面的打磨处理。

3. 深度清理

使用静电抛光轮，配以增艳剂，在旋转的同时产生静电，将毛孔内的脏物吸出。同时，增艳剂渗透到车漆内部，发生还原反应，可以达到车漆增艳如新的效果。抛磨的另外一个功效是可将车漆表面细小的软道划痕磨平。

4. 震抛封釉

这是汽车封釉美容的关键步骤。在专用震抛机的挤压下，晶亮釉被深深压入车漆的毛孔之内，形成牢固的网状保护层，附着在车漆表面。保护剂中富含UV（紫外线）防护剂，可以大大降低日晒辐射，并可抵御酸碱等化学成分的侵蚀。

5. 无尘打磨

最后用无尘纸打磨一遍车身，可让车漆如镜面般光亮。

二、封釉注意事项

❶ 封釉后8h内切记不要用水冲洗汽车，因为在这段时间内，釉层还未完全凝结，将继续渗透，冲洗将会冲掉未凝结的釉。

❷ 做完封釉美容8h后尽量避免洗车，因为产品可防静电，因此一般灰尘用干净柔软的布条擦去即可。

❸ 做了封釉美容后不要再打蜡，因为蜡层可能会黏附在釉层表面，再追加上釉时会因蜡层的隔离而影响封釉效果。

❹ 由于釉的不同，再加上路况和环境的影响，一般2个月到半年封一次釉效果最好。

第七节　漆面研磨

❶ 施工人员应先将车辆不需要抛光且有可能会接触到的地方（主要包括玻璃水喷口、车灯、橡胶及金属装饰件等）用美纹纸和遮蔽毛巾遮盖好（图11-7-1和图11-7-2）。

注意：

遮蔽时不要将要抛光的部位遮盖，也不能露出需要遮盖的地方。

图 11-7-1　用毛巾盖住前挡风玻璃

图 11-7-2　遮蔽

❷ 把研磨剂摇匀，倒在海绵研磨盘上少许，用研磨盘在漆面上涂抹均匀。

调整研磨机转速到 1800～2200r/min，沿车身方向直线来回移动，研磨盘经过的长条轨迹之间覆盖 1/3，不漏大面积漆（图 11-7-3）。

图 11-7-3　研磨机舱盖

❸ 研磨部位顺序：按左前机舱盖 - 左前翼子板 - 左前保险杠 - 左车顶 - 左前车门 - 左后车门 - 左后翼子板 - 后备厢盖（图 11-7-4）- 后保险杠的顺序研磨左半车身，按相反顺序研磨右半车身。研磨车顶时可打开车门，在门边垫毛巾，踩在门边上操作。

❹ 对于车身边角不宜使用研磨机的位置，采用手工方法研磨，即用干毛巾蘸研磨剂研磨（图 11-7-5）。把整个车身有漆面的地方全部做完，包括喷漆的保险杠，注意此处温度不宜过高。注意边角、棱角，不要用力研磨，因为这些地方漆膜较薄。

注意：

控制转速，控制漆面温度，边角不要用力研磨。

图 11-7-4　研磨后备厢盖

图 11-7-5　手工方法研磨

第八节　漆面抛光

汽车抛光就是汽车美容过程中,在打蜡后、封釉或镀膜前先给汽车做一次抛光加工。因为封釉和镀膜必须先经过精细抛光,才能做出镜面效果来,这是必须的操作。没有经过抛光处理,车漆不平整,封釉和镀膜保持时间短,起不到长期附着的效果,和打蜡没有什么区别。

❶ 把抛光剂摇匀,倒在海绵研磨盘上少许,用抛光盘在漆面上涂抹均匀,调整抛光机转速到 1400～1800r/min,沿车身方向直线来回移动,抛光盘经过的长条轨迹之间覆盖 1/3,不漏大面积漆(图 11-8-1)。

图 11-8-1　抛光机舱盖

❷ 抛光顺序与研磨顺序一致:按左前机舱盖 - 左前翼子板 - 左前保险杠 - 左车顶 - 左前车门 - 左后车门 - 左后翼子板 - 后备厢盖 - 后保险杠的顺序抛光左半车身,按相反顺序抛光右半车身(图 11-8-2)。抛光车顶时可打开车门,在门边垫毛巾,踩在门边上操作。

视频精讲

图 11-8-2　按顺序对车辆抛光

❸ 对于车身边角不宜使用抛光机的位置,采用手工方法抛光,即用干毛巾蘸抛光剂抛光(图 11-8-3)。把整个车身有漆面的地方全部做完,包括喷漆的保险杠,注意此处温度不宜过高。注意边角、棱角,不要用力抛光,因为这些地方漆膜较薄。

图 11-8-3　手动抛光

❹漆面抛光后，用纯棉毛巾将整车清洁干净。

> **注意：**
>
> 要控制抛光盘的转速和湿度，注意漆面的温度和边角、棱角。

第九节　划痕快速修复

一、轻微划痕修复

❶根据需处理漆面的面积把适量的去痕蜡挤到海绵上。
❷在划痕处用蘸有去痕蜡的海绵反复打圈擦拭直至划痕去除为止（图 11-9-1）。

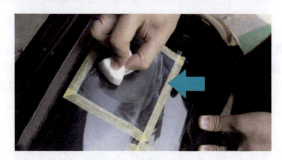

图 11-9-1　擦拭划痕处

❸等待漆面上的去痕蜡干透后，用柔软的布清除剩余的划痕蜡（图 11-9-2）。

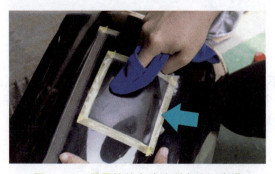

图 11-9-2　用柔软的布清除剩余的划痕蜡

二、细长刮痕的修复

对于由刀片等利器造成的又细又长且具有一定深度的刮痕，需要使用油漆稀释液稀释油漆后，使用细小的毛笔来给刮痕上漆，达到快速修复刮痕的目的。

❶ 把补漆笔中的油漆倒一些到塑料小勺子里，然后使用稀释液对油漆进行稀释，使其更容易渗透到刮痕的缝隙里（图11-9-3）。

❷ 调配好油漆后，用小毛笔把油漆往缝隙中填。由于油漆是经过稀释的，因此很容易渗透进刮痕的缝隙中（图11-9-4）。

❸ 等油漆完全干透后，便可以使用2000号砂纸对刮痕区域进行水磨。把刮痕区域磨平后再打蜡抛光即可（图11-9-5）。

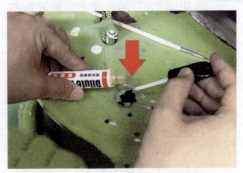

图11-9-3 使用稀释液对油漆进行稀释

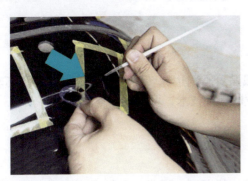

图11-9-4 补漆

图11-9-5 打磨漆面

第十节　凹陷修复

汽车凹陷修复就是把汽车漆面的凹陷部分修复到原来状态。一般情况下，汽车凹陷修复能达到原来状态的是锐角凹陷和钝角凹陷。主要是没有掉漆的凹陷可以修复如初，"冰雹坑"可完美修复。边角与A柱和B柱不易修复。

❶ 判断凹陷位置、大小（图11-10-1）。

❷ 找到合适的工具并放在一起备用，如橡胶锤、铁钩、胶棒、吸盘、灯板等。

❸ 如果凹陷比较深或者面积比较大（具体视情况而定），可以先"拔"，把胶棒插入胶枪加热几分钟，然后均匀从中心到四周慢慢地打在吸盘上面。

❹ 利用余温把吸盘轻轻地粘在合适的凹陷受力位置。

❺ 等熔化的胶棒冷却后，使用"T"形器连接吸盘头部，均匀用力把吸盘拔出来，这样凹陷就慢慢地凸出来了。

图11-10-1 判断凹陷位置、大小

❻ 使用"拔"的步骤之后就开始打灯板了，借助灯光用钩子把小的凹陷区域慢慢地"顶"出来。

❼ 经过"顶"之后凹陷差不多都已经消失，然后再借助橡胶锤将细微突出来的部分处理好即可。

第十一节　轮毂的修复翻新

汽车在行驶过程中会遇到各种磕碰，从而就产生了轮毂表面划伤、擦伤、残缺等损坏及变形。经过对轮毂的翻新，就如同新品一样，恢复动感完美风采。

一、轮毂边缘刮擦损坏

这是比较常见的一种轮毂损坏，当汽车轮毂贴着马路边缘转动的时候就很容易损坏轮毂外缘（图11-11-1），面对这种情况，通过专业的焊接技术，可以完美地修复翻新。

二、轮毂边缘损坏

汽车的轮毂不小心受到硬物撞击会造成轮毂边缘断裂，通常这种情况下，汽车轮毂可以通过焊接、整形进行完美的修复翻新（图11-11-2）。

图11-11-1　轮毂边缘刮擦损坏

图11-11-2　轮毂边缘修复前及修复后

三、轮毂边缘缺口

当坚硬的轮毂受到石块或其他坚硬物体猛烈撞击时，会把汽车轮毂的边缘撞成缺口（图11-11-3）。根据缺口形状进行堆焊、密闭测试及表面处理，轮毂可以得到完美修复。

图11-11-3　轮毂边缘缺口

四、轮毂断裂

千万不能忽视汽车轮毂断裂部位，这小小的裂纹，存在严重的安全隐患，可以通过裂缝焊接、抛光、烤漆等程序对轮毂进行翻新。

五、轮毂扭曲、变形

汽车轮毂受到碰撞或撞击时，容易造成汽车轮毂轮缘扭曲、变形等现象，属于严重损害。只要不伤及轮毂的结构，通过轮毂修复设备与特殊工艺可对损坏的轮毂加以整形矫正。

六、轮毂发黄

轮毂长时间使用，都会出现发黄的情况，不仅影响轮毂的美观度，更影响汽车的美观度，可以通过烤漆、拉丝、抛光等工艺进行轮毂翻新。

七、轮毂翻新处理流程

1. 拆卸轮毂

在进行轮毂翻新作业之前，要做的就是将轮毂从车辆上拆下来，这样做的原因是可以对轮毂进行彻底的翻新处理，也可以很好地避免轮毂修复过程中伤害到车身其他部位。

2. 清洗轮毂

将轮毂清洗干净，确定轮毂受损情况，然后确定轮毂修复方案。

3. 修复轮毂受损部位

先修复轮毂轻微划伤部位，用砂纸或者抛光机对轮毂划痕处进行平整修复，如果轮毂划痕有一定深度，简单的抛光打磨处理并不能消除，就需要利用腻子进行填充处理。

4. 重新喷漆

将轮毂外观伤痕修复完后，接下来就要进行轮毂喷漆处理，轮毂喷漆颜色可以根据车主要求进行改色，也可以按照轮毂原来的颜色进行处理。

第十二节　车身轻微损伤钣金修复

车身轻微损伤钣金修复步骤如下。

❶ 使用直尺和记号笔标记出损伤的范围（图 11-12-1）。
❷ 对损伤区域进行打磨，磨除表面凹陷较深处的油漆和搭铁位置的油漆（图 11-12-2）。

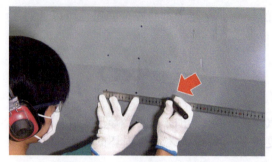

图 11-12-1　标记出损伤的范围

图 11-12-2　对损伤区域进行打磨

❸ 使用打磨工具对表面凹陷较深处进行打磨（图 11-12-3）。
❹ 使用气枪清洁工件表面的灰尘。
❺ 将介子机的搭铁用夹钳固定在工件上（图 11-12-4）。

 注意：

焊接时，应使搭铁极头和焊接极头处于同一钣金件上，两者距离通常不超过 50cm。

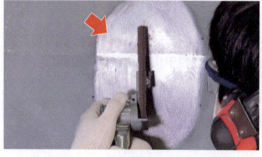

图 11-12-3　对表面凹陷较深处进行打磨

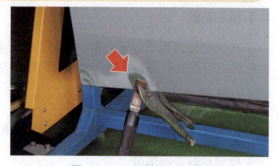

图 11-12-4　连接介子机搭铁

❻ 打开介子机的电源，调整好介子机的焊接时间及焊接电流等参数（图 11-12-5）。
❼ 更换专用的焊接极头。
❽ 将介子按顺序依次焊接到板件上（图 11-12-6）。

图 11-12-5　调整介子机参数

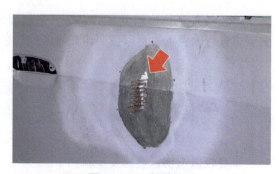

图 11-12-6　焊接介子

> **注意：**
>
> 焊接时，焊接垫片应与钢板轻轻接触，呈90°进行焊接。

⑨ 将铁棒从介子中间穿过，将快速钣金拉拔设备安装到板件上（图11-12-7）。

> **注意：**
>
> 安装时应注意快速钣金拉拔设备支撑脚的位置。

⑩ 使用快速钣金拉拔设备将凹陷部位整体拉出，同时用手锤敲击应力区（图11-12-8）。

> **注意：**
>
> 应根据损伤的程度，控制力量大小。

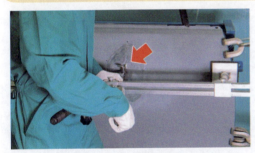

图 11-12-7　安装快速钣金拉拔设备

图 11-12-8　用手锤敲击应力区

⑪ 拉拔的同时需要检查凹陷部位的回复情况，直至将板件敲平。
⑫ 拆卸快速钣金拉拔设备。
⑬ 拆卸介子。

> **注意：**
>
> 通过扭转将垫片从钢板上取下，不要采取两边晃动的方法，否则钢板将会出现孔洞。

⑭ 使用打磨机磨除焊接后留下的焊点（图11-12-9）。

图 11-12-9　使用打磨机磨除焊点

⑮ 调整好介子机的时间及电流等参数（图11-12-10）。
⑯ 更换焊接极头。
⑰ 对工件损伤区域进行加热（图11-12-11）。

图11-12-10　调整介子机参数

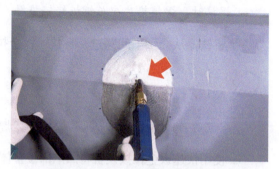

图11-12-11　对工件损伤区域进行加热

⑱ 使用垫铁法，选用精修锤进行精确修复，修复的同时需要对工件进行检测（图11-12-12），直至板件变形回复。

⑲ 使用打磨机磨除焊接后留下的焊点，直至表面平滑（图11-12-13）。

图11-12-12　对工件进行检测

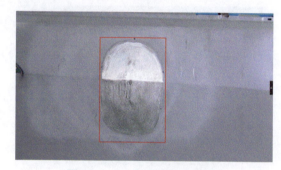

图11-12-13　打磨后表面平滑

⑳ 使用气枪清洁工件表面的灰尘。
㉑ 再次测量损伤部位是否已经完全修复。
㉒ 对修复区域进行防腐处理。

第十三节　快速喷漆

清洁除油和板件评估

▶ 1. 准备工作

在进行清洁除油的过程中，涂装人员需戴好帽子、护目镜、活性炭过滤式面罩、耐溶剂手套，穿好防护服以及安全鞋。

2. 清洁除油

❶ 选用 ColorSystem 除硅清洁剂进行清洁除油工作（图 11-13-1）。

❷ 将清洁剂均匀喷洒于工件表面，使该区域湿润，在未挥发之前用干燥的擦拭布将工件表面拭干，以清除工件表面的油渍及静电（图 11-13-2）。

图 11-13-1　选用 ColorSystem 除硅清洁剂

图 11-13-2　清除工件表面的油渍及静电

3. 板件评估

接下来通过目视、触摸或直尺检测的方法，检查工件表面受损部位的钣金质量（图 11-13-3）。

 注意：

若不合格，需重新矫正。若无需钣金矫正，则判断修补区域和应采取的修补方法。

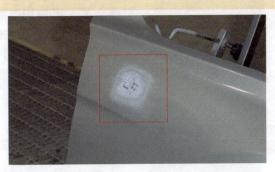

图 11-13-3　检查工件表面受损部位的钣金质量

二、去除旧漆层，打磨羽状边

1. 准备工作

在打磨过程中，涂装人员需戴好帽子、护目镜、耳塞、防尘口罩、防护手套，穿好防护服以及安全鞋。

2. 打磨旧漆层

❶ 为方便打磨，可以对打磨区域做一定（范围）的标记（图 11-13-4）。

❷ 选择 5mm 或者以上的气动偏心振动圆磨机配合 80 号干磨砂纸打磨受损工件表面，去除旧漆层直至露出裸金属（图 11-13-5）。

图 11-13-4　对打磨区域做标记

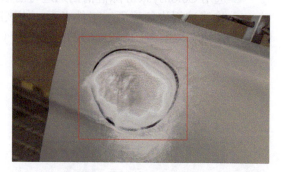

图 11-13-5　去除旧漆层

3. 打磨羽状边

❶ 旧漆层去除后，可用打磨机配合 120 号砂纸顺着旧漆边缘打磨出羽状边雏形。

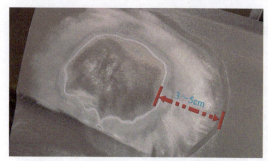

图 11-13-6　使羽状边达到 3～5cm 的宽度

❷ 再使用打磨机配合 180 号砂纸消除 120 号砂纸产生的痕迹，并向外拉伸羽状边。使羽状边达到 3～5cm 的宽度（图 11-13-6）。

4. 损伤区修饰

对未伤及色漆层的工件表面，无需研磨至裸金属，可使用打磨机配合 280 号砂纸对其进行打磨，将划痕去除（图 11-13-7）。最后，使用研磨机配合 280 号砂纸将修补区域磨毛。

对损伤区的羽状边边缘进行进一步修饰，使羽状边更加光滑（图 11-13-8）。打磨完毕后，对工件进行清洁。

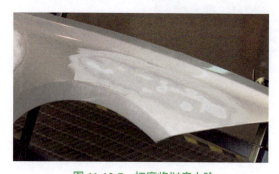

图 11-13-7　打磨将划痕去除

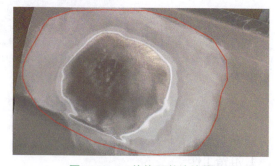

图 11-13-8　修饰羽状边边缘

5. 清洁除油

将清洁剂均匀喷洒于工件表面使该区域湿润，在未挥发之前用干燥的擦拭布将工件表面拭干，以清除工件表面的油渍及静电。

三、施涂底漆

1. 准备工作

施涂底漆及调配底漆时涂装人员应戴好帽子、护目镜、活性炭过滤式面罩、耐溶剂手套，穿好防护服和安全鞋。

2. 调配底漆

调配环氧底漆4500，混合均匀后过滤，装入底漆喷枪（图11-13-9）。

图11-13-9　底漆混合稀释剂

3. 喷涂底漆

❶ 使用底漆喷枪薄喷一层于裸金属表面，底漆层的厚度一般为6～12μm（图11-13-10）。
❷ 使用短波红外线烤灯以加速底漆干燥，短波红外线烤灯应在距离工件1m处放置（图11-13-11）。

图11-13-10　喷涂底漆

图11-13-11　干燥底漆

四、施涂原子灰

1. 准备工作

施涂原子灰工序涂装人员需戴好帽子、护目镜、活性炭过滤式面罩、耐溶剂手套，穿好防护服和安全鞋。

2. 调配原子灰

❶ 原子灰和硬化剂在混合前要分别搅拌均匀。
❷ 取出大致所需量的原子灰放置于混合板上，并按质量比添加适量的固化剂。
❸ 一般原子灰与固化剂的混合比例为100g：（2～3）g，在混合板上将原子灰与固化剂进行充分混合（图11-13-12）。

3. 刮涂原子灰

❶ 在打磨范围内，分几次刮涂原子灰。
❷ 刮涂时，先用刮刀垂直薄涂原子灰，令其紧贴金属表面。
重复施涂时，将刮刀倾斜 30°～45°，依次来回刮涂，并逐步扩大施涂的面积，直至填平并略高于基础面，以方便打磨（图 11-13-13）。

注意：

边缘处一定要薄涂，以形成斜坡，方便打磨边缘。

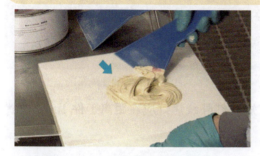

图 11-13-12　混合原子灰与固化剂

图 11-13-13　刮涂原子灰

4. 干燥工作

❶ 原子灰刮涂完成后，在距离工件 0.8～1m 处，使用短波红外烤灯。
❷ 设定温度 50℃，进行辅助干燥 10～15min。

五、研磨原子灰

1. 准备工作

研磨作业人员需戴好帽子、护目镜、耳塞、防尘口罩、防护手套，穿好防护服以及安全鞋。

图 11-13-14　刷涂炭粉指示剂

2. 打磨原子灰

❶ 首先，在干燥的原子灰表面刷涂炭粉指示剂（图 11-13-14），当炭粉附着在原子灰表面时可以清晰分辨出板面打磨的平整程度和打磨程度。
❷ 使用 5mm 气动偏心振动圆磨机配合 120 号砂纸打磨原子灰（图 11-13-15），打磨时可用手辅助感受板面的平整度。

3. 打磨羽状边

❶ 使用 180 号砂纸研磨羽状边区域，并用 120 号砂纸配合手磨板小心打磨边缘，确保腻子与旧涂膜衔接处无断层。

❷ 接着用 180 号砂纸配合手磨板进行打磨，以消除 120 号砂纸痕，并将表面高度打磨至与基础面一致，逐渐加大砂纸型号，确保较深的打磨痕在每次操作中均被打磨去除。

> **注意：**
>
> 每更换一次砂纸都需要重新涂一层炭粉指示剂。

❸ 最后，使用 280 号砂纸配合打磨机将损伤区域周边磨毛。
❹ 完成后，使用红色工业百洁布进一步磨毛板件边角区域（图 11-13-16）。

图 11-13-15　打磨原子灰

图 11-13-16　打磨羽状边

六、清洁吹尘，施涂原子灰

1. 准备工作

涂装人员需戴好帽子、护目镜、活性炭过滤式面罩、耐溶剂手套，穿好防护服以及安全鞋。

2. 清洁除尘

❶ 用吹尘枪吹掉工件表面的灰尘和脏物。
❷ 均匀喷洒清洁剂，并用干燥的擦拭布擦拭，以清除工件表面的油渍及静电。

3. 刮涂原子灰

检查打磨后原子灰表面是否有凹坑或砂眼（图 11-13-17），若有，需要再次施涂原子灰并进行干燥。

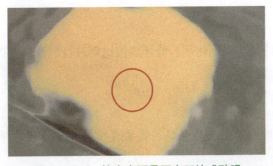
图 11-13-17　检查表面是否有凹坑或砂眼

4. 打磨原子灰及除尘

使用 280 号砂纸配合 5mm 气动偏心振动打磨机打磨并除尘。

七、清洁，遮蔽

1. 准备工作

涂装人员需戴好帽子、护目镜、活性炭过滤式面罩、耐溶剂手套，穿好防护服以及安全鞋。

2. 清洁工件

均匀喷洒清洁剂，并用干燥的擦拭布擦拭。

3. 遮蔽工件

在准备喷涂中涂底漆的四周约 10cm 处做反向遮蔽，以避免车身其他非作业区域遭受涂装污染（图 11-13-18）。

反向遮蔽，可以避免喷涂时漆层产生断层现象，使新漆层与旧漆层的边界过渡更平滑。

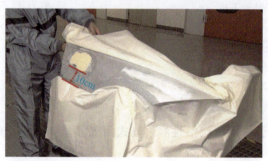

图 11-13-18　遮蔽工件

八、施涂中涂漆

1. 准备工作

涂装人员需戴好帽子、护目镜、供气式面罩、耐溶剂手套，穿好防护服以及安全鞋。

2. 调配中涂底漆

根据产品要求将中涂底漆和固化剂、稀释剂按比例进行混合并搅拌均匀（图 11-13-19）。

注意：

如遇原子灰打磨时露出金属的部位，需要薄喷一层底漆进行保护，静置 5～10min 后即可喷涂中涂底漆。

3. 测试喷幅

喷涂前需要测试喷幅（图 11-13-20）。

> **注意：**
> 若喷幅中央为湿润区，外围为雾化区，则为完美喷幅，可进行中涂底漆的喷涂。

图 11-13-19　调配中涂底漆

图 11-13-20　测试喷幅

4. 喷涂中涂漆

首先在原子灰与旧漆接口处喷涂一层，经过闪干静置，直到工件无光泽，便可喷涂第二层，要确保每一层的喷涂面积都要比上一层的喷涂面积宽出 3～6cm，若两处损伤相邻，第三层应进行整喷（图 11-13-21）。

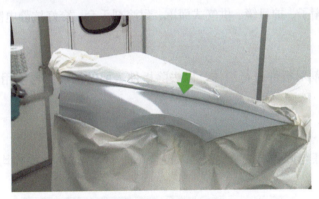
图 11-13-21　喷涂中涂漆

喷涂完毕使用短波红外烤灯（60℃）烘烤 20min。

九、研磨中涂漆

1. 准备工作

涂装人员需戴帽子、护目镜、耳塞、防尘口罩、防护手套，穿好防护服以及安全鞋。

2. 操作方法（图 11-13-22）

① 研磨前喷涂炭粉指示剂，以便在打磨过程中清晰地检查打磨效果和漆面的平整度。
② 使用 3mm 气动偏心振动圆磨机配合 400 号砂纸研磨干燥后的中涂漆。
③ 研磨机配合 500 号砂纸作精细研磨，并打磨色漆扩喷区。
④ 用研磨机配合铂金 S1000 号砂纸打磨清漆扩喷区。
⑤ 最后，用灰色百洁布手工打磨板件边角区域。

图 11-13-22　研磨中涂漆

十、喷涂面漆和清漆

1. 准备工作

涂装人员需戴帽子、护目镜、供气式面罩、耐溶剂手套，穿好抗静电防护服以及安全鞋。

2. 清洁除尘

使用除硅清洁剂对板件进行清洁，以去除板件表面的油渍，再使用吹尘枪配合除尘布对板件除尘。

3. 调配面漆

将准备好的面漆与调和水按照比例要求混合（图 11-13-23），搅拌均匀并过滤后装入水性漆专用喷枪。

图 11-13-23　调配面漆

4. 测试喷枪

❶ 喷涂作业前，需对喷枪进行适当调节，出油量调至 2 圈，喷幅调至最大，并根据油漆喷涂要求调整气压，然后测试喷枪喷幅。
❷ 喷涂时可先喷涂工件内部和边角处。
❸ 第一层水性色漆即遮盖层需中湿喷涂，提供 70% 的遮盖力。
❹ 根据面漆施工说明闪干或喷涂下一层。
❺ 喷涂 0.5 层水性色漆即效果层，提供 30% 的遮盖力（图 11-13-24）。

图 11-13-24　喷涂面漆

❻ 用吹风筒将色漆中的水分清除至完全亚光（图 11-13-25）。

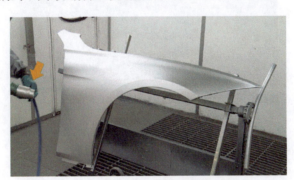

图 11-13-25　清除水分至完全亚光

5. 调配清漆

接下来将清漆和固化剂按照比例要求混合且搅拌均匀（图 11-13-26）。

图 11-13-26　调配清漆

6. 喷涂清漆

❶ 过滤装入清漆喷枪,并进行测试喷涂(图 11-13-27)。

图 11-13-27　测试喷涂

❷ 清漆喷涂 1.5 层,每层相隔 5～10min。
❸ 间隔时间以指触漆面,清漆不拉丝为宜。
❹ 此时即可施涂下一层清漆(图 11-13-28)。

图 11-13-28　喷涂清漆

❺ 涂装完毕,工件恢复完美漆面。

视频精讲

第三篇
汽车快修技术提高与精通

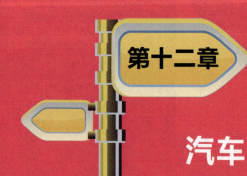

第十二章

汽车重要部件的快修技术概述

第一节 汽车快修作业中重要部件的种类

一、车身电器类

蓄电池、电动门窗、电动后视镜、车窗玻璃升降器、车辆遥控器、车门锁、起动机、发电机、车辆灯光等。

二、发动机类

正时皮带、正时链条、附件皮带等。

三、底盘类

轮胎、制动片、制动盘、制动管路、驻车制动、减振器、下摆臂等。

四、空调系统

冷凝器、膨胀阀、压缩机、压缩机皮带、空调管、空调压力开关、蒸发箱温度传感器等。

第二节　汽车重要部件的快修维护特点

一、蓄电池

❶ 电解液液面应始终保持在 MAX 和 MIN 之间，每月检查一次，并视液面下降情况，适当补充蒸馏水（纯水），切勿加酸。

❷ 当蓄电池的电压不足且灯光暗淡、启动无力时，应及时进行车外充电。

❸ 防止蓄电池过充电或长期亏电，过充电会使活性物质脱落，长期亏电会使极板硫化，要保证调节器电压不能过高或过低。

❹ 使用过程中，应经常检查排气孔是否畅通，以防蓄电池变形或爆裂。

❺ 蓄电池应远离热源和明火，充电及使用时应保持通风，以防燃烧伤人。

❻ 防止蓄电池长时间大电流放电，每次使用启动时间不能大于 5s，两次连续启动时间，中间间隔 10～15s。

❼ 蓄电池在汽车上安装要牢固，减轻振动。

❽ 经常检查蓄电池连接线是否牢固，所有活接头必须保持接触良好，防止产生火花，引起蓄电池爆炸。蓄电池卡子产生的氧化物、硫酸盐，必须刮净，并涂以凡士林，以防再受锈蚀。

❾ 经常清除蓄电池盖上的灰尘污物及溢出的电解液，保持清洁干燥，防止自放电。

❿ 封口胶开裂要及时修复。

⓫ 汽车在寒区行驶，要避免蓄电池完全放电，以免电解液冻结。

二、电动门窗

（1）清洁车窗玻璃　车窗玻璃过脏不仅影响外观和视野，还会影响到电动车窗的开闭动作。玻璃过脏导致与橡胶带的摩擦增大，从而影响到车窗开闭，因此须经常保持玻璃干净。

（2）润滑升降机构　电动开关车窗动作不顺畅的原因多为车门内部升降机构的润滑油耗尽，为此对升降机构应定期上油润滑。

（3）检查橡胶支撑件　升降机构润滑之后，应对支撑玻璃两端的橡胶部分进行检查。若玻璃的滑动状况差时，可涂上橡胶保护剂。

三、电动后视镜和车门锁

电动后视镜常见故障：熔丝断开；插接器松脱或线路断路；开关、电动机有故障。

车门锁常见故障为车门锁不工作，或处于常开或常闭的状态。在确定电源和搭铁正常的情况下，可以重点检查车门锁是否存在故障。

四、起动机和发电机

起动机的检查主要分车上检查、分解后检查、车下检查。

发电机常见故障为发电量过低或过高,发电量过低时仪表上充电指示灯会点亮。可通过检查发电机发电量来确定发电机是否正常。

五、制动片、制动盘、制动管路

每次对车辆进行维修保养时,都要对制动片、制动盘、制动管路进行检查。

六、轮胎和空调系统

每月都要对轮胎的胎压进行检查,每次保养都要检查轮胎的使用情况,是否有扎钉。检查空调系统是否泄漏,每月对散热网进行冲洗。

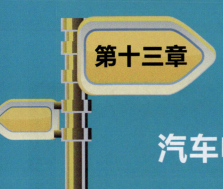

第十三章

汽车电气部件快修作业

第一节 蓄电池（电瓶）的检查与更换

一、检查蓄电池

① 检查蓄电池是否漏液、正负极柱是否氧化、表面是否损坏。
② 使用万用表 20V 直流电压挡测量蓄电池静态电压，正常应为 11.5～12.5V。
③ 继续测量蓄电池启动电压，正常电压应为 9～11V。
④ 最后，检测发电机发电电压，正常应为 13.5～14.5V。

二、更换蓄电池

 注意：

① 在断开蓄电池之前，对具有防盗编码的收音机要先获得编码（图 13-1-1）。
② 对系统进行故障查询并记录。
③ 注意安全操作和规范的防护。

图 13-1-1 对具有防盗编码的收音机要先获得编码

视频精讲

蓄电池更换步骤如下。

❶ 拆卸蓄电池负极接线柱（图13-1-2）。
❷ 拆卸蓄电池正极接线柱（图13-1-3）。

图13-1-2　拆卸蓄电池负极接线柱

图13-1-3　拆卸蓄电池正极接线柱

❸ 取下隔热棉。
❹ 拆卸蓄电池固定支架螺栓（图13-1-4）。
❺ 取下蓄电池（图13-1-5）。

图13-1-4　拆卸蓄电池固定支架螺栓

图13-1-5　取下蓄电池

❻ 安装蓄电池（图13-1-6）。
❼ 安装蓄电池支架及螺栓（图13-1-7），并紧固。

图13-1-6　安装蓄电池

图13-1-7　安装蓄电池支架及螺栓

❽ 安装隔热棉。
❾ 安装蓄电池正极接线柱，并紧固至10N·m。
❿ 安装蓄电池负极接线柱，并紧固至10N·m。

⑪ 重新连接蓄电池后，需要设定时钟，检查电动摇窗机和舒适系统电气。

第二节　更换正时皮带

正时皮带是发动机配气系统的重要组成部分，通过与曲轴的连接并配合一定的传动比来保证进、排气时间的准确。使用皮带而不是齿轮来传动是因为皮带噪声小，自身变化量小而且易于补偿。显而易见，皮带的寿命肯定要比金属齿轮短，因此要定期更换皮带。
下面以奥迪1.4T（CZEA汽油发动机）为例，介绍更换正时皮带的方法。

所需要的专用工具和维修设备（图13-2-1）

❶ 扭矩扳手 VAS6583。
❷ 固定支架 T10172 和适配接头 T10172/1 及 T10172/2。
❸ 固定螺栓 T10340。
❹ 固定支架 T10475 和适配接头 T10475/1 及 T10475/2。
❺ 环形扳手 SW30-T10499。
❻ 扳手头 SW13-T10500。

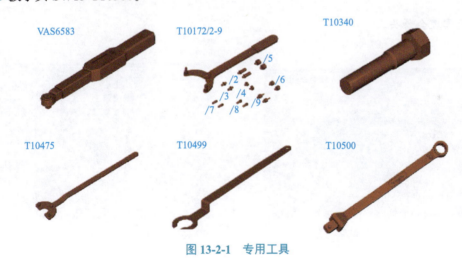

图13-2-1　专用工具

❼ Torx T 30 工具头 T10405（图13-2-2）。

图13-2-2　Torx T 30 工具头 T10405

⑧ 凸轮轴固定装置 T10504（图 13-2-3）。
⑨ 松脱工具 T10527（图 13-2-4）。

图 13-2-3　凸轮轴固定装置 T10504　　　　图 13-2-4　松脱工具 T10527

二、拆卸正时皮带

① 松开软管夹圈 1、2，拆下空气导流管（图 13-2-5）。
② 脱开增压压力传感器 G31/ 进气温度传感器 G299 上的插接器 1（图 13-2-6）。

 提示：

无需理会箭头。

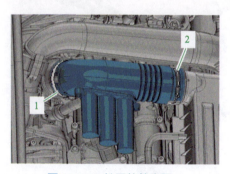

图 13-2-5　松开软管夹圈　　　　图 13-2-6　脱开插接器

③ 露出空气导流管上的空气导流软管。
④ 用松脱工具 T10527 和 T10527/1 松开卡子（箭头），取下空气导流管 1（图 13-2-7）。
⑤ 按压解锁按钮，拆下至活性炭罐的软管 1（图 13-2-8）。
⑥ 拧出螺栓（箭头），取下曲轴箱排气软管。
⑦ 如果已经装入了的话，拧出连接套管上的螺栓（箭头），并将冷却液软管略微向前推（图 13-2-9）。
⑧ 将螺栓（箭头）用工具头 Torx T 30 工具头 T10405 拧出，取下连接套管 1（图 13-2-10）。

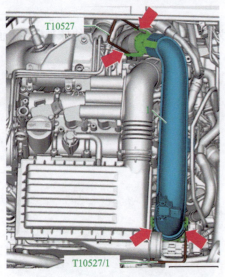

图 13-2-7 松开卡子

图 13-2-8 取下曲轴箱排气软管螺栓

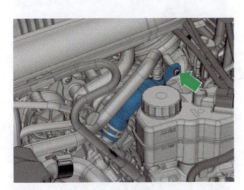

图 13-2-9 拆卸螺栓

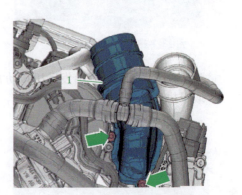

图 13-2-10 取下连接套管

⑨ 露出电导线束（箭头）（图 13-2-11）。
⑩ 拧出螺栓 1、3，取下冷却液泵齿形皮带的齿形皮带护罩 2。
⑪ 拧出螺栓（箭头），取下端盖 1（图 13-2-12）。

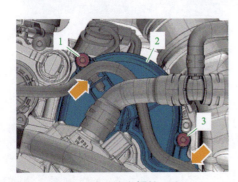

图 13-2-11 拧出螺栓 1 和 3

图 13-2-12 拧出螺栓，取下端盖

⑫ 露出支架 3 上的软管（图 13-2-13）。

⑬ 旋出螺栓2。
⑭ 松开夹子（箭头），取下上部齿形皮带护罩1。为收集溢出的机油，将一块抹布放在下面。

当心：

齿形皮带沾油会有损坏发动机的危险。

⑮ 拧出螺栓（图13-2-14）。

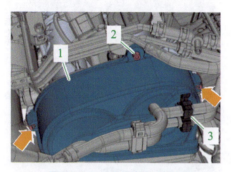

图13-2-13　松开螺栓及夹子

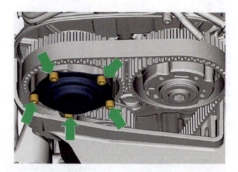

图13-2-14　拧出螺栓

⑯ 为了拧下全部螺栓，沿发动机转动方向通过皮带盘/减振器转动曲轴（图13-2-15）。
⑰ 取下排气凸轮轴调节器的盖。

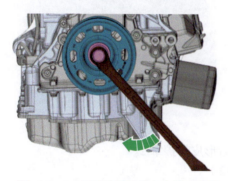

图13-2-15　沿发动机转动方向转动曲轴

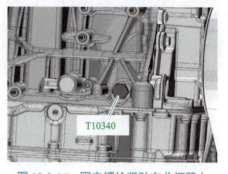

图13-2-16　固定螺栓紧贴在曲柄臂上

⑱ 按以下方式将曲轴转到"上止点"。
a. 拧出气缸体"上止点"孔的螺旋塞。
b. 将固定螺栓T10340拧入气缸体到极限位置，并用30N·m的力矩拧紧。
c. 沿发动机转动方向转动曲轴到极限位置。
⑲ 固定螺栓紧贴在曲轴曲柄臂上（图13-2-16）。

提示：

① 固定螺栓T10340只在发动机运转方向上卡住曲轴。
② 如果固定螺栓T10340不能拧入极限位置，则说明曲轴未处于正确位置。

当心：

有损坏发动机的危险。

⑳ 如果曲轴未处于正确位置，可采取下列办法。
a. 拧出固定螺栓。
b. 将曲轴沿发动机运转方向转动 90°。
c. 将固定螺栓 T10340 拧入气缸体到极限位置，并用 30N·m 的力矩拧紧。
d. 继续沿发动机转动方向转动曲轴到极限位置。
e. 对于排气凸轮轴 A 来说，冷却液泵驱动轮中的孔必须与凸轮轴壳体中的孔位置相对（图 13-2-17）。
f. 对于进气凸轮轴 E 来说，凹槽必须位于凸轮轴中心上方。
g. 如果凸轮轴不处于所述位置，则拧出固定螺栓 T10340，然后继续转动曲轴一圈并使其转到"上止点"位置。

㉑ 如果凸轮轴位于描述中的位置，将凸轮轴固定装置 T10504 插入进气凸轮轴直至限位位置，然后将螺栓插上（图 13-2-18）。

㉒ 将固定销 T10504/1 插入限位位置。

㉓ 用手拧紧螺栓。

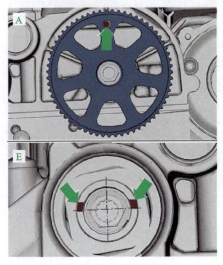

图 13-2-17　对齐位置

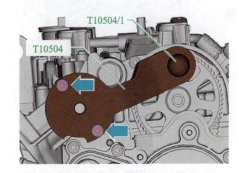

图 13-2-18　安装专用工具

 当心：

① 密封面有损坏的危险。
② 凸轮轴固定装置 T10504 不允许作为固定支架使用。

㉔ 拧出进气侧凸轮轴正时齿轮上的螺旋塞 1，为此使用固定支架 T10172（图 13-2-19）

及适配接头 T10172/1。

㉕ 将螺栓1、2松开约一圈,为此使用固定支架 T10172(图 13-2-20)及适配接头 T10172/1。

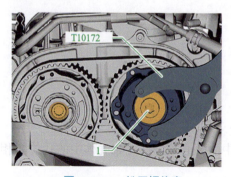

图 13-2-19 松开螺旋塞

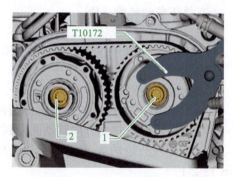

图 13-2-20 松开螺栓

㉖ 拆卸皮带盘。
㉗ 拧下螺栓,取下下部齿形皮带护罩(图 13-2-21)。
㉘ 将环形扳手 SW30-T10499 安装在张紧轮的偏心轮2上(图 13-2-22)。

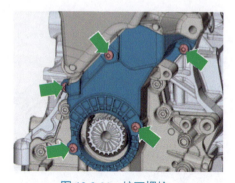

图 13-2-21 拧下螺栓

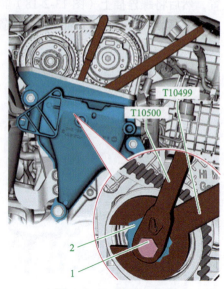

图 13-2-22 松开张紧轮

㉙ 将螺栓1用扳手头 SW13-T10500 松开。
㉚ 用环形扳手 SW30-T10499 松开偏心轮2上的张紧轮。

> 当心:
> ① 已使用过的齿形皮带如果颠倒了转动方向会导致损坏。
> ② 在拆卸齿形皮带之前,用粉笔或记号笔记下转动方向,以方便重新安装。

㉛ 取下齿形皮带。

㉜ 取下曲轴正时皮带轮（图 13-2-23）。

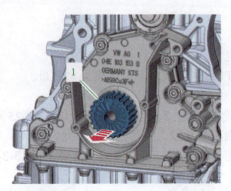

图 13-2-23　取下曲轴正时皮带轮

三、安装正时皮带（调整配气相位）

 提示：

① 更新拧紧时需要继续将螺栓旋转一个角度。
② 损坏时更换螺旋塞的 O 形环。

❶ 检查凸轮轴和曲轴的"上止点"位置。
❷ 将凸轮轴固定装置 T10504 用固定销 T10504/1 安装在凸轮轴外壳上（图 13-2-24）。将固定销 T10504/1 插入至限位位置。

 当心：

未正确调整的配气相位有损坏发动机的危险。

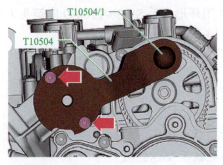

图 13-2-24　将凸轮轴固定装置安装在凸轮轴外壳上

❸ 将固定螺栓 T10340 拧入气缸体中的极限位置，并用 30N·m 的力矩拧紧。
❹ 曲轴沿发动机转动方向放置到固定螺栓 T10340 的"上止点"位置。

当心：

① 凸轮轴有损坏的危险。
② 凸轮轴固定装置 T10504 不允许作为固定支架使用。

❺ 更换凸轮轴正时齿轮螺栓 1、2，松动时拧入（图 13-2-25）。
凸轮轴正时齿轮必须能在凸轮轴上转动，同时不允许倾斜。
❻ 张紧轮的钢板凸耳必须嵌入气缸盖的铸造凹槽中（图 13-2-26）。

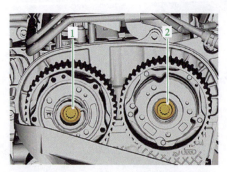

图 13-2-25　更换凸轮轴正时齿轮螺栓

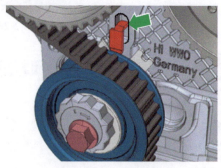

图 13-2-26　安装张紧轮

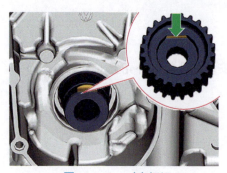

图 13-2-27　对齐标记

❼ 将曲轴正时皮带轮装到曲轴上。
　a. 多楔带轮与曲轴正时皮带轮之间的接触面必须无机油和油脂。
　b. 曲轴正时皮带轮上的铣削面（箭头）必须靠在曲轴轴颈上的铣削面上（图 13-2-27）。
❽ 安装齿形皮带的顺序：曲轴齿形带轮 1—导向辊 2—张紧轮 3—排气侧凸轮轴正时齿轮 4—进气侧凸轮轴正时齿轮 5（图 13-2-28）。
❾ 安装齿形皮带护罩下部（图 13-2-28）。
❿ 安装皮带盘。
⓫ 将张紧轮的偏心轮 2 用环形扳手 SW30-T10499 向箭头方向转动，直至调节指针 3 位于调节窗右侧约 10mm（图 13-2-29）。
⓬ 转回偏心轮，使调节指针准确位于调节窗内。

 当心：

① 错误的拧紧力矩有损坏发动机的危险。
② 拧紧时必须使用扭矩扳手 VAS6583。
③ 设置扭矩扳手 VAS6583 上的拧紧力矩时，必须将扳手头 SW13-T10500 上给出的净尺寸转到扭矩扳手上。
④ 将偏心件保持在这一位置，然后拧紧螺栓 1（图 13-2-29），为此使用扳手头 SW13-T10500 和扭矩扳手 VAS6583。

> 💡 **提示**：
>
> 如果继续转动了发动机或发动机曾运行，则可能导致调节指针 3 相对调节窗的位置略微偏离，这种情况不影响齿形皮带张紧。

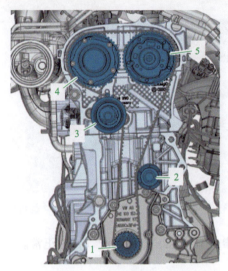

图 13-2-28　安装齿形皮带护罩下部

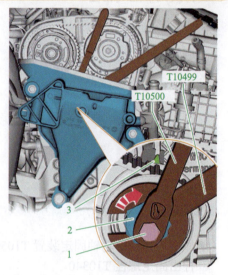

图 13-2-29　按箭头方向转动

> ⚠️ **当心**：
>
> ① 凸轮轴有损坏的危险。
> ② 凸轮轴固定装置 T10504 不允许作为固定支架使用。

⑬ 用 50N·m 的力矩预拧紧螺栓凸轮轴皮带轮，为此使用固定支架 T10172 及适配接头 T10172/1。

⑭ 拧出上止点孔固定螺栓 T10340。

⑮ 拉出固定销 T10504/1。

⑯ 拧出螺栓，取下凸轮轴固定装置 T10504。

四、检查配气相位

① 将曲轴沿发动机转动方向转 2 圈（图 13-2-30 中箭头）。

② 将固定螺栓 T10340 拧入气缸体到极限位置，并用 30N·m 的力矩拧紧。

③ 继续沿发动机转动方向转动曲轴到限位位置，固定螺栓紧贴在曲轴曲柄臂上。

> 💡 **提示**：
>
> 固定螺栓 T10340 只在发动机运转方向上卡住曲轴。

④ 凸轮轴固定装置 T10504 必须很容易装入，不允许通过工具敲入凸轮轴固定装置。
⑤ 将凸轮轴固定装置 T10504 插入进气凸轮轴直至限位，而螺栓在开始时只是安放上。
⑥ 将检测棒 T10504/2 插入至限位位置。
⑦ 检查检测棒 T10504/2 上的凹槽（箭头）是否与凸轮轴固定装置 T10504 齐平（图 13-2-31）。
⑧ 如果无法装入凸轮轴固定装置 T10504 和检测棒 T10504/2，则说明配气相位不正常。
⑨ 再次调节配气相位。

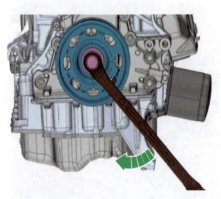

图 13-2-30　将曲轴沿发动机转动方向转动　　图 13-2-31　检查检测棒 T10504/2 与 T10504 是否齐平

⑩ 如果可插入凸轮轴固定装置 T10504 和检测棒 T10504/2，则说明配气相位正常。
⑪ 拧出固定螺栓 T10340。
⑫ 取下凸轮轴固定装置 T10504 和检测棒 T10504/2（图 13-2-31）。
⑬ 用最终拧紧力矩拧紧凸轮轴皮带轮螺栓，为此使用固定支架 T10172 及适配接头 T10172/1。
⑭ 拧紧螺旋塞，为此使用固定支架 T10172 及适配接头 T10172/2 和 T10172/1。

 当心：

① 发动机有损坏的危险。
② 最后检查是否取下了固定螺栓 T10340 和凸轮轴固定装置 T10504。

第三节　更换正时链条

本节以宝马 1.5T（B38B15）发动机为例介绍更换正时链条的方法。

 需要的准备工作

❶ 拆下发动机。
❷ 拆下变速箱。
❸ 将发动机装到装配架上。

④ 拆下飞轮。
⑤ 拆卸气缸盖。
⑥ 拆卸机油泵。
⑦ 拆下后部正时齿轮箱盖。

二、拆卸正时链条

❶ 拆下油泵驱动链条 1（图 13-3-1）。
❷ 取下凸轮轴正时链 1（如图 13-3-2）。
❸ 取下承载轴销 3 的张紧导轨 2。

提示：

承载轴销 3 一定不要拆下。

图 13-3-1　拆下油泵驱动链条

图 13-3-2　取下凸轮轴正时链

❹ 松开链轮的中心螺栓 1 时，必须固定曲轴（图 13-3-3）。
❺ 用导向销定位曲轴（箭头），用螺栓 2 将专用工具 2 357 904 定位在曲轴箱上。
❻ 松开链轮的中心螺栓 1。
❼ 用螺钉起子 2 将链条张紧器的柱塞 1 压入至极限位置并用专用工具 11 4 120 固定（图 13-3-4）。
❽ 松开螺栓 3，拆下链条张紧器。

图 13-3-3　松开链轮的中心螺栓

图 13-3-4　拆下链条张紧器

⑨ 松开两个承载轴销 1（图 13-3-5）。
⑩ 拆出导轨 2。
⑪ 松开承载轴销 4。
⑫ 拆下张紧导轨 3。
⑬ 取下螺栓和链轮 1（图 13-3-6）。

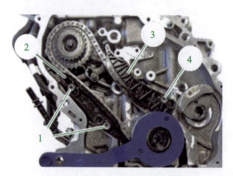
图 13-3-5　松开两个承载轴销

图 13-3-6　取下螺栓和链轮

⑭ 拆下专用工具 2 357 904，拆卸正时链。

三、安装正时链条

❶ 安放正时链。
❷ 用专用工具 2 357 904 定位曲轴。
❸ 用螺栓将专用工具 2 357 904 固定在曲轴箱上。

> **注意：**
> ① 清洁承载轴销的所有螺纹（如有必要，使用丝杠攻螺纹）。
> ② 更换承载轴销。

❹ 安装链轮并拧紧螺栓。
❺ 定位导轨。
❻ 旋入两个承载轴销。拧紧力矩：20N·m。
❼ 定位张紧导轨。
❽ 旋入承载轴销。拧紧力矩：20N·m。

> **注意：**
> 用压缩空气清洁密封面 1（图 13-3-7）。

❾ 安装液压链条张紧器。
❿ 拧紧螺栓。拧紧力矩：10N·m。

图 13-3-7　用压缩空气清洁密封面

⑪ 用螺钉起子固定链条张紧器的柱塞，拆下专用工具 11 4 120 并缓慢移除螺钉起子。
⑫ 拧紧链轮的中心螺栓。拧紧力矩：108N·m。
⑬ 安装张紧导轨与凸轮轴正时链。
⑭ 将油泵驱动链条安装在曲轴上。

第四节　检查电动车窗

电动车窗，就是通过车载电源来驱动玻璃升降器电动机，使升降器上下运动，带动车窗玻璃上下运动的装置，达到车窗自动开闭的目的。电动车窗可使驾驶员或者乘员坐在座位上，利用开关使车门玻璃自动升降，操作简便并有利于行车安全，已经成为各个主机厂车窗设计时的首选。

 一、玻璃升降器不工作的维修（表 13-4-1）

表 13-4-1　玻璃升降器不工作的维修

序号	内容	
1	主要原因	（1）熔断器断路 （2）连接导线断路或相关插接件松脱 （3）有关继电器、开关损坏 （4）电动机损坏 （5）搭铁线锈蚀、松动
2	诊断	（1）首先检查熔断器是否断路，然后检查各插接件连接是否紧固可靠 （2）检查电源线是否有电，电压是否正常 （3）检查搭铁线是否良好、可靠 （4）最后检查开关、继电器及电动机是否损坏，如果确属零部件损坏，则应更换新件

二、某车窗不能升降或只能一个方向运动的维修（表13-4-2）

表13-4-2　某车窗不能升降或只能一个方向运动的维修

序号	内　容	
1	主要原因	该车窗开关或电动机损坏；该处导线断路或插接件松脱；安全开关故障
2	诊断	（1）首先检查安全开关是否正常，该窗的开关是否正常；再通电检查该窗电动机是否正常。如果有故障，应检修或更换新件 （2）若正常，应检查连接导线是否有断路处。如果车窗只能朝一个方向运动，一般是开关故障或相关导线断路，可先检查线路，再检查开关

三、升降机工作时有异响的维修（表13-4-3）

表13-4-3　升降机工作时有异响的维修

序号	内　容	
1	主要原因	（1）安装时未调整好 （2）卷丝筒内钢丝跳槽 （3）滑动支架内传动钢丝夹转动 （4）电动机盖板或固定架与玻璃碰擦等机械故障
2	诊断	（1）这类机械故障一般是安装位置或精度偏差所致，只需对所在位置的螺钉进行重新调整即可 （2）检查车窗内是否有异物

四、电动车窗故障维修技巧

❶电动开关车窗动作不顺畅的原因多为车门内部升降机里的油分耗尽，应取下内盖加油。

❷若玻璃完全不能动作，则有可能是开关故障。如果是开关的故障，只能更换。

❸电子装置如果不动作，应检查熔丝。仔细检查哪一条熔丝是用于电动车窗的。

❹开关的动作情况变差，车窗也不能顺利开启的时候，开关发生故障的可能性很高。

❺为内部机械装置加油之前，首先取下内盖。取下隐蔽螺钉，拆下快动开关即可。

❻取下内盖，剥开下面防水用的塑料纸，露出车窗的升降机关。

❼在臂支点、齿轮的内部喷上油脂。一边上下移动，一边喷涂，就可以使很细小的部分也能涂上。

❽支撑玻璃两端的滑块部分也需要检查。玻璃与导热条滑动状况差时，可涂上增亮剂。

❾为使玻璃顺利滑动，重要的是尽量减少阻力。玻璃的脏污也会成为阻力，应经常保持车窗的洁净。

第五节　检查电动后视镜

后视镜折叠功能是指汽车两侧的后视镜在必要时可以折叠收缩起来，分为手动和电动两种。

车辆在行车过程中难免发生一些意外事故，后视镜作为安装在车辆最宽处的零部件，在造成相擦的情况下，最易受到冲击，为了最大限度避免擦伤，就需要后视镜有折叠功能。具有折叠功能的后视镜，在通过狭窄路段时可以收缩起来，提高了车辆的通过性，在驾驶员离开车辆的时候，也可以把后视镜折叠起来，不仅可以保护镜面，还可以缩小停车泊位空间，有效地避免了剐蹭。

一、电动后视镜都不能调节和个别电动后视镜不能调节（表13-5-1）

表13-5-1　电动后视镜都不能调节和个别电动后视镜不能调节

序号		内　容
1	电动后视镜都不能调节的可能原因	（1）有熔丝断开 （2）插接器松脱或线路断路 （3）开关有故障 （4）检查熔丝是否断开，插接器是否松脱，开关及线路是否正常
2	个别电动后视镜不能调节的可能原因	（1）有插接器松脱或线路断路 （2）电动机或开关有故障 （3）检查电动机是否正常，开关及线路是否正常

二、电动后视镜故障排除（表13-5-2）

表13-5-2　电动后视镜故障排除

序号		内　容
1	检查后视镜电动机	（1）关闭点火开关 （2）拆下驾驶员侧（左前）车门内饰板 （3）断开左电动后视镜插头 （4）用蓄电池直接向后视镜上下调节电动机通电，检查后视镜电动机运转情况。如果不符合要求，则更换左电动后视镜 （5）连接左电动后视镜插头。检查左电动后视镜上下调节是否恢复正常。如果没有，则检查电动后视镜开关 （6）装上驾驶员侧车门内饰板
2	检查电动后视镜开关	（1）关闭点火开关 （2）拆下驾驶员侧（左前）车门内饰板 （3）断开电动后视镜开关插头，拆下电动后视镜开关 （4）检查电动后视镜开关端子之间的导通情况，相应端子应导通，否则说明电动后视镜开关损坏 （5）连接电动后视镜开关插头 （6）装上电动后视镜开关 （7）装上驾驶员侧车门内饰板 电动后视镜常见故障的检测项目有水平方向的动作检查，展开和收回的动作检查，垂直方向的动作检查

第六节 车窗玻璃升降器检查和更换

车窗玻璃升降器是汽车门窗玻璃的升降装置，主要分为电动玻璃升降器与手动玻璃升降器两大类。现在许多轿车门窗玻璃的升降一般都改用按钮式的电动升降方式，使用电动玻璃升降器。轿车用的电动玻璃升降器多由电动机、减速器、导绳、导向板、玻璃安装托架等组成。由驾车员控制全部门窗玻璃的开闭，而乘员通过各车门内把手上的分开关分别控制各个车窗玻璃的开闭，操作十分便利。

一、检查车窗玻璃升降器

❶ 检查玻璃导轨是否有松动。
❷ 检查玻璃升降器滑块是否有损坏。
❸ 检查玻璃升降器钢丝是否有损坏。

二、更换车窗玻璃升降器

1. 拆卸车窗玻璃升降器

❶ 从蓄电池负极端子断开电缆。
❷ 拆卸前门内把手框。使用头部缠有保护胶带的螺钉起子（螺丝刀），脱开 3 个卡爪，并拆下前门内把手框（图 13-6-1）。
❸ 拆卸前扶手座上板。
　a. 使用头部缠有保护胶带的螺丝刀，脱开 2 个卡子和 6 个卡爪，拆下前扶手座上板（图 13-6-2）。
　b. 断开连接器。

图 13-6-1　拆卸前门内把手框

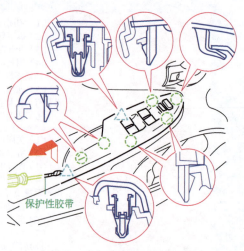

图 13-6-2　拆下前扶手座上板

❹拆卸门控灯总成（带门控灯）。
a. 使用头部缠有保护胶带的螺丝刀，脱开卡爪并拆下门控灯总成（图13-6-3）。
b. 断开连接器。
❺拆卸前门装饰板分总成。
a. 使用头部缠有保护胶带的螺丝刀，脱开卡爪并断开车门扶手盖（图13-6-4）。

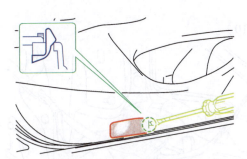

图13-6-3 拆下门控灯总成

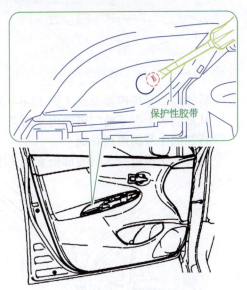

图13-6-4 断开车门扶手盖

b. 拆下2个螺钉（图13-6-5）。
c. 使用卡子拆卸工具，脱开9个卡子（图13-6-6）。
d. 脱开5个卡爪，并从前门玻璃内密封条上分开前门装饰板分总成。

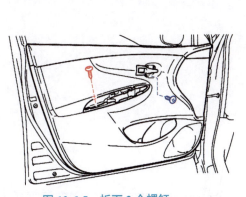

图13-6-5 拆下2个螺钉

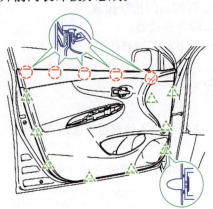

图13-6-6 脱开9个卡子

e. 脱开2个卡爪，并断开前门内把手分总成（图13-6-7）。
❻断开前门锁止遥控拉索和前门内侧锁止拉索（图13-6-8），并拆下前门内把手分总成。
❼拆卸前门下门框支架装饰条。
a. 脱开卡子和卡夹，并拆下前门下门框支架装饰条。
b. 断开连接器。

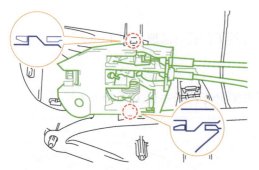

图 13-6-7　断开前门内把手分总成

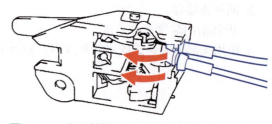

图 13-6-8　断开前门锁止遥控拉索和前门内侧锁止拉索

⑧ 拆卸前 2 号扬声器总成（图 13-6-9）。
⑨ 从前门板上拆下前门玻璃内密封条。
⑩ 拆卸前 1 号扬声器总成。
⑪ 拆卸 2 个螺钉和车门装饰板支架（图 13-6-10）。

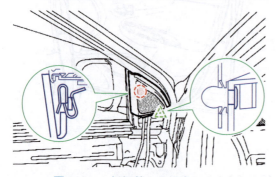

图 13-6-9　拆卸前 2 号扬声器总成

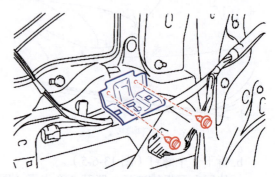

图 13-6-10　拆卸 2 个螺钉和车门装饰板支架

⑫ 拆卸前门检修孔盖。
a. 断开连接器。
b. 拆下前门检修孔盖（图 13-6-11）。

提示：

去除车门上的残留丁基胶带。

⑬ 拆卸前门玻璃分总成（图 13-6-12）。

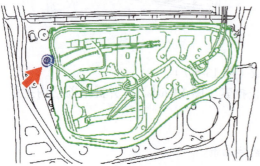

图 13-6-11　拆下前门检修孔盖

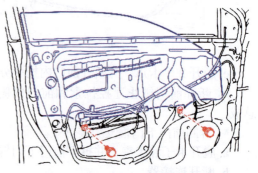

图 13-6-12　拆卸前门玻璃分总成

a. 连接蓄电池负极端子。
b. 连接电动车窗升降器主开关总成，并移动前门玻璃分总成以便能看到车门玻璃螺栓。
c. 断开蓄电池负极端子和电动车窗升降器主开关总成。
d. 拆下2个螺栓。

拆下螺栓后，车门玻璃可能掉落，造成损坏。

e. 拆下前门玻璃分总成（图13-6-13）。

不要损坏车门玻璃。

⑭ 拆卸前门窗升降器分总成（图13-6-14）。
a. 断开连接器。
b. 松开临时螺栓。

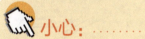

不要拆下临时螺栓。如果拆下临时螺栓，前门窗升降器可能掉落，造成损坏。

c. 拆下5个螺栓。
d. 将前门窗升降器分总成和前电动车窗升降器电动机总成作为一个单元拆下。
e. 从前门窗升降器分总成上拆下临时螺栓。

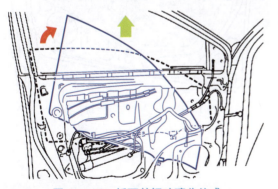

图13-6-13 拆下前门玻璃分总成

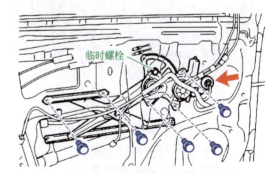

图13-6-14 拆卸前门窗升降器分总成

2. 安装车窗玻璃升降器

❶ 安装前门窗升降器分总成。
a. 将通用润滑脂涂抹在前门窗升降器分总成的滑动部分上。

b. 将临时螺栓安装到前门窗升降器分总成上。
c. 临时安装前门窗升降器分总成。
d. 紧固临时螺栓和 5 个螺栓以安装前门窗升降器分总成。
扭矩：8.0N·m。
e. 连接连接器。

❷ 安装前门玻璃分总成［图 13-6-15 中（1）、（2）］，沿着前门玻璃升降槽将前门玻璃分总成插入前门板内。用 2 个螺栓安装前门玻璃分总成。
扭矩：8.0N·m。

❸ 安装前门检修孔盖（图 13-6-16）。
a. 将丁基胶带粘贴在前车门板上。
b. 将前门锁止遥控拉索和后门内侧锁止拉索穿过一个新的前门检修孔盖。
c. 使用前门板上的参考点连接前门检修孔盖。

 小心：

牢固安装前门检修孔盖，避免出现褶皱和气泡。

d. 连接连接器。

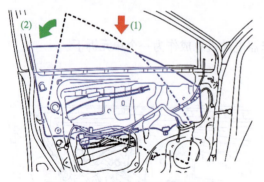

图 13-6-15　安装前门玻璃分总成

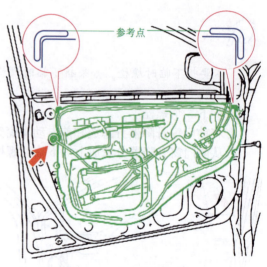

图 13-6-16　安装前门检修孔盖

❹ 用 2 个螺钉安装车门装饰板支架。
❺ 安装前 1 号扬声器总成。
❻ 安装前门玻璃内密封条。
❼ 安装前 2 号扬声器总成。
❽ 安装前门下门框支架装饰条。
a. 连接连接器。
b. 接合卡子和卡夹，并安装前门下门框支架装饰条。
❾ 安装前门内把手分总成。

a. 将前门锁止遥控拉索和前门内侧锁止拉索连接到前门内把手分总成上。
b. 接合2个卡爪,并安装前门内把手分总成。
⑩ 安装前门装饰板分总成。
a. 用前门玻璃内密封条上的5个卡爪接合前门装饰板。
b. 接合9个卡子,将前门装饰板安装到前门板上。
c. 安装2个螺钉。
d. 接合卡爪,连接车门扶手盖。
⑪ 安装门控灯总成(带门控灯)。
a. 连接连接器。
b. 接合卡爪,安装门控灯总成。
⑫ 安装电动车窗升降器开关总成。
⑬ 接合3个卡爪,安装前门内把手框。
⑭ 将电缆连接到蓄电池负极端子。

小心:

断开蓄电池电缆后重新连接时,某些系统需要初始化。

⑮ 初始化电动车窗控制系统。

第七节 匹配车辆遥控器

每个品牌甚至每个型号的汽车遥控器匹配步骤都是不同的,以下列举部分常用车型遥控器的匹配设置步骤,其他车型可举一反三。

一、 长城汽车遥控器的匹配设置步骤

❶ 上车关好所有车门,打开驾驶位车门,插入钥匙,连续打开和关闭开关五次,第五次双闪会闪一次。
❷ 同时按住需要配对遥控器的锁车键和开锁键,反复按几次,双闪会闪,双闪闪两次就证明遥控器匹配好了。
❸ 拔出钥匙,测试一下,锁车键和开锁键都能够正常工作。

二、 吉利自由舰、金刚、金鹰车型遥控器的匹配设置步骤

❶ 将钥匙插入点火开关,7s内连续重复"OFF"→"ON"三次,第三次时将钥匙置于"ON"位置。
❷ 防盗指示灯(红色LED灯)会快速闪3s,3s后停顿1s。
❸ 当防盗指示灯再次亮起并熄灭后将钥匙从"ON"→"OFF"→"ON",此时喇叭会

鸣响一声，表示已进入学习模式。

④依次按下遥控器任意键大于或等于2s，喇叭会鸣响一声，表示已经学习完成。

注意：

集控器可一次性学习4个遥控器，学满4个后如继续学习，则从第一个开始依次作废。

三、吉利远景车型遥控器的匹配设置步骤

❶解除防盗状态，并打开左前门。
❷将钥匙插入点火开关，在10s内连续重复"OFF"→"ON"6次，最后停留在"OFF"位置。
❸此时，喇叭鸣响两次，表示进入学习状态。
❹依次学习所需学习的遥控器，每个遥控器学习成功后，喇叭鸣响一次。
❺当停顿时间超过18s或钥匙从"OFF"→"ON"，系统将退出学习模式。

四、斯巴鲁翼豹遥控器的匹配设置步骤

❶拆下驾驶员侧的门槛盖，然后连接在前立柱下端部分的编程连接器。将驾驶员侧的门锁开关按到"UNLOCK（解锁）"位置，打开门锁。
❷将门锁开关按到"UNLOCK（解锁）"位置，按两下要编程的遥控器任意一个按钮。如果要进行第二、第三个遥控器的编程，就把门锁开关按到开锁一侧，然后按两下每个遥控器的按钮，门锁会按顺序自动开锁和闭锁，这表明遥控器编程完成。

完成所有编程操作后，断开编程连接器，确定门锁可以使用新编程过的遥控器后，重新装回驾驶员侧的门槛盖。

第八节 车门锁的检查和更换

 检查门锁工作情况

小心：

显示未选择定制功能（使用智能检测仪）时的初始状态。

▶ 1. 检查基本功能

❶检查并确认门控开关（手动操作）转至"LOCK"位置时所有车门锁止，转至

"UNLOCK"位置时所有车门解锁。

❷使用机械钥匙将驾驶员侧车门锁芯转至"LOCK"位置时,检查并确认所有车门锁止。

2.检查防止电子钥匙锁在车内的功能(带智能上车和启动系统)

> 小心：
> 为了防止电子钥匙被锁在车内,执行以下检查时应打开驾驶员侧门窗。

❶将电子钥匙放在车厢内。

❷打开驾驶员侧车门,将驾驶员侧车门的门锁按钮或者门控开关转至"LOCK"位置,再关闭驾驶员侧车门,然后检查并确认所有车门解锁。

3.检查防止钥匙锁在车内的功能(不带智能上车和启动系统)

❶将钥匙插入点火锁芯中。

❷打开驾驶员侧车门,检查并确认所有车门在驾驶员侧车门的门锁按钮转至"LOCK"位置后能立即解锁。

❸打开驾驶员侧车门,检查并确认所有车门在门控开关(手动操作)转至"LOCK"位置后能立即解锁。

❹打开驾驶员侧车门,将驾驶员侧车门的门锁按钮转至"LOCK"位置,再关闭驾驶员侧车门,然后检查并确认所有车门解锁。

4.检查照明功能

❶将车厢照明灯开关置于"DOOR"位置。

❷锁止所有车门,检查并确认使用钥匙将驾驶员侧门锁锁芯转至解锁位置后,驾驶员侧车门解锁。同时,车厢照明灯亮起。

❸如果车门没有打开,检查并确认车厢照明灯在大约15s内关闭。

5.检查自动锁止功能(带智能上车和启动系统)

❶锁止所有车门。

❷使用电子钥匙解锁驾驶员侧车门。

❸保持所有车门关闭,且不接触电子钥匙开关和上车解锁开关30s。然后,检查并确认所有车门自动锁止。

二、更换车门锁

1.拆卸门锁

❶拆卸前门内把手框。

❷拆卸前扶手座上板。

❸拆卸门控灯总成(带门控灯)。

❹拆卸前门装饰板分总成。

视频精讲

⑤ 拆卸前门内把手分总成。
⑥ 拆卸前门玻璃内密封条。
⑦ 拆卸车门装饰板支架。
⑧ 拆卸前门检修孔盖。
⑨ 拆卸前门玻璃分总成。
⑩ 拆卸前门玻璃升降槽。
⑪ 拆卸前门后下门框分总成。
⑫ 拆卸前门外把手盖。
⑬ 拆卸前门门锁总成（图13-8-1）。

a. 用"TORX"梅花套筒扳手（T30）拆下3个螺钉。

b. 向下滑动前门门锁总成，并将前门锁开启杆从外把手框中拉出，然后将前门门锁总成和拉索作为一个单元拆下。

c. 将前门锁开启杆从前门门锁总成上拆下。

d. 将门锁线束密封从前门门锁总成上拆下。

⑭ 拆卸前门锁止遥控拉索总成（图13-8-2）。

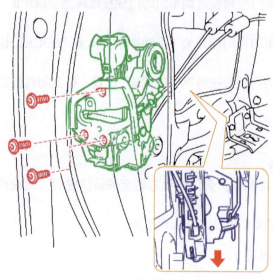

图13-8-1 拆卸前门门锁总成

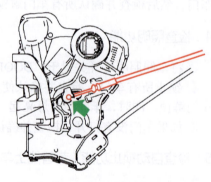

图13-8-2 拆卸前门锁止遥控拉索总成

⑮ 拆卸前门内侧锁止拉索总成（图13-8-3）。

a. 用螺丝刀分离3个卡爪。

> **提示：**
>
> 使用螺丝刀之前，应在螺丝刀头部缠上胶带。

b. 拆下前门内侧锁止拉索总成（图13-8-4）。

2. 安装门锁

❶ 安装前门内侧锁止拉索总成，接合3个卡爪。

❷ 安装前门锁止遥控拉索总成。
❸ 安装前门门锁总成。

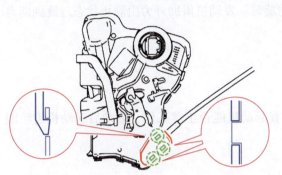

图 13-8-3 拆卸前门内侧锁止拉索总成

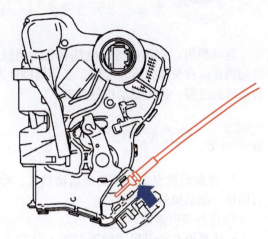

图 13-8-4 拆下前门内侧锁止拉索总成

> **小心：**
> ① 重复使用已拆下的前门门锁总成时，给连接器换上一个新的门锁线束密封。
> ② 不要使润滑脂或脏物黏附在连接器的门锁线束密封表面。
> ③ 重复使用门锁线束密封或使用损坏的门锁线束密封可能导致连接部位进水，也可能导致前门门锁总成发生故障。

a. 将通用润滑脂涂抹在前门门锁总成的滑动零件上。
b. 将一个新的门锁线束密封安装到前门门锁总成上。
c. 将前门锁开启杆插入前门门锁总成。
d. 确保前门锁开启杆牢固地连接到前门门锁总成上。
e. 用"TORX"梅花套筒扳手（T30）和3个螺钉安装前门门锁总成。扭矩：5.0N·m。
❹ 安装前门外把手盖。
❺ 安装前门后下门框分总成。
❻ 安装前门玻璃升降槽。
❼ 安装前门玻璃分总成。
❽ 安装前门检修孔盖。
❾ 安装车门装饰板支架。
❿ 安装前门玻璃内密封条。
⓫ 安装前门内把手分总成。
⓬ 安装前门装饰板分总成。
⓭ 安装门控灯总成（带门控灯）。
⓮ 安装前扶手座上板。
⓯ 安装前门内把手框。

第九节　起动机的检查与更换

起动机可以将蓄电池的电能转化为机械能，驱动发动机飞轮旋转实现发动机的启动。发动机在以自身动力运转之前，必须借助外力旋转。发动机借助外力由静止状态过渡到能自行运转的过程，称为发动机的启动。

检查起动机

❶ 将起动机点火开关旋至启动挡位，检查起动机能否正常工作、启动后起动机齿轮能否回位、起动机是否卡滞。

❷ 进行吸引测试。
a. 从端子 C 断开励磁线圈引线（图 13-9-1）。
b. 将蓄电池连接至磁力起动机开关，检查并确认小齿轮向外移动。
如果离合器小齿轮不移动，则更换磁力开关总成。

❸ 执行保持测试。电缆从端子 C 断开后，检查并确认小齿轮不朝内回位（图 13-9-2）。

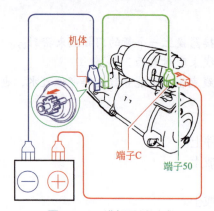

图 13-9-1　进行吸引测试

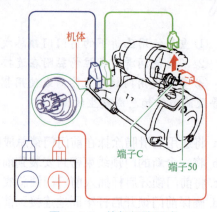

图 13-9-2　执行保持测试

❹ 检查离合器小齿轮是否回位（图 13-9-3）。检查并确认小齿轮向内移动。

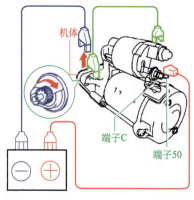

图 13-9-3　检查离合器小齿轮是否回位

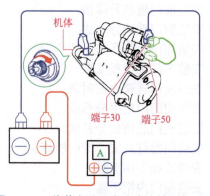

图 13-9-4　将蓄电池和电流表连接到起动机上

⑤ 执行无负载操作测试。
  a. 将励磁线圈引线连接至端子 C。扭矩：10N·m。
  b. 将起动机夹在台钳中。
  c. 将蓄电池和电流表连接到起动机上（图 13-9-4）。
  d. 检查并确认电流表显示标准电流（表 13-9-1）。

表 13-9-1　标准电流

检测仪连接	条件	规定状态
蓄电池正极端子 - 端子 30- 端子 50	11.5V	小于 90A

⑥ 检查磁力起动机开关总成。推入铁芯，然后检查并确认其迅速回到初始位置（图 13-9-5）。如有必要，更换磁力起动机开关总成。

⑦ 检查吸引线圈是否断路。用欧姆表测量端子 50 和端子 C 间的电阻（图 13-9-6 和表 13-9-2）。如果不符合标准，则更换磁力起动机开关总成。

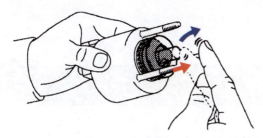

图 13-9-5　推入铁芯

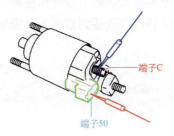

图 13-9-6　检查吸引线圈是否断路

表 13-9-2　标准电阻（一）

检测仪连接	条件	规定状态
端子 50- 端子 C	—	小于 1Ω

⑧ 检查保持线圈是否断路。使用欧姆表测量端子 50 与车身搭铁之间的电阻（图 13-9-7 和表 13-9-3）。如果不符合标准，则更换磁力起动机开关总成。

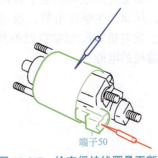

图 13-9-7　检查保持线圈是否断路

表 13-9-3　标准电阻（二）

检测仪连接	条件	规定状态
端子 50- 车身搭铁	—	小于 2Ω

二、更换起动机

❶ 从蓄电池负极端子断开电缆。
❷ 拆卸散热器上的空气导流板。
❸ 拆卸起动机总成（图 13-9-8）。

视频精讲

a. 分离2个线束卡夹。
b. 拆下螺栓和线束支架。
c. 拆下端子盖。
d. 拆下螺母并断开端子30。
e. 断开连接器。
f. 拆下2个螺栓并拆下起动机总成。

④ 安装起动机总成。
a. 用2个螺栓安装起动机总成。扭矩：37N·m。
b. 连接连接器。
c. 用螺母连接端子30。扭矩：9.8N·m。
d. 关闭端子盖。
e. 用螺栓安装线束支架。扭矩：8.4N·m。
f. 安装2个线束卡夹。

⑤ 安装散热器上空气导流板。
⑥ 将电缆连接到蓄电池负极端子。

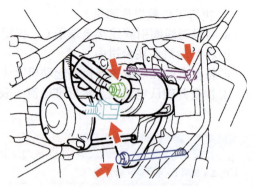

图 13-9-8　拆卸起动机总成

第十节　发电机的检查与更换

发电机通常由定子、转子、端盖及轴承等部件构成（图13-10-1和图13-10-2）。由轴承及端盖将发电机的定子和转子连接组装起来，使转子能在定子中旋转，做切割磁力线的运动，从而产生感应电势，通过接线端子引出，接在回路中，便产生了电流。

发电机对除起动机以外所有用电设备供电，并向蓄电池充电，以补充蓄电池在使用中所消耗的电能。

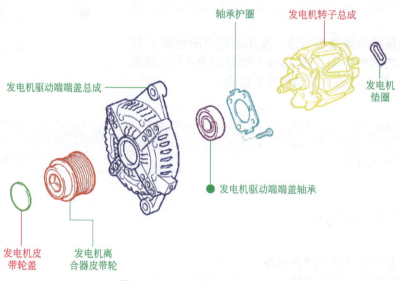

图 13-10-1　发电机分解（一）

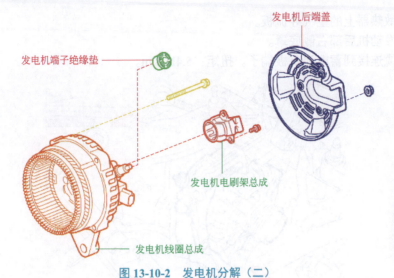

图 13-10-2　发电机分解（二）

视频精讲

一、检查发电机

启动发动机后，使用万用表电压挡测量发电机。正常发电电压应为 13.5～14.5V，太高或太低都要更换发电机。

二、更换发电机

❶ 从蓄电池负极端子断开电缆。
❷ 拆卸发动机后部右侧底罩。
❸ 拆卸散热器上空气导流板。
❹ 拆卸 2 号气缸盖罩。
❺ 拆卸多楔带。
❻ 拆卸发电机总成。
　a. 拆下端子盖。
　b. 拆下螺母并将线束从端子 B 上断开。
　c. 断开连接器和线束卡夹（图 13-10-3）。
　d. 拆下 2 个螺栓和发电机总成（图 13-10-4）。
❼ 安装发电机总成。
　a. 用 2 个螺栓暂时安装发电机总成。
　b. 用螺母将线束安装到端子 B 并安装端子盖。扭矩：9.8N·m。
　c. 安装连接器和线束卡夹。
❽ 安装多楔带。
❾ 调整多楔带。
❿ 检查多楔带。
⓫ 安装 2 号气缸盖罩。

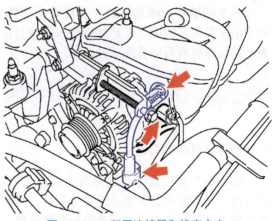

图 13-10-3　断开连接器和线束卡夹

⑫ 安装散热器上的空气导流板。
⑬ 安装发动机后部右侧底罩。
⑭ 将电缆连接到蓄电池负极端子。扭矩：5.4N·m。

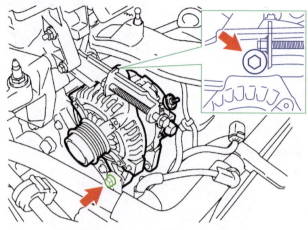

图 13-10-4　拆下 2 个螺栓和发电机总成

第十一节　汽车电气系统间歇性故障的快修

一、汽车间歇性故障的说明

汽车间歇性故障是指汽车受环境（如温度、湿度、振动等）影响而时有时无的故障。若当前未发生某故障，但是如果汽车故障自诊断系统中储存有历史故障码，那么该故障码所表示的故障就有可能为间歇性故障。

二、汽车电气系统间歇性故障的再现

1. 高温条件故障再现

如果客户报修故障与过热有关，那么可以利用加热设备来使可能发生故障的部位或部件升温。在高温状态下摇晃线束等部件，与此同时使用数字式万用表检测电路中的电信号，然后根据电信号的变化情况来分析判断故障。

假如身边没有用来加热的设备，也可以考虑使用车辆路试的方法来使可能发生故障的部位或部件升温。但是，车辆路试时不便于摇晃线束等部件。

2. 低温条件故障再现

对于低温条件，将车辆停放在通风和阴凉处足够时间，往往就可以达到故障发生时的状态。假如上述方法不理想的话，可以使用局部降温的方法，如冰敷、电路冷却剂喷涂等来创造低温条件。当车辆、部件或线束满足故障发生时的低温条件后，再摇晃线束或部件，从而让故障再次出现。

3. 振动条件故障再现

大多数电路间歇性故障的原因是汽车内部振动和汽车外部振动导致的线路接触不良。假如故障可能是振动引起的，那么就有必要摇晃线束让客户所描述的故障再次出现。除了摇晃线束外，可能还需要反复拔插连接器，推拉连接器的机械连接部分，拉拽线束或导线等。另外，还可以先把故障诊断仪与汽车故障诊断插座相连，启动故障诊断仪，然后再去实施这些测试动作，同时观察故障诊断仪显示的数据，最后根据数据的变化分析故障。

4. 再现故障条件

假如以上这些操作不能使故障再次出现，那么需要设法找到故障发生时的条件。汽车故障诊断仪的"冻结故障状态或故障记录"数据中包含了设置故障码时对应的条件，可以利用该功能找到故障发生的具体条件，然后再模拟此条件使故障再现。使用此方法的具体步骤如下。

❶ 查阅并记录"冻结故障状态和故障记录"数据。
❷ 利用故障诊断仪清除故障码的功能清除故障码。
❸ 把点火开关关闭 15s 以上。首先从"冻结故障状态和故障记录"数据中找出故障发生时车辆的运行条件，然后尽可能地让车辆运行在间歇性故障发生时的条件下。
❹ 使车辆满足间歇性故障发生时的条件并运行足够长的时间，如果故障再次出现，故障仪将显示相应的故障码。

三、汽车电气系统间歇性故障的诊断与排除

汽车电气系统间歇性故障大多是由线路连接故障所导致的，一般可以从下面几个方面进行诊断和排除。

1. 测试端子是否微动磨损

一些间歇性故障可能由导线端子接触磨蚀所致。在电气接头间有 1 个小的运动间隙时，绝缘的聚集物氧化磨损碎屑会形成接触磨蚀。氧化磨损碎屑在电气连接处堆积到一定厚度时，连接处的电阻就会增大。接触面小到 10～100μm 的运动间隙都会引起接触磨蚀。振动和热胀冷缩是导致接触磨蚀的重要因素，车辆振动和经历的大幅度温度波动也是接触磨蚀的来源。接触磨蚀很难被发现，只是在端子接触面看起来像黑色的小污点。

要排除接触磨蚀故障，需要断开可疑连接器，在连接器端子两端添加绝缘润滑脂和润滑剂，并擦去多余的润滑剂，然后重新连接连接器。

2. 测试端子接触是否良好

在更换可能发生故障的部件之前，一定要先检查部件连接器与直列式连接器上端子的接触情况。具体来说，要重点查看公、母相配的各个端子，保证各个端子接触情况良好，否则如果连接器的公、母端子脏污或变形，那么就可能会使汽车电气系统出现接触不良的故障。

连接器公、母端子的插接操作不当就可能导致端子脏污。另外，连接器密封件丢失或破损、连接器自身破损或端子裸露在潮湿或多尘的环境中，同样会使端子脏污。在发动机盖下方或汽车底部的连接器端子最容易脏污，也最容易生锈，最后发生断路或间歇性断路的故障。测试连接器端子的接触面时，如果使用了不当的适配器，那么就可能导致端子变形。致使端子变形的因素还有很多，例如：连接器公、母端子插接不当，多次插接连接器的公、母端子等。端子变形往往会使连接器接触不良，使汽车电气系统出现断路或间歇性断路的故障。

▶ 3. 测试总线电气中心端子接触是否良好

当测试总线电气中心熔丝和继电器的端子接触是否良好时，务必使用适当的测试适配器。通常端子的测试步骤如下。

❶ 将连接器的两部分分开。

❷ 仔细查看连接器的公、母端子，看端子是否脏污。因为端子脏污会使连接器外壳内表面或端子外表面出现白色或绿色的锈迹，这些锈迹会引起连接器出现电阻过大、间歇性短路或断路故障。如果发现连接器端子有脏污或有脏污迹象，就一定要将连接器整体更换。

四、扁平导线连接器

线束侧或部件侧的扁平线束连接器是不能维修的，通常这类端子接触情况的测试步骤如下。

❶ 拆下可疑的部件。

❷ 仔细查看连接器公、母端子是否脏污。在检查过程中要保证手不接触连接器的公、母端子，否则人手皮肤上的油脂会导致连接器端子脏污。

❸ 仔细查看扁平线束侧的端子外表面，看端子外表面是否存在分离、开裂或其他可能使端子接触不良的损伤。同时仔细查看部件侧连接器，查看端子外形是否一致，端子是否存在损伤或变形。

❹ 把合适的适配器与扁平线束连接器的端子连接，以便对汽车电气系统电路进行测试。

五、不正确的控制模块

对于汽车控制模块，在下列几种情况下必须对控制模块实施编程操作。

❶ 维修过程中更换了控制模块。

❷ 安装了其他车辆的控制模块。

❸ 汽车公司发布了对应该车型的升级程序或校准文件。

视频精讲

第十四章

汽车轮胎的检查与维护

 第一节 轮胎外观检查

轮胎外观检查步骤如下。
1. 检查轮胎胎面和胎壁是否有裂纹、割痕或是其他损坏（图14-1-1）。
2. 检查轮胎胎面和胎壁是否嵌入金属物、石子和其他异物（图14-1-2）。

图14-1-1 检查轮胎胎面和胎壁是否有裂纹、割痕或是其他损坏

图14-1-2 检查轮胎胎面和胎壁是否嵌入金属物、石子和其他异物

3. 检查轮辋和轮辐是否损坏、腐蚀和变形，平衡块是否脱落（图14-1-3）。

图14-1-3 检查轮辋和轮辐是否损坏、腐蚀和变形，平衡块是否脱落

❹ 检查车轮轴承间隙是否有明显的松旷，运转是否良好，是否有明显的噪声。

❺ 检查轮胎花纹深度（图 14-1-4），子午线轮胎花纹磨损极限为 1.6mm。

图 14-1-4　检查轮胎花纹深度

第二节　轮胎胎压检查

❶ 汽车轮胎的生产制造商对汽车的胎压都是有规定的，其标准值一般位于驾驶室的门旁边，所以轮胎的胎压是否准确要参考汽车制造商的数据（图 14-2-1）。

❷ 使用胎压计测量汽车的轮胎气压，首先打开轮胎的气门芯螺帽，注意打开的时候尽量拧快一点（图 14-2-2）。

视频精讲

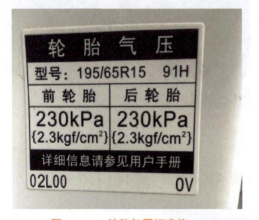

图 14-2-1　轮胎气压标准值

图 14-2-2　打开轮胎的气门芯螺帽

❸ 把胎压计的测量头插在气门芯上（图 14-2-3），注意插在气门芯上的时候要均匀，否则会出现漏气的情况，这会影响测量的准确性。

❹ 把胎压计上测量出的数据和汽车制造商规定的数据做对比（图 14-2-4），看是否达到标准，如果气压不够，则要给轮胎及时充气。

❺ 继续测量剩余三个轮胎的胎压，看是否都达到标准。这里需要注意的一点是前轮胎压一般和后轮胎压是有差别的，厂商要求的数据是不一样的。

图 14-2-3 把胎压计的测量头插在气门芯上

图 14-2-4 对比测量数值

第三节 轮胎充氮气

氮气，分子式为 N_2，通常状况下是一种无色无味的气体，而且一般氮气比空气密度小。氮气占大气总量的 78.08%（体积分数），是空气的主要成分之一。氮气是一种非常稳定的惰性气体。轮胎充氮气的好处主要有以下几点。

1. 减少爆胎

汽车行驶时，轮胎温度会因其与地面摩擦而升高，尤其在高速行驶及紧急刹车时，胎内气体温度急速上升，胎压骤增，会有爆胎的可能。另外高温导致轮胎橡胶老化，胎面磨损剧烈，也是引起爆胎的重要原因。与空气相比，氮气热膨胀系数低，热传导性低，升温慢，这就降低了轮胎聚热的速度，所以可大大减少爆胎的概率。

2. 延长轮胎寿命

空气中的氧气会与轮胎橡胶和钢丝发生氧化反应而使橡胶和钢丝老化，缩短轮胎的寿命。而氮气由于分子活性小，不易与轮胎的橡胶和钢丝发生化学反应，可延缓老化。美国的科学家曾做过轮胎充氮气和充空气的对比实验，实验结果表明，充氮气的轮胎比充空气的轮胎可以多行驶 26% 的里程。而且充入轮胎的空气中含有水分，易腐蚀钢圈，而充干燥的氮气还能保护轮圈内部不受氧化或腐蚀。

3. 降低油耗

在汽车行驶过程中，胎压的不足与受热后阻力的增加，会造成汽车油耗的增加。而氮气充胎可以维持非常稳定的胎压，氮气热传导性低、升温慢的特性还有效减低了轮胎高速行驶时温度的升高，从而降低了滚动阻力，可以达到十分明显减少油耗的效果。

4. 降低噪声

氮气是一种双原子气体，化学性质不活泼，而且音频传导性非常低，仅相当于普通空气的 1/5，所以使用氮气能有效地减少轮胎在行驶过程中的噪声，对于提高行驶的宁静度效果明显。

第四节　轮胎的拆卸与安装

一、拆卸轮胎

视频精讲

❶ 检查并确认手刹已经拉起。
❷ 使用合适的工具对角多次拧松轮胎的固定螺栓（图14-4-1）。
❸ 将车辆举升至合适的高度。
❹ 拆卸轮胎的固定螺栓（图14-4-2）。

图14-4-1　对角拧松轮胎的固定螺栓

图14-4-2　拆卸轮胎的固定螺栓

❺ 取下轮胎（图14-4-3）。

二、安装轮胎

❶ 安装轮胎到车上。
❷ 用手旋入固定螺栓。
❸ 使用合适的工具预紧轮胎螺栓。
❹ 将车辆降低至轮胎着地。
❺ 使用定扭力扳手将轮胎螺栓紧固至140N·m。
❻ 复原车辆及设备。

图14-4-3　取下轮胎

第五节　快速补胎

修补轮胎前要首先检查扎了钉子的位置是否漏气，使用蘸有水的刷子刷一刷扎钉子的地方，然后浸水观察是否冒泡。如果没有冒泡，说明轮胎没有扎透，这时只需要小心地把钉子取出来就可以继续使用；如果已经冒泡，就要进行轮胎修补了。

快速补胎的方法主要有以下几种。

一、胶条打枪补胎

这种方式就是在轮胎的扎洞部位塞入特制的胶条，这种方法很便捷，只需要几分钟，轮胎就可以修补好上路，而且不需要将轮胎从钢圈上撬下来。但这种补胎方法的缺点是不够耐用，也很难修补比较大的创口。

二、粘贴补胎法

就是将被扎的轮胎从钢圈上卸下，找到创口之后，从轮胎内层贴上专用的补胎胶皮，从而完成补漏。这种方法的优点是可以对较大的创口进行修补，缺点仍是不够耐用，在经过一段时间的水浸和高速运转之后，修补处会再次出现漏气。

三、火补轮胎

这种方法就是通过加热的办法来修复轮胎，这是一种最彻底的修补轮胎的办法。从轮胎钢圈上撬下轮胎，将专用的生胶片贴附于创口，然后用烘烤机对创口进行烘烤，直至生胶片与轮胎完全贴合。经过火补的轮胎比较耐用，基本不用担心会重复漏气。

第六节　轮胎的更换

一、拆卸轮胎

❶ 旋出轮胎气门芯（图14-6-1），释放轮胎内的空气。
❷ 取下钢圈内侧的平衡块。
❸ 将轮胎摆放在剥胎机侧面，调整轮胎与风压铲的位置（图14-6-2），使风压铲置于轮胎胎圈和轮辋边缘之间。

> **注意：**
>
> 挤压轮胎时，风压铲要靠近胎胶皮侧，防止车轮轮辋损伤。

图14-6-1　旋出轮胎气门芯

图14-6-2　调整轮胎与风压铲的位置

④ 踩下压胎踏板，风压铲开始挤压轮胎（图 14-6-3），直到轮胎胎圈离开轮辋边缘为止，然后转动轮胎，调整轮胎挤压部位。如此反复操作，使轮胎胎圈全部脱离轮辋边缘。

注意：

操作过程中，一手扶住风压铲手柄，使风压铲的位置保持不变；另一手扶住轮胎，防止轮胎滚动，避免零件损害。

⑤ 用同样方法拆卸轮胎正面，使轮胎两侧均脱离轮辋边缘。
⑥ 将轮胎平放到轮胎拆装机转盘的夹钳上。
⑦ 双手扶住轮胎，踩下夹钳踏板，使夹钳张开卡住车轮，确定卡紧。
⑧ 检查轮胎拆装机拆装头与轮辋之间的间隙（图 14-6-4）。

图 14-6-3　风压铲挤压轮胎

图 14-6-4　检查轮胎拆装机拆装头与轮辋之间的间隙

⑨ 将撬铲插入轮胎胎圈与轮辋之间，下压撬起胎圈，将胎圈搭于机头上（图 14-6-5），抽出撬铲。
⑩ 双手扶住轮胎两侧，抬起转动踏板，使胎圈与钢圈分离。
⑪ 使用撬铲以同样方法抬起反面胎圈（图 14-6-6）。

图 14-6-5　将胎圈搭于机头上

图 14-6-6　使用撬铲以同样方法抬起反面胎圈

⑫ 抬起旋转踏板，拆卸轮胎。
⑬ 松开锁止按钮，松开拆装机头，踩下踏板，将机头推离轮胎。
⑭ 取下轮胎（图 14-6-7）。

 安装轮胎

❶ 在轮胎胎唇处均匀涂抹上肥皂液。

图 14-6-7　取下轮胎

❷ 将轮胎放到轮辋之上，下压轮胎一端，使轮胎胎圈装于轮辋边沿上，正确调整并安装拆装头，确认调好后，锁止拆装头。

❸ 将轮胎下胎圈正确地固定到拆装头上（图14-6-8）。

❹ 手扶并下压轮胎，然后抬起转盘踏板，转盘顺时针旋转，轮胎下胎圈被压入轮辋内，倾斜轮胎，并将轮胎上侧部分胎圈压入轮辋边缘内。

❺ 双手扶住并下压轮胎，踩下转盘踏板，转盘逆时针旋转，使轮胎上胎圈被压入轮辋内，松开锁止按钮，松开拆装机头。

❻ 使用气压表，根据轮胎气压标准，给轮胎充气。

❼ 安装气门芯螺帽。

❽ 踩下锁止踏板，取下车轮。

❾ 在轮胎气门芯及胎唇处均匀地涂抹肥皂液，检查有无漏气（图14-6-9）。

图14-6-8　将轮胎下胎圈正确地固定到拆装头上

图14-6-9　检查有无漏气

❿ 以同样方法检查轮胎反面，确认无漏气。

第七节　轮胎位置调整

轮胎的位置要定期调整，由于轮胎的位置不同（前轮驱动、后轮驱动或四轮驱动），每条轮胎的磨损程度都会有所不同。这种情况下就需要定期对轮胎位置做出调整。通过调整位置获得最佳的轮胎磨损状态，从而延长每条胎的使用寿命。一般每行驶20000km，就应该对轮胎位置做出调整。

❶ 前轮驱动的车辆，第一次要前后轮交叉调整位置，第二次要前后轮同向调整位置（图14-7-1）。

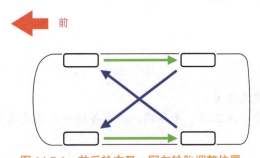
图14-7-1　前后轮交叉、同向轮胎调整位置

❷后轮驱动或者四轮驱动的车辆，每次都要前后轮交叉调整位置（图 14-7-2）。

❸安装了方向性胎纹的轮胎，每次都要前后轮同向调整位置，并且保持旋转方向正确（图 14-7-3）。

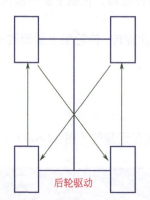 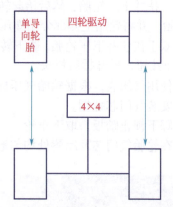

图 14-7-2　后轮驱动或者四轮驱动车辆轮胎调整位置　　图 14-7-3　方向性胎纹的轮胎调整位置

 第八节　更换备胎

❶先停好车辆，打开危险警报灯，放好三角警示牌。

❷检查车辆的备胎是不是好的，确定是好的则开始更换备胎。

❸先拿出随车的工具和千斤顶，一般这些物品在后备厢内，和备胎放在一起，或者放在备胎的两边。

❹使用随车工具里的轮胎扳手将轮胎螺栓拧松。

❺用千斤顶把要换的轮胎那一边顶起来。

❻用扳手把轮胎螺栓拆下来，就可以把轮胎拿下来。有的轮胎会粘在轮毂上面，所以会比较紧，可以用脚踹两下轮胎的边缘，松了之后把轮胎拿下来。

❼把备胎拿出来，对准轮胎螺栓孔把备胎装上去，一定要对准螺栓孔，否则螺栓装不上去，然后把轮胎螺栓全部用手拧上去，用扳手稍微拧紧一些。

❽放掉千斤顶，用扳手把轮胎螺栓拧紧，可以按照拆的时候的力度来拧，保证轮胎螺栓全部拧紧。

❾把轮胎、工具和千斤顶放好。

❿更换备胎完成。

 注意：

①安装的时候一定要拧紧。

②开车之前要检查随车工具、千斤顶，还有备胎一定要是正常的。

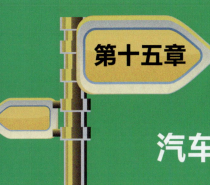

第十五章 汽车车轮动平衡与定位

第一节 车轮动平衡

❶ 取下轮辋中心装饰块及旧的平衡块。
❷ 将车轮安装在动平衡机上。
❸ 正确安装动平衡机附件,将轮胎固定在动平衡机上(图15-1-1)。

注意:

取下轮辋中心装饰块,应从里向外敲,防止损伤装饰块表面。

❹ 打开轮胎动平衡机电源。
❺ 根据轮辋形状,在操作面板上选择合适的轮辋。
❻ 拉出测量尺测量轮胎边距,读出具体数据并输入动平衡机(图15-1-2和图15-1-3)。
❼ 用轮辋宽度测量尺测量车轮轮辋宽度,并输入动平衡机(图15-1-4和图15-1-5)。

图 15-1-1 将轮胎固定在动平衡机上

图 15-1-2 测量轮胎边距

图 15-1-3 输入轮胎边距

图 15-1-4 测量车轮轮辋宽度

❽查看轮胎胎侧的轮辋直径，并输入动平衡机（图 15-1-6）。

图 15-1-5 输入轮辋宽度

图 15-1-6 输入轮辋直径

❾确认安全后，按下启动开关，让轮胎在动平衡机上转动。
❿当车轮停止转动后，查看所测车轮两侧的动不平衡量数据（图 15-1-7）。
⓫转动车轮到达内侧的不平衡点（图 15-1-8），此时该不平衡点指示灯亮，并用手扶住车轮。

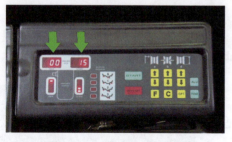

图 15-1-7 读取不平衡量数据

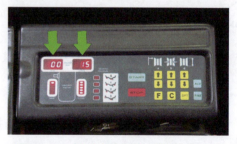

图 15-1-8 转动车轮到达内侧的不平衡点

⓬在车轮轮辋内侧 12 点位置，根据检测到的不平衡量，装上相应质量的平衡块（图 15-1-9）。

图 15-1-9 安装平衡块

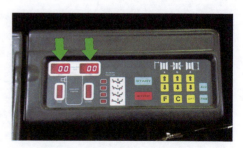

图 15-1-10 重新进行动平衡测试

⑬ 重新进行动平衡测试，确认安全后，按下启动开关，让轮胎在动平衡机上转动。
⑭ 测试结束后，如仍存在不平衡，应去掉已安装的平衡块，重新测试和安装平衡块，直至显示不平衡量为零（图 15-1-10）。
⑮ 取下快锁螺母。
⑯ 取下轮胎。
⑰ 取下轮辋中心的锥形套。
⑱ 关闭动平衡机电源。

第二节　车辆举升

 使用摇臂式举升机

❶ 使用带橡胶附加支撑块的支架（图 15-2-1）。

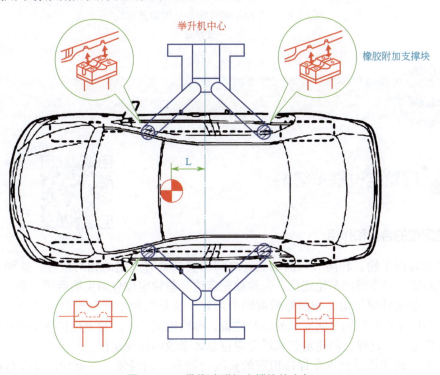

图 15-2-1　带橡胶附加支撑块的支架
⊕ 车辆重心（空载状态）

❷ 调整车辆以使得车辆重心尽可能靠近举升机的中心。
❸ 调整支架的高度，使车辆保持水平，并准确对齐支架凹槽与安全底座支撑位置。
❹ 确保在操作期间锁止摇臂。
❺ 举升车辆，直至轮胎悬空，晃动车辆以确保车辆平稳牢固。

二、使用平板式举升机

❶ 使用平板式举升机附加支撑块（图15-2-2）。
❷ 确保将车辆固定在规定位置。

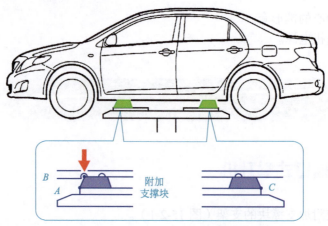

图15-2-2　使用平板式举升机附加支撑块

$A \sim C$—支撑点

第三节　汽车四轮定位

 一、四轮定位基本常识

视频精讲

▶ 1. 四轮定位的含义和作用

轿车的转向车轮、转向节和前轴三者之间的安装具有一定的相对位置，这种具有一定相对位置的安装叫作转向车轮定位，也称前轮定位。前轮定位包括主销后倾（角）、主销内倾（角）、前轮外倾（角）和前轮前束四个内容。这是对两个转向前轮而言的，对两个后轮来说也同样存在与后轴之间安装的相对位置，称后轮定位。后轮定位包括车轮外倾（角）和逐个后轮前束。这样，前轮定位和后轮定位总体来说叫四轮定位。

四轮定位的作用是使汽车保持稳定的直线行驶和转向轻便，并减少汽车在行驶中轮胎和转向机件的磨损。

▶ 2. 四轮定位的应用场合

❶ 车辆的行驶性能受到了影响（驾驶者感受最为直接的是跑偏，转动方向盘后不自动回轮也算一种）。
❷ 因事故造成底盘及悬架的损伤。
❸ 轮胎出现磨损异常（但也要考虑到是否是因胎压不正常才导致了磨损异常，一般情

况下，胎压过高会加剧胎面中央的磨损；胎压过低会加剧胎面两侧的磨损；如果一侧出现偏磨，则有可能是外倾角出现偏差）。

❹ 车桥以及悬架的零件被拆下过。

二、定位工具

定位工具主要有气压表、卷尺、轮胎花纹深度尺、常用工具一套、方向盘固定夹和四轮定位仪（图 15-3-1）。

三、车辆的检查

图 15-3-1 四轮定位仪

1. 停放车辆

将车辆停放在四轮举升机上。

2. 检查轮胎胎压

轮胎胎压的高低会影响到四轮定位的检测结果，所以轮胎胎压需要在标准范围内。

3. 检查轮胎花纹深度

四个轮胎的花纹深度如果相差过大，会影响四轮定位的检测结果，如果有轮胎的花纹深度不符合要求，需要更换轮胎后再进行检测。

 注意：

正确选择检查的位置。

4. 检查车辆底盘

❶ 检查车辆停放是否平稳。
❷ 检查车辆停放位置是否有偏。
❸ 举升车辆到合适的高度再锁止举升机。
❹ 检查方向机横拉杆球头是否松动。
❺ 检查方向机横拉杆有无弯曲、损坏和松旷。

 注意：

方向机横拉杆球头如有松动，以及横拉杆变形，都会影响检测结果，而且需要更换后再进行检测调整。

❻ 降下车辆但不全降到底。

四、定位测量

1. 安装四轮定位仪夹具、传感器和连接电缆

① 安装夹具前,需要根据轮辋的尺寸调整夹具拉爪的长度。
② 安装夹具时,必须将夹具上的卡爪安装到轮辋上,两侧的拉爪必须牢靠地安装到轮胎花纹上。

2. 偏位补偿

根据电脑的提示,进行偏位补偿操作。

3. 车位定位检测

① 根据检测仪提示,将方向盘转到绿色的位置,稳住方向盘,直到下一个提示出现。
② 安装制动踏板锁止机构。
③ 调整传感器的水平位置。
④ 继续根据检测仪的提示操作。
a. 将方向盘向左转 20°,转到绿色的位置,稳住方向盘,直到下一个提示出现。
b. 将方向盘向右转 20°,转到绿色的位置,稳住方向盘,直到下一个提示出现。
⑤ 继续根据检测仪操作。
⑥ 输入轮辋直径。
⑦ 前轴前束的数据已经检测出。
⑧ 从检测报告得知该车的前束是否需要调整。

五、定位调整

视频精讲

1. 前轮外倾角调整

① 拆下前轮。
② 拆下前减振器下侧的 2 个螺母。
③ 清洁前减振器和转向节的安装表面。
④ 暂时安装 2 个螺母。
⑤ 按所需的调整方向将前桥轮毂推到底或拉到底。
⑥ 拧紧螺母。扭矩:240N·m。
⑦ 安装前轮。扭矩:103N·m。
⑧ 检查外倾角。如果测量值不在规定范围内,用下面的公式计算所需的调整量。

外倾角调整量 = 规定值范围的中间值 - 测量值

注意:

① 拆前减振器时保持螺栓插入。

② 拧紧螺母时防止螺栓转动。
③ 尽量将外倾角调整到规定值的中间值。
④ 如果外倾角不能正确调整，则可能损坏车身和悬架。
⑤ 更换螺栓时换上新的螺母，更换两个螺栓时，一次更换一个螺栓。

2. 前轮前束调整

如果确认前轴外倾角数据合格，但前轴前轮前束数据显示不合格，则需进行前轮前束调整。调整步骤如下。

❶ 拆下两个防尘套卡子（要求：使用尖嘴钳慢慢夹紧使卡子松脱）。
❷ 使用 19mm 油管扳手和 19mm 开口扳手配合松开锁紧螺母。
❸ 使用 19mm 和 15mm 开口扳手配合，将左前轮前束按照屏幕标准数据调整到公差范围之内。
先对定位仪界面左侧前轮前束数据进行分析，判断调整杆旋向，然后进行调整。
❹ 使用 19mm 和 15mm 开口扳手配合，将右前轮前束按照屏幕标准数据调整到公差范围之内。
❺ 使用开口式扭力扳手和 19mm 开口扳手将左侧拉杆锁紧螺母锁紧。
❻ 使用开口式扭力扳手和 19mm 开口扳手将右侧拉杆锁紧螺母锁紧。标准扭矩：74N·m。
❼ 将防尘套放到座椅上并安装防尘套卡子。

视频精讲

视频精讲

第十六章 汽车制动器的检查与保养

第一节 检查与更换前制动片

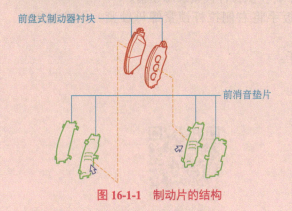

图 16-1-1 制动片的结构

制动片一般由钢板、粘接隔热层和摩擦块构成,钢板要经过涂装来防锈,用 SMT-4 炉温跟踪仪检测涂装过程的温度分布来保证质量。其中隔热层是由不传热的材料组成的,目的是隔热。摩擦块由摩擦材料、黏合剂组成,制动时被挤压在制动盘或制动鼓上产生摩擦,从而达到车辆减速制动的目的。由于摩擦作用,摩擦块会逐渐被磨损,一般来讲成本越低的制动片磨损得越快。制动片的结构如图 16-1-1 所示。

视频精讲

检查前制动片

1. 检查衬块厚度

用直尺测量衬块厚度(图 16-1-2)。标准厚度为 12.0mm;最小厚度为 1.0mm。如果衬块厚度小于最小厚度,则更换前盘式制动器衬块。

> **提示**:
> 换上新的制动衬块后,务必检查前制动盘的磨损。

图 16-1-2 测量衬块厚度

2. 检查前盘式制动器衬块支撑板

确保前盘式制动器衬块支撑板有足够的弹性，没有变形、裂纹或磨损，并清除所有的锈迹和污垢。如有必要，更换前盘式制动器衬块支撑板。

二、更换制动片

视频精讲

1. 拆卸制动片

> **提示：**
> ① 左侧和右侧应使用同样的程序。
> ② 下面列出的程序适用于左侧。

❶ 拆卸前轮。
❷ 拆卸盘式制动器制动缸总成。
固定前盘式制动器制动缸滑销，并拆下 2 个螺栓（图 16-1-3）和盘式制动器制动缸总成。
❸ 拆下前盘式制动器衬块。从前盘式制动器制动缸固定架上拆下 2 个盘式制动器衬块（图 16-1-4）。

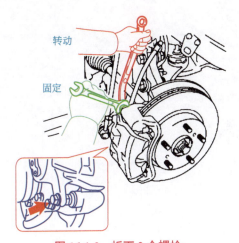

图 16-1-3　拆下 2 个螺栓

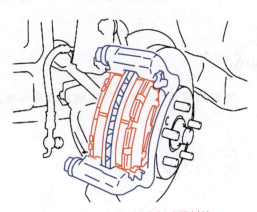

图 16-1-4　拆下制动器衬块

❹ 拆卸前消音垫片。从各制动衬块上拆下 4 个消音垫片（图 16-1-5）。
❺ 拆卸前盘式制动器衬块支撑板。从前盘式制动器制动缸固定架上拆下 2 个前盘式制动器衬块 1 号支撑板和 2 个前盘式制动器衬块 2 号支撑板。

> **小心：**
> 各前盘式制动器衬块支撑板的形状均不相同。确保在各前盘式制动器衬块支撑板上做好识别标记，以便将其安装至各自的原位。

❻ 拆卸前盘式制动器制动缸滑销。从前盘式制动器制动缸固定架上拆下前盘式制动器制动缸滑销（图16-1-6）。

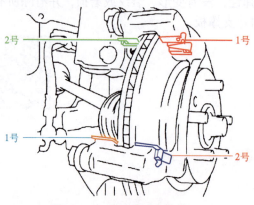
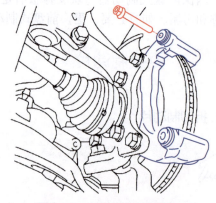

图16-1-5 拆卸前消音垫片　　　　图16-1-6 拆卸制动缸滑销

❼ 拆卸前盘式制动器制动缸2号滑销。从前盘式制动器制动缸固定架上拆下前盘式制动器制动缸2号滑销（图16-1-7）。

❽ 拆卸前盘式制动器制动缸滑套。用螺丝刀从前盘式制动器制动缸2号滑销上拆下前盘式制动器制动缸滑套（图16-1-8）。

小心：

不要损坏前盘式制动器制动缸2号滑销。

提示：

在使用螺丝刀之前，请在螺丝刀头部缠上胶带。

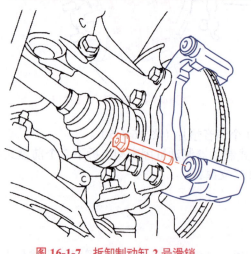
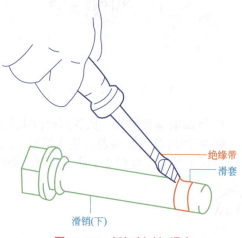

图16-1-7 拆卸制动缸2号滑销　　　　图16-1-8 拆卸制动缸滑套

❾ 拆卸前盘式制动器衬套防尘罩。从前盘式制动器制动缸固定架上拆下2个前盘式制

动器制动缸衬套防尘罩（图 16-1-9）。

2. 安装制动片

（1）安装前盘式制动器衬套防尘罩（图 16-1-10）

❶ 在 2 个新的前盘式制动器衬套防尘罩上涂抹润滑脂。

❷ 将 2 个前盘式制动器衬套防尘罩安装至前盘式制动器制动缸固定架上。

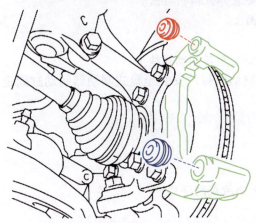

图 16-1-9　拆卸制动器衬套防尘罩　　　　图 16-1-10　安装前盘式制动器衬套防尘罩

（2）安装前盘式制动器制动缸滑套（图 16-1-11）

❶ 在新的前盘式制动器制动缸滑套上涂抹润滑脂。

❷ 将前盘式制动器制动缸滑套安装至前盘式制动器制动缸 2 号滑销上。

（3）安装前盘式制动器制动缸滑销

❶ 在前盘式制动器制动缸滑销上涂抹润滑脂。

❷ 将前盘式制动器制动缸滑销安装至前盘式制动器制动缸固定架上。

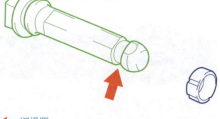

图 16-1-11　安装前盘式制动器制动缸滑套

（4）安装前盘式制动器制动缸 2 号滑销

❶ 在前盘式制动器制动缸 2 号滑销上涂抹锂皂基乙二醇润滑脂。

❷ 将前盘式制动器制动缸 2 号滑销安装至前盘式制动器制动缸固定架上。

（5）安装前盘式制动器衬块支撑板　将 2 个前盘式制动器衬块 1 号支撑板和 2 个前盘式制动器衬块 2 号支撑板安装至前盘式制动器制动缸固定架上。

小心：

　　确保每个前盘式制动器衬块支撑板都安装至正确的位置和方向。

（6）安装前消音垫片

❶ 在每个 1 号消音垫片的两侧涂抹盘式制动器润滑脂（图 16-1-12）。

图 16-1-12　在每个 1 号消音垫片的两侧涂抹盘式制动器润滑脂

小心：

① 更换磨损的衬块时必须一同更换消音垫片。
② 在正确的位置和方向安装垫片。
③ 在与消音垫片接触的部位涂抹盘式制动器润滑脂。
④ 盘式制动器润滑脂可能会从消音垫片的安装部位稍稍溢出。
⑤ 确保盘式制动器润滑脂没有涂到衬片表面上。

❷ 将2个1号消音垫片和2个2号消音垫片安装至各制动衬块上。

（7）安装前盘式制动器衬块　将2个盘式制动器衬块安装至盘式制动器制动缸固定架上。

 小心：

盘式制动器衬块或前制动盘的摩擦面上应无油污或润滑脂。

（8）安装盘式制动器制动缸总成　固定前盘式制动器制动缸滑销，并用2个螺栓将盘式制动器制动缸总成安装至前盘式制动器制动缸固定架上。扭矩：34N·m。
（9）安装前轮　扭矩：103N·m。

 第二节　检查与更换后制动片

 一、检查后制动片

❶ 检查后制动片是否有损坏、起槽、磨损不均匀等现象。
❷ 检查衬块厚度。用直尺测量衬块厚度（图16-1-2）。标准厚度为9.5mm；最小厚度为1.0mm。如果衬块厚度等于或小于最小厚度，则更换后盘式制动器衬块。

 提示：

换上新的制动衬块后，务必检查后制动盘的磨损情况。

❸ 检查后盘式制动器衬块支撑板。确保后盘式制动器衬块支撑板有足够的弹性，没有变形、裂纹或磨损，并清除所有的锈迹和污垢。如有必要，更换后盘式制动器衬块支撑板。

二、拆卸后制动片

> 提示：
> 左侧和右侧应使用同样的程序。

下面列出的程序适用于左侧。
（1）拆卸后轮
（2）松开驻车制动器拉索
❶ 完全松开驻车制动拉杆。
❷ 松开并调整锁紧螺母（图16-2-1）以完全松开驻车制动器拉索。
（3）断开3号驻车制动器拉索总成
❶ 从后盘式制动器制动缸操作杆上断开3号驻车制动器拉索总成（图16-2-2）。

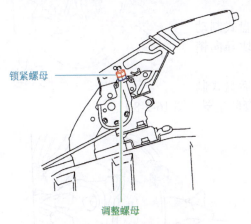

图16-2-1 松开并调整锁紧螺母

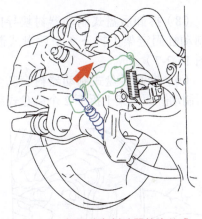

图16-2-2 断开驻车制动器拉索总成

❷ 在3号驻车制动器拉索总成底部插入弯颈扳手（14mm）以脱开卡子。从后盘式制动器制动缸总成上拉出3号驻车制动器拉索总成（图16-2-3）。
（4）拆卸后盘式制动器制动缸总成　固定后盘式制动器衬块导向销，并拆下2个螺栓（图16-2-4）和后盘式制动器制动缸总成。
（5）拆卸后盘式制动器衬块　从后盘式制动器制动缸固定架上拆下2个盘式制动器衬块（图16-2-5）。
（6）拆卸后盘式制动器消音垫片　从各制动衬块上拆下4个消音垫片。
（7）拆卸后盘式制动器衬块支撑板　从盘式制动器制动缸固定架上拆下后盘式制动器衬块支撑板（上和下）（图16-2-6），确保在各后盘式制动器衬块支撑板上做好识别标记，以便将其安装至各自的原位。

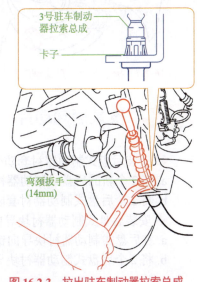

图16-2-3 拉出驻车制动器拉索总成

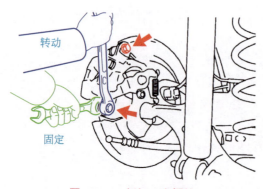

图 16-2-4　拆卸 2 个螺栓

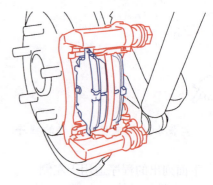

图 16-2-5　拆下 2 个盘式制动器衬块

> **小心：**
> 各后盘式制动器衬块支撑板的形状均不相同。

（8）拆卸后盘式制动器衬块导向销　从盘式制动器制动缸固定架上拆下 2 个后盘式制动器衬块导向销（图 16-2-7）。

（9）拆卸后盘式制动器衬套防尘罩　从后盘式制动器制动缸固定架上拆下 2 个后盘式制动器衬套防尘罩（图 16-2-8）。

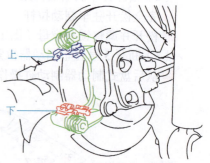

图 16-2-6　拆下衬块支撑板

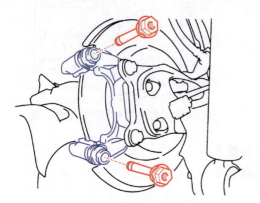

图 16-2-7　拆下 2 个后盘式制动器衬块导向销

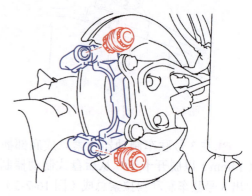

图 16-2-8　拆下 2 个后盘式制动器衬套防尘罩

三、安装后制动片

❶ 安装后盘式制动器衬套防尘罩。
a. 在 2 个新的后盘式制动器衬套防尘罩上涂抹润滑脂。
b. 将 2 个后盘式制动器衬套防尘罩安装至后盘式制动器制动缸固定架上。
❷ 安装后盘式制动器衬块导向销。
a. 在后盘式制动器衬块导向销上涂抹润滑脂（图 16-2-9）。
b. 将 2 个后盘式制动器衬块导向销安装至后盘式制动器制动缸固定架上。

❸ 安装后盘式制动器衬块支撑板。将后盘式制动器衬块支撑板（上和下）安装至后盘式制动器制动缸固定架上。

 小心：

确保每个后盘式制动器衬块支撑板都安装至正确的位置和方向。

❹ 安装后盘式制动器衬块消音垫片。
a. 在 2 个 1 号消音垫片上涂抹盘式制动器润滑脂（图 16-2-10）。
b. 将 2 个 1 号消音垫片和 2 个 2 号消音垫片安装至各制动衬块上。

 小心：

① 更换磨损的衬块时必须一同更换消音垫片。
② 在与消音垫片接触的部位涂抹盘式制动器润滑脂。
③ 盘式制动器润滑脂可能会从消音垫片的安装部位稍稍溢出。
④ 确保盘式制动器润滑脂没有涂到衬片表面上。

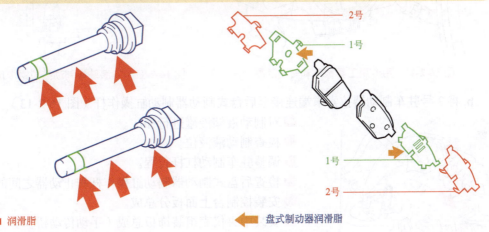

⬅ 润滑脂   ⬅ 盘式制动器润滑脂

图 16-2-9　在后盘式制动器衬块导向销上涂抹润滑脂　　图 16-2-10　在 2 个 1 号消音垫片上涂抹盘式制动器润滑脂

❺ 安装后盘式制动器衬块。将 2 个后盘式制动器衬块安装至后盘式制动器制动缸固定架上。

 小心：

盘式制动器衬块和后制动盘的摩擦面上应无油污和润滑脂。

❻ 安装后盘式制动器制动缸总成。
重复使用衬块时，为抵消衬块磨损，用专用工具推动和转动活塞（左侧为逆时针方向；右侧为顺时针方向）至衬块的凸出部分正确对齐活塞凹槽的位置（图 16-2-11）。

小心：

将制动盘放在2个制动衬块之间，并确定活塞回位值。

❼ 固定后盘式制动器衬块导向销，并用2个新螺栓将盘式制动器制动缸安装至后盘式制动器制动缸固定架上。扭矩：35N·m。

❽ 连接3号驻车制动器拉索总成。

a. 将3号驻车制动器拉索总成插入后盘式制动器制动缸总成，并将3号驻车制动器拉索卡爪接合至后盘式制动器制动缸导向装置（图16-2-12）。

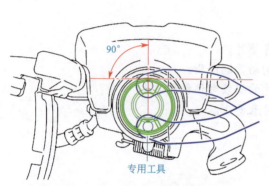

图16-2-11 用专用工具推动和转动活塞

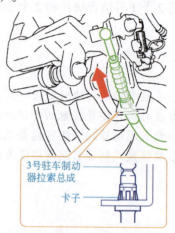

图16-2-12 安装驻车制动器拉索卡爪

b. 将3号驻车制动器拉索末端连接至后盘式制动器制动缸操作杆（图16-2-13）。

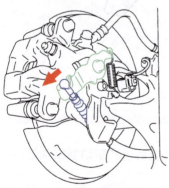

图16-2-13 将3号驻车制动器拉索末端连接至后盘式制动器制动缸操作杆

❾ 对制动液储液罐进行加注。
❿ 检查制动液液位。
⓫ 调整驻车制动杠杆行程。
⓬ 检查后盘式制动器制动缸操作杆和止动器之间的间隙。
⓭ 安装控制台上面板分总成。
⓮ 安装中央仪表组装饰板总成（手动传动桥）。
⓯ 安装中央仪表组装饰板总成（自动传动桥）。
⓰ 安装换挡杆把手分总成（手动传动桥）。
⓱ 安装换挡杆把手分总成（自动传动桥）。
⓲ 安装仪表板左下装饰板。
⓳ 安装仪表板右下装饰板。
⓴ 安装后轮。扭矩：103N·m。

第三节 检查与更换制动主缸

制动主缸（图16-3-1）属于单向作用活塞式液压缸，它的作用是将踏板机构输入的机械能转换成液压能。制动主缸分单腔式和双腔式两种,分别用于单回路和双回路液压制动系统。

为了提高汽车行驶安全性,根据交通法规的要求,现在汽车的行车制动系统都采用了双回路制动系统,也就是采用串列双腔主缸(单腔制动主缸已经被淘汰)组成的双回路液压制动系统。

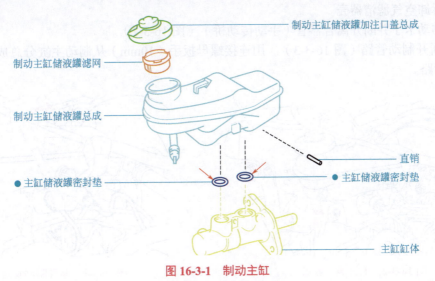

图 16-3-1　制动主缸

● 不可重复使用零件；← 润滑脂

一、检查制动主缸

制动主缸一般常见的故障表现有：制动偏软、制动跑偏、制动抖动、制动吱吱响、制动突然失灵、制动不回位。

二、更换制动主缸

1. 拆卸制动主缸

小心：

从制动助力器上拆下制动主缸前,确保释放制动助力器真空。

❶ 拆卸 2 号气缸盖罩。
❷ 拆卸前刮水器臂端盖。
❸ 拆卸左前刮水器臂和刮水片总成。
❹ 拆卸右前刮水器臂和刮水片总成。
❺ 拆卸发动机盖至前围上侧密封。
❻ 拆卸前围板右上通风栅板。
❼ 拆卸前围板左上通风栅板。

视频精讲

⑧ 拆卸挡风玻璃刮水器电动机及连杆。
⑨ 排净制动液。
⑩ 拆卸前围上外板。
⑪ 拆卸空气滤清器盖分总成。
⑫ 拆卸空气滤清器壳。
⑬ 移动卡子并断开离合器管（手动传动桥）（图16-3-2）。
⑭ 断开制动管路（图16-3-3）。用连接螺母扳手（10mm）从制动主缸分总成上断开2个制动管路。

图16-3-2　断开离合器管

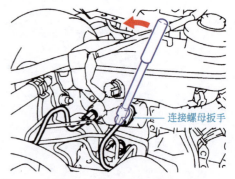

图16-3-3　断开制动管路

⑮ 拆卸制动主缸分总成。
a. 断开连接器并脱开2个卡夹（图16-3-4）。
b. 拆下2个螺母、卡夹支架和制动主缸分总成（图16-3-5）。

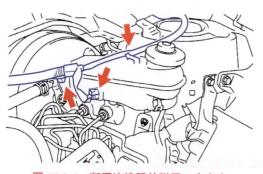

图16-3-4　断开连接器并脱开2个卡夹

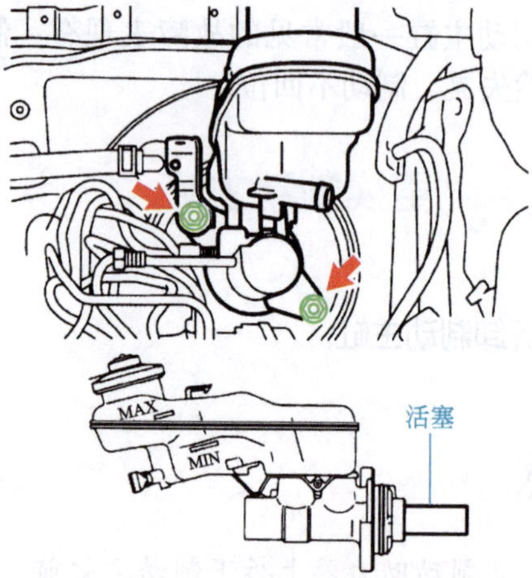

图16-3-5　拆下2个螺母、卡夹支架和制动主缸分总成

c. 从制动主缸分总成上拆下O形圈。

> **小心：**
> ① 主缸需小心处理，避免主缸遭受任何冲击，例如掉落。掉落的主缸不能重复使用。
> ② 不要敲击或捏住主缸活塞，且不要用任何其他方式对主缸活塞造成损坏。

③ 从制动助力器上拆下主缸前，确保释放制动助力器真空。

④ 将主缸安装至制动助力器或从制动助力器上拆下主缸时，确保主缸水平或端面向下（活塞面朝上），以防主缸活塞掉落。

⑤ 不要让任何异物污染主缸活塞。如果活塞沾染异物，用抹布或布条将其擦掉，然后在活塞周边（滑动部件）上均匀涂抹润滑脂。

⑥ 不要使用其他种类的润滑脂或液体。

2. 安装制动主缸

❶ 检查并调整制动助力器推杆。

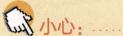小心：

在制动助力器总成为非真空的状态下进行调整（发动机停止时，数次踩下制动踏板）。

提示：

① 换上新的制动主缸分总成时，需要调整制动助力器推杆。
② 重复使用拆下的制动主缸分总成和换上新的制动助力器总成时，无需调整制动助力器推杆。

a. 在附属工具的头部涂抹白垩粉（图16-3-6）。

提示：

附属工具同新制动主缸分总成封装在一起。

b. 将附属工具放置在制动助力器总成上。
c. 测量制动助力器推杆和附属工具之间的间隙。标准间隙为0。

在下列情况下调整间隙：
- 如果附属工具和制动助力器壳之间有间隙（浮动附属工具），则推杆突出过度。
- 如果白垩粉没有粘到制动助力器推杆的头部，则推杆突出不足。

d. 如果间隙不符合规定，用专用工具固定推杆并用套筒螺丝刀（7mm）转动推杆头部，以调整推杆长度（图16-3-7）。

提示：

调整后再次检查推杆间隙。

❷ 安装制动主缸分总成（图16-3-8）。
a. 将新O形圈安装至制动主缸分总成上。

b. 用 2 个螺母安装卡夹支架和制动主缸分总成。扭矩：13N·m。
c. 接合 2 个卡夹并连接连接器。

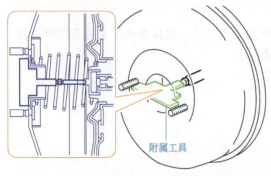

图 16-3-6　在附属工具的头部涂抹白垩粉　　　　图 16-3-7　调整推杆长度

❸ 连接制动管路和离合器管（手动传动桥）。
a. 用连接螺母扳手（10mm）将 2 个制动管路连接至制动主缸分总成。
扭矩：不使用连接螺母扳手时为 15N·m；使用连接螺母扳手时为 14N·m。

 小心：
① 使用力臂长度为 250mm 的扭矩扳手。
② 当连接螺母扳手与扭矩扳手平行时，扭矩值有效。

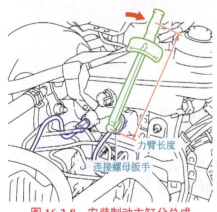

图 16-3-8　安装制动主缸分总成

b. 移动卡子并连接离合器管。
❹ 安装空气滤清器壳。
❺ 安装空气滤清器盖分总成。
❻ 安装前围上外板。
❼ 安装挡风玻璃刮水器电动机及连杆。
❽ 安装前围板左上通风栅板。
❾ 安装前围板右上通风栅板。
❿ 安装发动机盖至前围上侧密封。
⓫ 安装右前刮水器臂和刮水片总成。
⓬ 安装左前刮水器臂和刮水片总成。
⓭ 安装前刮水器臂端盖。
⓮ 安装 2 号气缸盖罩。

⓯ 对制动液储液罐进行加注。
⓰ 对离合器管路进行放气。
⓱ 对制动主缸进行放气。
⓲ 对制动管路进行放气。
⓳ 对制动器执行器进行放气。
⓴ 检查制动液是否泄漏。
㉑ 检查制动液液位。

第四节 检查与更换制动盘

制动器是制动系统中用以产生阻碍车辆运动或运动趋势的制动力的部件。汽车制动器除各种缓速装置以外，几乎都是利用固定元件与旋转元件工作表面的摩擦产生制动力矩的摩擦制动器。

制动盘在工作时不仅受到制动块施加的很大法向力和切向力，而且还承受比制动鼓大得多的热负荷，其表面最高温度可达到800℃，在高温作用下可能翘曲，从而导致产生摩擦噪声和刮伤。

为了使制动盘有适当的热容量和良好的散热性能，必须对其结构和厚度给予充分的考虑。制动盘的结构分为实心型和通风型两种，后者可降低温升20%～30%。

 ### 检查制动盘

❶ 目测检查制动盘是否有损坏，是否有起槽。
❷ 检查制动盘厚度（图16-4-1）。用螺旋测微器测量制动盘厚度。
标准厚度：22.0mm；最小厚度：19.0mm。
如果制动盘厚度小于最小值，应更换制动盘。
❸ 检查制动盘径向跳动。
a. 用专用工具固定制动盘，并用2个螺母紧固制动盘（图16-4-2）。扭矩：103N·m。

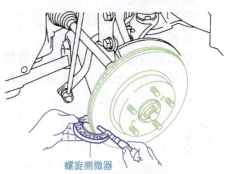
图16-4-1 检查制动盘厚度

> 提示：
> 拧紧螺母的同时用专用工具固定制动盘。

b. 检查前桥轮毂轴承的松弛度和前桥轮毂的径向跳动。
c. 用百分表在距离制动盘外缘10mm的地方测量制动盘的径向跳动（图16-4-3）。制动盘最大径向跳动为0.05mm。如果径向跳动超过最大值，则改变车桥轮毂上制动盘的安装位置以减小径向跳动。如果安装位置改变后径向跳动仍超过最大值，则研磨制动盘。如果制动盘厚度小于最小值，应更换制动盘。

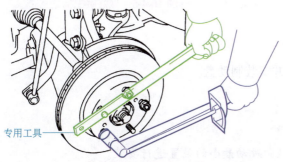
图16-4-2 固定制动盘

图16-4-3 测量制动盘的径向跳动

d. 拆下3个螺母和制动盘。

二、更换制动盘

视频精讲

1. 拆卸制动盘

 提示：

左侧和右侧应使用同样的程序。

下面列出的程序适用于左侧。
❶ 拆卸前轮。
❷ 拆卸盘式制动器制动缸总成。
❸ 拆下前盘式制动器衬块。
❹ 拆卸前盘式制动器衬块支撑板。
❺ 从转向节上拆下2个螺栓和前盘式制动器制动缸固定架（图16-4-4）。
❻ 拆卸前制动盘。

 提示：

在制动盘和车桥轮毂上做好装配标记（图16-4-5）。

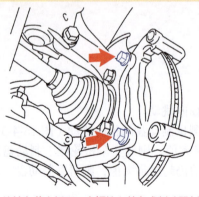

图 16-4-4　从转向节上拆下2个螺栓和前盘式制动器制动缸固定架

图 16-4-5　做好装配标记

2. 安装制动盘

❶ 对准制动盘和车桥轮毂的装配标记，并安装制动盘。

 小心：

换上新的制动盘时，应选择前制动盘径向跳动最小的位置进行安装。

❷ 用2个螺栓将前盘式制动器制动缸固定架安装至转向节上。扭矩：107N·m。
❸ 安装前盘式制动器衬块支撑板。
❹ 安装前盘式制动器衬块。
❺ 安装盘式制动器制动缸总成。
❻ 检查制动液液位。
❼ 安装前轮。扭矩：103N·m。

 第五节　检查与更换制动管路

制动管路（图16-5-1）包括钢管和柔性软管，用接头连接到一起，作用是将从主缸取得的制动液传递到各个车轮制动器。管路泄漏会使得制动系统出现故障，因此，制动管路是系统中相当重要的部件，必须注意检查和维护。

图 16-5-1　制动管路
● 不可重复使用零件

一、检查制动管路

检查制动软管是否有老化、是否有破损，接头是否有泄漏。

检查制动钢管是否有刮伤、是否有损坏，接头是否有泄漏。

二、更换制动管路

 1. 拆卸制动软管

 小心：

如果左侧软管和右侧软管同时断开，一定要做识别标记来指示两侧软管的位置。

提示：

左侧和右侧应使用同样的程序。

下面列出的程序适用于左侧。
❶ 排净制动液。
❷ 拆卸前轮。

❸拆卸前挠性软管。
a. 拆下接头螺栓（图16-5-2）和衬垫，并分离前挠性软管。
b. 用扳手固定前挠性软管时，用连接螺母扳手断开制动管路（图16-5-3）。

小心：
① 不要弯曲或损坏制动管路。
② 不要让任何异物如污垢和灰尘进入制动管路。

c. 拆下卡子。

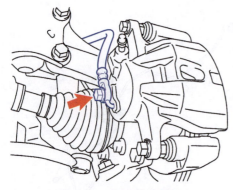

图16-5-2 拆下接头螺栓

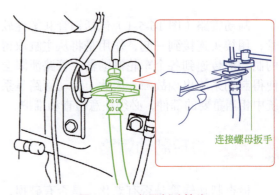

图16-5-3 断开制动管路

d. 拆下螺栓并从减振器支架上分离前轮转速传感器支架（图16-5-4）。
e. 拆下螺栓和前挠性软管。

2. 安装制动软管

小心：
① 由于左右软管不能互换，安装挠性软管时要检验零件号。
② 如果软管重复使用，应检查各软管断开时设置的识别标记后再进行连接。

❶安装前挠性软管。
a. 用接头螺栓和新衬垫连接前挠性软管。扭矩：29N·m。
b. 用新卡子安装前挠性软管。

小心：
将卡子安装至最紧位置。

c. 用扳手固定前挠性软管时，使用连接螺母扳手将制动管路连接至前挠性软管（图16-5-5）。
扭矩：不使用连接螺母扳手时为15N·m；使用连接螺母扳手时为14N·m。

小心：

① 不要弯曲或损坏制动管路。
② 不要让任何异物如污垢和灰尘进入制动管路。
③ 使用力臂长度为 250mm 的扭矩扳手。
④ 当连接螺母扳手与扭矩扳手平行时，扭矩值有效。

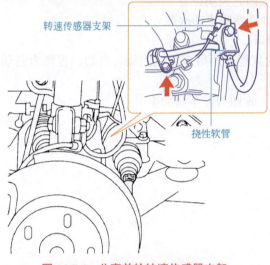

图 16-5-4　分离前轮转速传感器支架

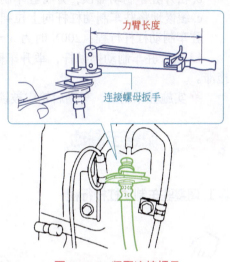

图 16-5-5　紧固连接螺母

d. 用 2 个螺栓将前挠性软管和前轮转速传感器支架安装至减振器支架。

 提示：

首先安装前挠性软管，然后安装转速传感器支架。

❷ 对制动液储液罐进行加注。
❸ 对制动主缸进行放气。
❹ 对制动管路进行放气。
❺ 对制动器执行器进行放气。
❻ 检查制动液是否泄漏。
❼ 检查制动液液位。
❽ 安装前轮。

 第六节　检查和调整手制动

驻车制动，即手制动，也叫手刹。它的作用就是在停车时，给汽车一个阻力，使汽不溜车。驻车制动，即锁住传动轴或者后轮。驻车制动比行车制动的力小很多，仅仅是在坡路停车不溜车即可。

一、检查手制动

❶ 检查驻车制动杠杆行程。
a. 用力拉住驻车制动杠杆。
b. 松开驻车制动器锁，并将驻车制动杠杆放回到关闭位置。
c. 缓慢地将驻车制动杠杆向上拉到底，并计算咔嗒声的次数。
驻车制动杠杆行程：200N 时为 6～9 个槽口。
❷ 松开驻车制动操纵杆，举升车辆至车轮离地，两后车轮应能旋转自如，否则为制动拖滞。
❸ 实施驻车制动，车辆后轮应被锁死不动，否则为驻车制动不灵。

二、调整手制动

1. 调整驻车制动杠杆行程

> **小心：**
> 在执行驻车制动器调整之前，确保制动管路已放气且不再含有空气。

❶ 拆下后地板控制台总成。
❷ 完全松开驻车制动杠杆。
❸ 松开锁紧螺母和调整螺母，以完全松开驻车制动器拉索。
❹ 发动机停机时，完全踩下制动踏板 3～5 次。
❺ 转动调整螺母（图 16-6-1），直到驻车制动杠杆行程修正至规定范围内。

视频精讲

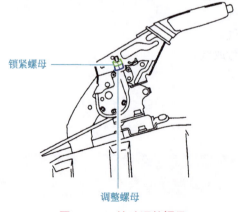
图 16-6-1　转动调整螺母

⑥ 紧固锁紧螺母。扭矩：6.0N·m。
⑦ 操作驻车制动杠杆 3～4 次，并检查驻车制动杠杆行程。
⑧ 检查驻车制动器是否卡滞。
⑨ 安装后地板控制台总成。

2. 检查后盘式制动器制动缸操作杆和止动器间隙（图 16-6-2）

松开驻车制动杠杆，检查并确认后盘式制动器制动缸操作杆和挡块之间的间隙测量值在规定范围内。

间隙：0.5mm 或更小。如果间隙不在规定范围内，则更换后盘式制动器制动钳总成。

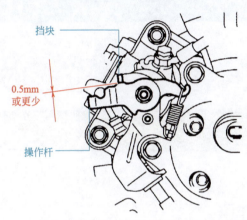

图 16-6-2　检查后盘式制动器制动缸操作杆和止动器间隙

3. 检查制动警告灯

操作驻车制动杠杆时，检查并确认制动警告灯亮起。
标准：制动警告灯始终在出现第一声咔嗒声时亮起。

视频精讲

视频精讲

视频精讲

第十七章 汽车空调的检查与保养

第一节 冷凝器的检查与更换

一、冷凝器的作用

冷凝器最重要的作用就是完成制冷系统的热量交换。冷凝器是汽车空调中的散热装置,将压缩机压缩过程冷媒的热量发散到车外空间中,使压缩机出来的高温高压气体变为中温高压液体。

二、冷凝器的工作原理

制冷剂被压缩机压缩到冷凝器,而冷凝器的末端有毛细管。毛细管会产生阻力,使压缩机压缩过来的气态制冷剂液化而达到放热的效果。因为冷凝器处于高压端,所以一直都是热的。

三、检查冷凝器

检查冷凝器散热片是否脏污、堵塞、变形或损坏,连接处是否有损坏和泄漏。

四、更换冷凝器

1. 拆卸冷凝器

❶ 拆卸散热器上的空气导流板。
❷ 拆下散热器格栅防护罩。
❸ 拆卸前保险杠总成。

❹ 排空清洗液（带前大灯清洗器系统）。
❺ 断开水软管卡夹支架。
❻ 断开发动机盖锁总成。
❼ 拆卸风扇罩。
❽ 回收制冷系统中的制冷剂。
❾ 断开排放软管分总成。
a. 拆下螺栓并将排放软管分总成从冷凝器上断开（图17-1-1）。
b. 从排放软管分总成上拆下O形圈。

> **小心：**
> 用聚氯乙烯绝缘带密封断开部件的开口处，防止湿气和异物进入。

❿ 断开空调管路和附件总成。
a. 拆下螺栓，并将空调管和附件总成从冷凝器上断开（图17-1-2）。
b. 将O形圈从空调管和附件总成上拆下。

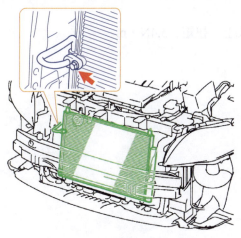

图17-1-1　拆下排放软管分总成

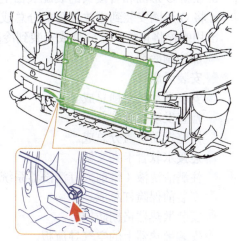

图17-1-2　断开空调管和附件总成

⓫ 拆卸带接收器的冷凝器总成（图17-1-3）。

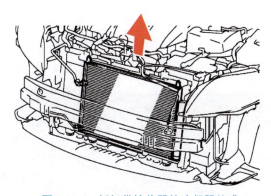

图17-1-3　拆卸带接收器的冷凝器总成

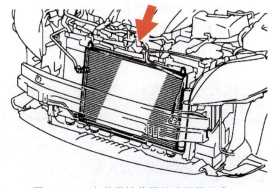

图17-1-4　安装带接收器的冷凝器总成

2. 安装冷凝器

❶ 安装带接收器的冷凝器总成（图 17-1-4）。

提示：

如果更换了新冷凝器，则需要向新冷凝器中加注压缩机机油。
容量：40mL。压缩机油：ND-OIL8 或同等产品。

❷ 连接空调管和附件总成。
a. 从冷凝器总成的管道和连接部位上拆下缠绕的绝缘带。
b. 将压缩机机油充分涂抹到新 O 形圈和管接头处的装配面上。
c. 将 O 形圈安装至空调管和附件总成。
d. 用螺栓将空调管和附件分总成安装至冷凝器总成上。扭矩：5.4N·m。

❸ 连接排放软管分总成。
a. 从冷凝器总成的管道和连接部位上拆下缠绕的绝缘带。
b. 在新 O 形圈和管接头的装配表面上充分涂抹压缩机机油。
c. 将 O 形圈安装到排放软管的分总成上。
d. 用螺栓将排放软管分总成安装到冷凝器总成上。扭矩：5.4N·m。

❹ 加注制冷剂。
❺ 安装风扇罩。
❻ 安装发动机盖锁总成。
❼ 检查发动机盖分总成。
❽ 调整发动机盖分总成。
❾ 连接水软管卡夹支架。
❿ 注满清洗液（带前大灯清洗器系统）。
⓫ 安装前保险杠总成。
⓬ 安装散热器格栅防护罩。
⓭ 安装散热器上的空气导流板。
⓮ 发动机暖机。
⓯ 检查制冷剂是否泄漏。
⓰ 雾灯对光调整的车辆准备工作。
⓱ 雾灯对光准备工作。
⓲ 雾灯对光检查。
⓳ 雾灯对光调整。

第二节　膨胀阀的检查与更换

膨胀阀的作用

膨胀阀安装在蒸发器入口处，主要有以下两方面作用。

（1）节流　高温高压的液态制冷剂经过膨胀阀的节流孔节流后，成为低温低压的雾状的液压制冷剂，为制冷剂的蒸发创造条件。

（2）控制制冷剂的流量　进入蒸发器的液态制冷剂，经过蒸发器后，制冷剂由液态蒸发为气态，吸收热量，降低车内的温度。膨胀阀控制制冷剂的流量，保证蒸发器的出口完全为气态制冷剂，若流量过大，出口含有液态制冷剂，可能进入压缩机产生液击；若制冷剂流量过小，提前蒸发完毕，会造成制冷不足。

二、检查膨胀阀

❶ 制冷系统中热力膨胀阀的堵塞故障是经常发生的，包括脏堵和冰堵。
  a. 脏堵　脏堵的主要原因是系统中存在杂质，例如焊渣、铜屑、铁屑、纤维等。
  b. 冰堵　冰堵的原因是系统中含有过多的水分（湿气），产生湿气的途径如下。
    ⓐ 在安装时系统抽真空时间不够，没能把管路内的湿气抽尽；管路连接处焊接工艺不好，有漏气点。
    ⓑ 在向系统充注制冷剂时，没把连接软管内的空气吹出软管。
    ⓒ 为系统补充润滑油时，进入空气。
❷ 检查膨胀阀接头处是否有泄漏。

三、更换膨胀阀

❶ 回收制冷剂。
❷ 拆卸连接膨胀阀的两根空调管。
❸ 使用 4mm 六角扳手，拆下 2 个六角螺栓和冷凝器膨胀阀（图 17-2-1）。
❹ 拆下膨胀阀密封圈。
❺ 安装膨胀阀密封圈。将压缩机机油充分涂抹到新 O 形圈和管接头处的装配面上。
压缩机机油：ND-OIL8 或同等产品。
❻ 安装膨胀阀并紧固螺栓。
❼ 安装两根空调管。将压缩机机油充分涂抹到新 O 形圈和管接头处的装配面上。
❽ 加注空调制冷剂。

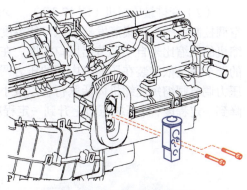

图 17-2-1　拆卸冷凝器膨胀阀

第三节　压缩机的检查与更换

一、压缩机介绍

1. 压缩机的作用

压缩机（图 17-3-1）是汽车空调制冷系统的"心脏"，其作用是维持制冷剂在制冷系统中的循环,吸入来自蒸发器的低温低压制冷剂蒸气,压缩制冷剂蒸气使其压力和温度升高,并将制冷剂蒸气送往冷凝器。

2. 压缩机的工作原理

(1) 定排量压缩机 (图17-3-2)　定排量压缩机的排气量是随着发动机转速提高而成比例提高的,它不能根据制冷的需求而自动改变功率输出,而且对发动机油耗的影响比较大。它的控制一般通过采集蒸发器出风口的温度信号,当温度达到设定的温度时,压缩机电磁离合器松开,压缩机停止工作;当温度升高后,电磁离合器结合,压缩机开始工作。定排量压缩机也受空调系统压力的控制,当管路内压力过高时,压缩机停止工作。

图17-3-1　压缩机

图17-3-2　定排量压缩机

(2) 变排量压缩机 (图17-3-3)　变排量压缩机可以根据设定的温度自动调节功率输出。空调控制系统不采集蒸发器出风口的温度信号,而是根据空调管路内压力的变化信号控制压缩机的压缩比来自动调节出风口温度。在制冷的全过程中,压缩机始终是工作的,制冷强度的调节完全依赖装在压缩机内部的压力调节阀来控制。当空调管路内高压端的压力过高时,压力调节阀缩短压缩机内活塞行程以减小压缩比,这样就会降低制冷强度。当高压端压力下降到一定程度,低压端压力上升到一定程度时,压力调节阀则增大活塞行程以提高制冷强度。

图17-3-3　变排量压缩机

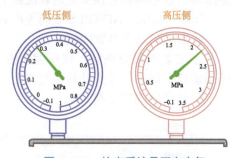

图17-3-4　检查系统是否有空气

二、检查压缩机

❶ 检查压盘是否变色、脱落或有无其他损坏。

❷ 用手旋转皮带轮,检查皮带轮轴承间隙和卡滞情况。如果离合器组件有噪声或间隙过大/卡滞,则换上一个新的离合器组件。

❸ 检查励磁线圈的电阻。如果电阻不在规定范围内，更换励磁线圈。
❹ 检查制冷系统中是否有空气。
故障现象：低压侧和高压侧的压力均过高；低压管路过热，不能触摸；通过观察孔能看到气泡（图17-3-4）。
❺ 检查压缩机各个接头是否有泄漏。

三、更换压缩机

1. 拆卸压缩机

❶ 回收制冷系统中的制冷剂。
❷ 拆卸散热器上的空气导流板。
❸ 拆卸发动机后部右侧底罩。
❹ 拆卸多楔带。
❺ 断开吸入软管分总成。
a. 拆下螺栓并将吸入软管分总成从压缩机和皮带轮上断开（图17-3-5）。
b. 将O形圈从冷却器1号制冷剂吸入软管上拆下。

小心：
用绝缘带密封断开部件的开口处，防止湿气和异物进入。

2. 断开排放软管分总成

❶ 拆下螺栓并将排放软管分总成从压缩机和皮带轮上断开（图17-3-6）。
❷ 从排放软管分总成上拆下O形圈。

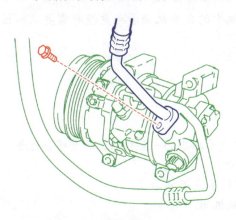

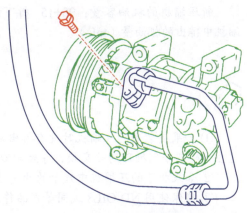

图17-3-5　拆下螺栓（一）　　　　图17-3-6　拆下螺栓（二）

3. 拆卸带皮带轮的压缩机总成

❶ 断开连接器。
❷ 拆下2个螺栓和2个螺母（图17-3-7）。

❸ 使用套筒扳手（E8）拆下 2 个双头螺栓（图 17-3-8）和带皮带轮的压缩机总成。

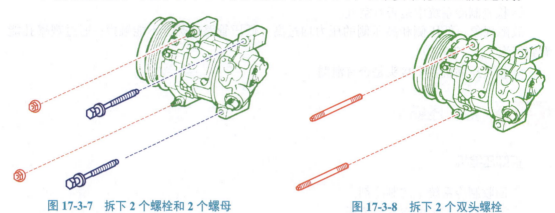

图 17-3-7　拆下 2 个螺栓和 2 个螺母　　　　　图 17-3-8　拆下 2 个双头螺栓

4. 安装压缩机

❶ 调节压缩机机油油位。

在更换新的冷却器压缩机总成时，将惰性气体（氦）从维修阀中逐渐排出，并在安装前将剩余机油沿箭头指示方向从通风管中排出（图 17-3-9）。

提示：

放油螺栓和垫圈能重复使用。

标准：

新压缩机的机油容量：90+15- 拆下的压缩机中的残余机油量 = 更换时需要从新压缩机中排出的机油量（mL）。

小心：

① 如果安装新的压缩机时没有排出残留在车辆管路中的一些机油，油量将会过量。这会妨碍制冷剂循环的热交换，导致制冷系统失效。

② 如果拆下的压缩机中残余的油量过少，则检查是否漏油。

③ 确保使用 ND-OIL8 或同等产品作为压缩机机油。

❷ 安装带皮带轮的压缩机总成。

a. 使用梅花套筒扳手（E8），用 2 个双头螺栓安装带皮带轮的压缩机总成。
扭矩：9.8N·m。

b. 用 2 个螺栓和 2 个螺母安装带皮带轮的压缩机总成。扭矩：25N·m。

提示：

按如图 17-3-10 中 1～4 顺序拧紧螺栓和螺母。

c. 连接连接器。

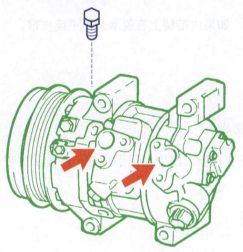

图 17-3-9　放油螺栓

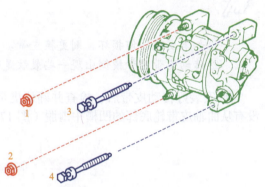

图 17-3-10　安装带皮带轮的压缩机总成

❸ 连接排放软管分总成。
a. 将缠绕的聚氯乙烯绝缘带从软管上拆下。
b. 在新 O 形圈以及带皮带轮的压缩机总成的装配面上充分涂抹压缩机机油。
压缩机油：ND-OIL8 或同等产品。
c. 将 O 形圈安装到排放软管分总成上。
d. 用螺栓将排放软管分总成安装到带皮带轮的压缩机总成上。扭矩：9.8N·m。
❹ 连接吸入软管分总成。
a. 将缠绕的聚氯乙烯绝缘带从软管上拆下。
b. 在新 O 形圈以及带皮带轮的压缩机总成的装配面上充分涂抹压缩机机油。
压缩机油：ND-OIL8 或同等产品。
c. 将 O 形圈安装到吸入软管分总成上。
d. 用螺栓将吸入软管分总成安装到带皮带轮的压缩机总成上。扭矩：9.8N·m。
❺ 安装多楔带。
❻ 调节多楔带。
❼ 检查多楔带。
❽ 安装发动机后部右侧底罩。
❾ 安装散热器上的空气导流板。
❿ 加注制冷剂。
⓫ 发动机暖机。
⓬ 检查制冷剂是否泄漏。

第四节　压缩机传动皮带的检查、调整与更换

一、检查压缩机传动皮带

❶ 目视检查皮带是否过度磨损、加强筋损坏等。如果皮带棱上有脱落，则更换皮带。

> **提示：**
> ① 如果发现任何损坏，则更换皮带。
> ② 传动皮带的带棱侧出现一些裂纹是可以接受的。

❷ 安装好传动皮带后，检查并确认皮带正确安装在楔形槽中。用手检查，以确认皮带没有从曲轴皮带轮底部的凹槽中滑脱（图17-4-1）。

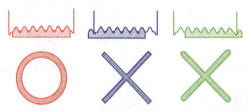

图 17-4-1　用手检查皮带没有从曲轴皮带轮底部的凹槽中滑脱

> **提示：**
> ① "新皮带"是指在发动机运转的情况下使用时间少于5min的皮带。
> ② "用过的皮带"是指在发动机运转的情况下使用时间在5min或以上的皮带。
> ③ 安装新皮带后，运转发动机约5min，然后重新检查皮带张紧度。

❸ 检查三角带的偏移和张紧度（图17-4-2、表17-4-1、表17-4-2）。

> **提示：**
> ① 在规定点处检查三角带的偏移。
> ② 在规定点处检查传动皮带的偏移。
> ③ 检查三角带偏移时，向其施加98N的张紧力。
> ④ 安装新皮带时，将其张紧力调整至规定值。
> ⑤ 检查使用超过5min的皮带时，采用用过的皮带的规格。
> ⑥ 重新安装使用超过5min的皮带时，调整其偏移和张紧力至各用过的皮带规格的中间值。
> ⑦ 发动机转动2圈后，应检查多楔带张紧度和偏移。
> ⑧ 使用皮带张力计时，首先用基准仪表确认其精确度。

表 17-4-1　偏移

项目	规定状态 /mm
新皮带	7.5～8.6
用过的皮带	8.0～10.0

表 17-4-2　张紧度

项目	规定状态 /N
新皮带	637～735
用过的皮带	392～588

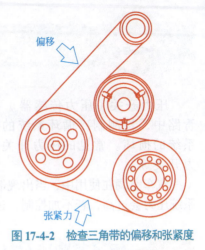

图 17-4-2　检查三角带的偏移和张紧度

二、调整与更换压缩机传动皮带

1. 拆卸压缩机传动皮带

❶ 拆卸散热器上的空气导流板。
❷ 拆卸发动机后部右侧底罩。
❸ 拆卸压缩机传动皮带（图 17-4-3）。
a. 松开螺栓 A 和 B。
b. 松开螺栓 C，然后拆下压缩机传动皮带。

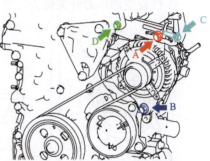

图 17-4-3　拆卸压缩机传动皮带

> 小心：
>
> 不要松开螺栓 D。

2. 安装压缩机传动皮带

❶ 安装多楔带。
❷ 调整多楔带。
a. 转动螺栓 C，以调节压缩机传动皮带的张紧力。
b. 紧固螺栓 A 和 B。扭矩：螺栓 A 为 19N·m；螺栓 B 为 43N·m。

> 小心：
>
> 确认螺栓没有松动。

❸ 检查压缩机传动皮带。
❹ 安装发动机后部右侧底罩。
❺ 安装散热器上的空气导流板。

视频精讲

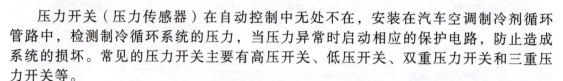

第五节 空调压力开关的检查与更换

压力开关（压力传感器）在自动控制中无处不在，安装在汽车空调制冷剂循环管路中，检测制冷循环系统的压力，当压力异常时启动相应的保护电路，防止造成系统的损坏。常见的压力开关主要有高压开关、低压开关、双重压力开关和三重压力开关等。

汽车空调在使用中，当出现散热片堵塞、冷却风扇不转或制冷剂过量等不正常状况时，系统压力会过高，若不加控制，过高的压力会损坏系统元件。

一、检查空调压力开关

❶ 检查空调压力开关接头处是否泄漏。

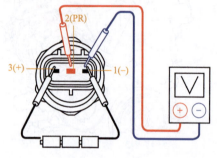

图 17-5-1　测量电压

❷ 到车上检查空调压力传感器。
a. 安装歧管压力表组件。
b. 将连接器从空调压力传感器上断开。
c. 将 3 节 1.5V 干电池的正极（+）引线连接到端子 3，并将负极（-）引线连接到端子 1。
d. 将蓄电池正极（+）引线连接到端子 2 上，负极（-）引线连接到端子 1 上。
e. 根据图 17-5-1 和表 17-5-1 中的值测量电压。

表 17-5-1　标准电压

检测仪连接	条件	规定状态
2-1	制冷剂压力：0.39～3.187MPa	1.0～4.8V

如果结果不符合规定，则更换空调压力开关。

二、更换空调压力开关

❶ 拔下空调压力开关插接器。
❷ 使用合适的工具拧松空调压力开关。
❸ 用手旋出空调压力开关。
❹ 更换空调压力开关密封圈。
❺ 在新的密封圈上涂抹润滑油。
❻ 安装空调压力开关。
❼ 使用合适的工具紧固空调压力开关。
❽ 连接空调压力开关插接器。

第六节　蒸发器温度传感器的检查与更换

蒸发器温度控制是空调电气控制系统的基本任务。当汽车空调系统工作时，蒸发器表面的温度逐渐降低，空气中的水分被析出，直至结冰，若蒸发器中的制冷不加控制，则蒸发器表面会逐渐全部结成冰块，以致蒸发器无法工作（风不能通过，无法进行热交换）。为控制蒸发器表面不结冰，系统的制冷效率又要达到最高水平，目前轿车采用变排量压缩机，即当蒸发器温度降低时压缩机排量随之降低，此时蒸发器内的温度就会升高而避免蒸发器表面结冰。蒸发器温度传感器如图 17-6-1 所示。

 检查蒸发器温度传感器

根据图 17-6-2 和表 17-6-1 中的值测量电阻。

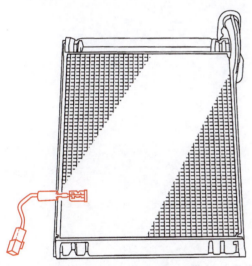

图 17-6-1　蒸发器温度传感器

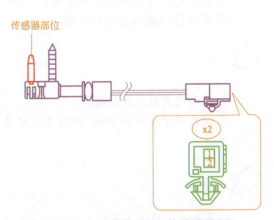

图 17-6-2　测量蒸发器温度传感器电阻

表 17-6-1　标准电阻

检测仪连接	条件 /℃	规定状态 /kΩ
x2-1-x2-2	-10	7.30～9.10
x2-1-x2-2	-5	5.65～6.95
x2-1-x2-2	0	4.40～5.35
x2-1-x2-2	5	3.40～4.15
x2-1-x2-2	10	2.70～3.25
x2-1-x2-2	15	2.14～2.58
x2-1-x2-2	20	1.71～2.05
x2-1-x2-2	25	1.38～1.64
x2-1-x2-2	30	1.11～1.32

如果电阻不符合规定，则更换蒸发器温度传感器。

小心：

① 即使轻微接触传感器也可能会改变电阻值。确保握住传感器的连接器。
② 测量时，传感器温度必须与环境温度相同。

提示：

随着温度升高，电阻减小。

二、更换蒸发器温度传感器

1. 拆卸蒸发器温度传感器

❶ 定位前轮，使其面向正前位置。
❷ 从蓄电池负极端子断开电缆。

注意：

① 拆卸气囊时应小心操作。
② 断开端子后等待90s，以防止气囊展开。

小心：

断开蓄电池电缆后重新连接时，某些系统需要初始化。

❸ 回收制冷系统中的制冷剂。
❹ 拆卸前刮水器臂端盖。
❺ 拆卸左前刮水器臂和刮水片总成。
❻ 拆卸右前刮水器臂和刮水片总成。
❼ 拆卸发动机盖至前围上板密封。
❽ 拆卸右前围板上通风栅板。
❾ 拆卸左前围板上通风栅板。
❿ 拆卸挡风玻璃刮水器电动机及连杆总成。
⓫ 拆卸前围上外板。
⓬ 断开吸入管分总成。
⓭ 断开空调管路和附件总成。
⓮ 断开加热器出水软管。

⑮ 断开加热器进水软管。
⑯ 拆卸仪表板左下装饰板。
⑰ 拆卸仪表板右下装饰板。
⑱ 拆卸仪表板左端装饰板。
⑲ 拆卸仪表板右端装饰板。
⑳ 拆卸中央仪表板调风器总成。
㉑ 拆卸仪表组装饰板总成。
㉒ 拆卸组合仪表总成。
㉓ 拆卸左侧前柱装饰板。
㉔ 拆卸右侧前柱装饰板。
㉕ 拆卸仪表板下装饰板总成。
㉖ 断开左前车门开口装饰密封条。
㉗ 拆卸手套箱盖总成。
㉘ 拆卸仪表板 1 号箱盖分总成。
㉙ 断开右前车门开口装饰密封条。
㉚ 断开仪表板线束总成。
㉛ 拆卸上仪表板分总成。
㉜ 拆卸动力转向 ECU 总成。
㉝ 拆卸仪表板 1 号底罩分总成。
㉞ 拆卸仪表板下装饰板分总成。
㉟ 拆卸方向盘 3 号下盖。
㊱ 拆卸方向盘 2 号下盖。
㊲ 拆卸方向盘装饰盖。
㊳ 拆卸方向盘总成。
㊴ 拆卸下转向柱罩。
㊵ 拆卸上转向柱罩。
㊶ 拆卸带螺旋电缆分总成的转向信号开关总成。
㊷ 拆卸转向柱孔盖消音板。
㊸ 拆卸防护罩（不带智能上车和启动系统）。
㊹ 分离 2 号转向中间轴总成。
㊺ 拆卸刹车灯开关总成。
㊻ 拆卸刹车灯开关座调节器。
㊼ 拆卸转向柱总成。
㊽ 拆卸带支架的 CD 机（不带导航系统）。
㊾ 拆卸带支架的导航接收器（带导航系统）。
㊿ 拆卸换挡杆把手分总成。
(51) 拆卸中央仪表组装饰板总成。
(52) 拆卸仪表盒总成。
(53) 拆卸仪表板孔盖。
(54) 拆卸空调控制总成。
(55) 拆卸左前车门防磨板。
(56) 拆卸左前围侧饰板。

(57) 拆卸前 1 号地板控制台嵌入件。
(58) 拆卸 1 号开关孔座。
(59) 拆卸右前车门防磨板。
(60) 拆卸右前围侧饰板。
(61) 拆卸仪表板 2 号底罩分总成。
(62) 拆卸前 2 号地板控制台嵌入件。
(63) 拆卸地板控制台上面板分总成。
(64) 拆卸地板控制台毡垫。
(65) 拆卸后地板控制台总成。
(66) 拆卸 2 号天线导线分总成。
(67) 拆卸下仪表板分总成。
(68) 拆卸 3 号后风管。
(69) 拆卸 1 号后风管。
(70) 拆卸 1 号风管分总成。
(71) 拆卸下除霜器喷嘴总成。
(72) 拆卸中央仪表板至前围支架。
(73) 拆卸 1 号仪表板支架分总成。
(74) 拆卸 2 号仪表板支架分总成。
(75) 拆卸 2 号后风管。
(76) 拆卸仪表板加强件总成。
(77) 拆卸空调装置。
(78) 拆卸 2 号风管分总成。
(79) 拆卸 3 号风管分总成。
(80) 拆卸鼓风机总成。
(81) 拆卸空调线束总成。
(82) 拆卸冷却器膨胀阀。
(83) 拆卸 1 号冷却器蒸发器分总成。
(84) 将 1 号冷却器热敏电阻从 1 号冷却器蒸发器分总成上拆下。

2．安装蒸发器温度传感器

安装与拆卸顺序相反。

第七节　空调系统检漏

一、电子泄漏测试仪介绍

电子式卤素检漏仪（图 17-7-1）与其他检漏设备相比的优点是使用方便、不需点火、不产生有毒物质、预热时间短、灵敏度高、重量轻、体积小、检测范围广等，可以探测到微量泄漏。

二、电子式卤素检漏仪检漏

❶ 检查空调系统压力。确保系统内有足够的制冷剂来产生正常的压力（至少345kPa）。对于空的系统，补充加注，制冷剂为总加注量的7%～10%。
❷ 启动发动机，让空调系统运行5min，关闭空调系统，关闭发动机。
❸ 清洁空调管路。

> **注意：**
>
> 残余的溶剂可能会干扰泄漏测试仪器。

❹ 检查探测器。TIFXP-1A气体泄漏测试仪的探测头和过滤器是干净的。打开TIFXP-1A气体泄漏测试仪，使用前进行调整和校准。
❺ 将气体泄漏测试仪的探针放在被检查部位的下面，沿管路移动探针，每隔6mm左右做一个停顿，进行空调管路泄漏检查（图17-7-2）。

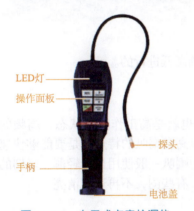

图17-7-1　电子式卤素检漏仪

图17-7-2　检漏

> **注意：**
>
> 在检查特殊位置时，用手将探针静止5s，气体检漏测试仪对前挡风玻璃清洗剂、很多溶剂和清洁剂，以及车辆上使用的某些黏合剂非常敏感，为防止虚假警报，应清洗并干燥所有表面，液体会损坏测试仪。

第十八章

汽车音响导航设备快修作业

第一节 喇叭音量音调检查

一般高音、中音、低音喇叭分类是按喇叭发声的音调高低进行的。

1. 高音喇叭

相对来说,高音喇叭工作在比较尖锐的音调范围,也就是高工作频率状态,高频的方向性很强,喇叭转动一个方向都能被人耳明显判断出来。高音喇叭的特点就是要能够快速地振动产生声音,但是其振动幅度通常比较小。所以这样的喇叭一般使用比较轻薄、坚韧的振动膜。当高音喇叭不响的时候,音响听起来声音会模糊,有些闷,不再通透清亮。

2. 中音喇叭

相对工作在音调适中的范围,是声音主体部分发声喇叭。中音范围是人耳接收声音信息的主要部分,大部分能够分辨的声音内容都由中音喇叭发出。所以其特点是振动速度适中,但是振动幅度相对比较大。因为承担主要的声音内容,所以口径相对比较大。喇叭振动膜材料一般使用轻质纤维纸或者纤维无纺布压制以减轻重量,在合适的速度下能够承受比较大的空气压力。如果中音喇叭不响,基本上音响声音内容失去绝大部分,声音会很小而且听不清楚内容。

3. 低音喇叭

工作在很低的音调范围,但也是最大的功率承受喇叭。低音是空气振动幅度最大的部分,触觉能比较明显地感觉到空气的振动。所以其特点就是有足够大的振动幅度,以推动空气产生高的场压(也叫音压)。由于振动幅度太大,振动膜一般是轻质高强度纤维经多层次的结合,保证轻量和刚性的要求。低音方向感很弱,人耳很难分辨出发声方向,所以独立的低音喇叭摆放位置一般都没有要求。但是因为有足够强大的场压,低音能够给人带来动感。如果低音喇叭不响,音响听起来就像旧唱机和小 CD 机一样,低音鼓声听起来像敲桌子,声音不饱满。

第二节　检查与更换车载喇叭

车载喇叭（扬声器）内部由吸铁石和线圈通过振动发声，是一套音响系统中不可或缺的重要器材。所有的音乐都是通过扬声器发出声音，供人们聆听、欣赏。作为将电能转变为"声能"的唯一器材，扬声器的品质和特性，对整个音响系统的音质起着决定性作用。由于汽车的特殊性，无法在汽车内安装像家庭影院一样的通用音箱，而是直接将各个车载扬声器安装在汽车上，一辆高档汽车甚至可以安装十多个扬声器（图 18-2-1）。

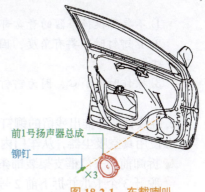

图 18-2-1　车载喇叭

注：前 1 号扬声器，即左前门扬声器。

一、检查车载喇叭（车上检查）

提示：

拆下车内零件以便能看到扬声器。

❶ 检查扬声器的安装情况。如果不符合规定，应重新安装扬声器。
❷ 目视检查扬声器的锥形纸盆有无破损。如有，应更换扬声器。
❸ 扬声器电阻检查。
a. 断开扬声器连接器。
b. 测量扬声器端子之间的电阻（表 18-2-1）。

表 18-2-1　标准电阻

检测仪连接	条件	规定状态
1-2	始终	约 4Ω

二、更换车载喇叭

1. 拆卸车载喇叭

❶ 拆卸前门内把手框。
❷ 拆卸前扶手座上板。
❸ 拆卸门控灯总成（带门控灯）。
❹ 拆卸前门装饰板分总成。
❺ 拆卸前 1 号扬声器总成。
a. 断开连接器。

b. 用一个直径小于4mm的钻头，钻下3个铆钉头，并拆下前1号扬声器总成（图18-2-2）。

小心：

① 不要触摸扬声器的音盆部分。
② 钻铆钉时不要有角度，因为这样会损坏钻头和钻孔。排列钻头和铆钉，并小心钻下铆钉头。
③ 操作时要小心，因为铆钉切口会很热。

c. 继续钻孔并推出残留的铆钉碎片。
d. 使用真空吸尘器，从车门内清除铆钉碎片和切屑。
⑥ 拆卸前门下门框支架装饰条。
⑦ 脱开3个卡爪并拆下前2号扬声器总成（图18-2-3）。

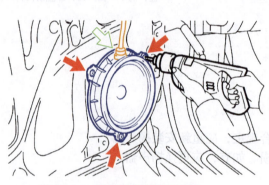

图18-2-2 拆下前门扬声器总成

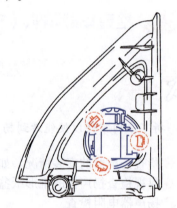

图18-2-3 拆下前2号扬声器总成

2. 安装车载喇叭

① 接合3个卡爪并安装前2号扬声器总成。
② 安装前门下门框支架装饰条。
③ 安装前1号扬声器总成。
   a. 使用气动铆钉机或手动铆钉机，用3个新铆钉安装前1号扬声器总成（图18-2-4～图18-2-7）。

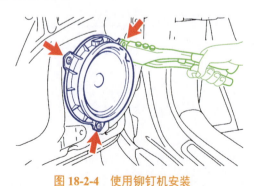

图18-2-4 使用铆钉机安装

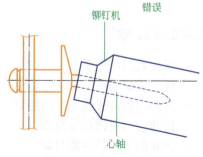

图18-2-5 错误示范操作

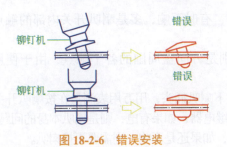
图 18-2-6 错误安装

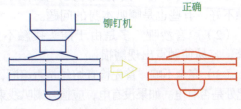
图 18-2-7 正确安装

 小心：

① 请勿用铆钉机撬动铆钉，因为这会损坏铆钉机和心轴。
② 检查并确认铆钉已正确安装到防护条上面。在将铆钉安装到防护条上时，不要倾斜铆钉机。在铆钉头和防护条之间不要留有任何空隙。
③ 在防护条和门框之间不要留有任何空隙。安装铆钉时，应将这2个部件牢固地固定在一起。

提示：

如果无法切除铆钉，则向外拔一下铆钉后再切除。

b. 连接连接器（图 18-2-8）。
❹ 安装前门装饰板分总成。
❺ 安装门控灯总成（带门控灯）。
❻ 安装前扶手座上板。
❼ 安装前门内把手框。

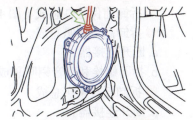
图 18-2-8 连接连接器

第三节 行车喇叭的检查和更换

喇叭是汽车的音响信号装置。在汽车的行驶过程中，驾驶员根据需要和规定发出必需的音响信号，警告行人和引起其他车辆注意，保证交通安全，同时还用于催行与传递信号（图 18-3-1）。

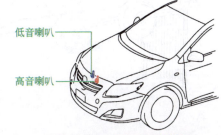
图 18-3-1 行车喇叭的位置

 检查行车喇叭

要解决喇叭故障，需要从三个方面去考虑，即喇叭本身、喇叭开关触点以及喇叭线束，当出现故障时可以参考下面的步骤进行检查。

（1）有时不响　按喇叭开关，如果喇叭有时响，有时不响，多是喇叭开关内部的触点接触不好，有些也是喇叭本身的问题。

（2）声音沙哑　多是由于插头接触不良，特别是方向盘周围的各个触点，由于使用频繁，容易使触点出现磨损。

（3）完全不响　首先检查熔丝是否熔断，然后拔下喇叭插头，用万用表测量在按喇叭开关时此处是否有电。如果没有电，应检查喇叭线束和喇叭继电器；如果有电，则是喇叭本身的问题，此时也可以试着调节喇叭上的调节螺母，看是否能发声，如果还是不响，则需要更换喇叭。

二、使用行车喇叭时的注意事项

❶ 洗车时切记防止喇叭被淋湿，发现喇叭进水，尽快用风枪吹干。
❷ 尽量不要总是长时间按喇叭，这样容易造成喇叭触点过早烧蚀。
❸ 喇叭出现故障，尽量寻求专业维修技师帮助，不要盲目更换喇叭，容易造成不必要的浪费。

三、更换行车喇叭

1. 拆卸行车喇叭

❶ 拆卸散热器上的空气导流板。
❷ 拆卸散热器格栅防护罩。
❸ 拆卸前保险杠总成（图 18-3-2）。
❹ 拆卸高音喇叭总成。
a. 断开连接器。
b. 拆下螺栓和高音喇叭总成（图 18-3-3）。
❺ 拆卸低音喇叭总成。
a. 断开连接器。
b. 拆下螺栓和低音喇叭总成（图 18-3-4）。

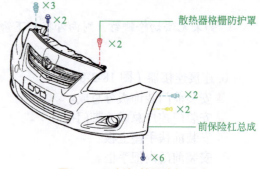

图 18-3-2　拆卸前保险杠总成

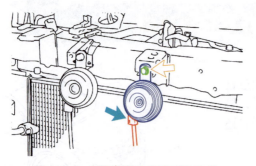

图 18-3-3　拆下螺栓和高音喇叭总成

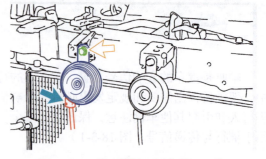

图 18-3-4　拆下螺栓和低音喇叭总成

2. 检查低音喇叭

如表 18-3-1 和图 18-3-5 所示，施加蓄电池电压并检查喇叭的工作情况。

表 18-3-1　正常状态

测量条件	规定状态
蓄电池正极（+）→ 端子 1 蓄电池负极（-）→ 车身搭铁	喇叭鸣响

3. 安装行车喇叭

❶ 安装低音喇叭总成
 a. 用螺栓安装低音喇叭总成。扭矩：20N·m。
 b. 连接连接器。
❷ 安装高音喇叭总成
 a. 用螺栓安装低音喇叭总成。扭矩：20N·m。
 b. 连接连接器。
❸ 将清洗液罐加满清洗液（带前大灯清洗器系统）。
❹ 安装前保险杠总成。
❺ 安装散热器格栅防护罩。
❻ 安装散热器上的空气导流板。

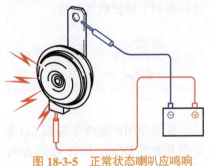

图 18-3-5　正常状态喇叭应鸣响

第四节　车载导航系统维护

车载导航是利用车载 GPS（全球定位系统）配合电子地图来进行的，它能方便且准确地告诉驾驶者去往目的地的最短或者最快路径，是驾驶员的好帮手。

1. 正确使用

使用结束后应该先关闭车载导航，再熄火。从来不关机虽然省事，但是时间长了之后也会损害电子元件。

另外，不要让导航屏幕接触尖锐物体，同时尽量避免中控台在阳光下暴晒。较大的温差不但影响导航的电池寿命，还会影响液晶屏幕的触摸灵敏度。

2. 防水防潮

电子器材都是怕水的，防水防潮是必须的，在洗车的时候，一定要紧关车门。在清洁汽车内饰的时候，也要小心，如果需要擦拭，毛巾上尽量不要有太多的水，更不要用喷壶喷水或者用清洁剂之类的液体对着喷洒。在清洁之后，最好用柔软、干燥的毛巾再擦拭一遍，防止导航系统潮湿而影响其正常工作。也可以开车门、车窗进行通风，将车内水分蒸发后再关闭。这不仅对车载导航系统有帮助，也有助于车内饰的干爽，防止滋生细菌。

除了平时日常使用的时候要注意正确的操作和养护之外，选择可靠的车载导航品牌也很重要，知名的车载导航厂商不但可以提供优质的车载导航产品，同时也可以为车主提供各种完善的售后服务，让导航系统真正能发挥作用。车载导航属于精密的仪器，里面的数据应该进行及时更新和升级，方便车主使用。

3. 正确操作

要正确操作，否则会影响 GPS 的使用寿命。正确操作方法如下。

❶ 使用时要先关页面后关机器，不能不关页面就直接关机器，那是违规操作。

❷ 机器使用前三次要充电 10h 左右，让电池蓄电能力有效发挥出来。

❸ 先发动汽车，后插点烟器电源。导航结束后拔掉点烟器，下次汽车发动后再插上，这样有利于保护机器电池。

第五节　检查和更换 CD 机

最早使用的是汽车调幅 CD 机，后来使用调幅调频 CD 机、磁带放音机，发展至 CD 放音机和兼容 DCC、DAT 数码音响。现在汽车音响无论在音色、操作和防振等各方面均达到了较高的标准，能应对汽车在崎岖的道路上颠簸，保证性能的稳定和音质的完美。

 检查 CD 机

1. CD 不能正常弹出故障检查

（1）按下"EJECT"并检查工作情况　按下 CD 机的"EJECT"开关 2s 以上，检查并确认 CD 是否可以弹出。若异常，则更换 CD 机；若正常，则更换另一张 CD 并重新检查。

（2）更换另一张 CD 并重新检查　插入另一张 CD，检查是否可以弹出。若异常，则更换 CD 机；若正常，则结束。

2. 无法插入／播放 CD 或 CD 插入后立即弹出故障检查

（1）检查插入的 CD 是否正确　确保 CD 为音频 CD 或含有 MP3 或 WMA 文件的 CD，且 CD 没有变形、裂隙、瑕疵、毛刺或其他缺陷。

 提示：

① 不能播放半透明或独特形状的 CD。
② 不能播放带贴纸标签的 CD。
③ 可播放市售音频 CD。
④ 可播放 CD-ROM、CD-R 和 CD-RW 上的 CD-DA 文件。
⑤ 可播放 CD-ROM、CD-R 和 CD-RW 上的 MP3 和 WMA 文件。

若异常，则更换 CD 光盘；若正常，则检查并确认 CD 正确插入。

（2）检查并确认 CD 正确插入　检查 CD 是否正反面颠倒插入。若异常，则将 CD 正确插入；若正常，则检查 CD。

（3）清洁 CD　用一块软布从内向外沿径向将光盘擦拭干净（图 18-5-1）。

小心：

不要使用常规的唱片清洗剂或防静电保护剂。

若异常，则更换另一张 CD 并重新检查；若正常，则结束。

（4）更换另一张 CD 并重新检查　换上一张正常 CD，检查故障是否消失。

若异常，则更换 CD 机；若正常，则结束。

▶ 3. CD 声音跳跃检查

（1）检查 CD 是否有污垢

图 18-5-1　清洁光盘

提示：

如果 CD 表面有污垢，用一块软布从内向外沿径向将其擦拭干净。

小心：

不要使用常规的唱片清洗剂或防静电保护剂。

若异常，则清洁 CD；若正常，则检查 CD 是否有变形或破裂。

（2）检查 CD 是否有变形或破裂（图 18-5-2）若异常，则更换 CD；若正常，则使用另一张 CD 检查其工作情况。

（3）使用另一张 CD 检查其工作情况　检查使用另一张 CD 时是否再次出现此故障。

若异常，则检查 CD 机；若正常，则结束。

（4）检查 CD 机　检查并确认 CD 机是否安装正确。

若异常，则重新正确安装 CD 机；若正常，则更换 CD 机。

图 18-5-2　检查 CD 是否有变形或破裂

 二、更换 CD 机

▶ 1. 拆卸 CD 机

❶ 拆卸仪表板左下装饰板。

❷拆卸仪表板右下装饰板。
❸拆卸仪表板左端装饰板。
❹拆卸仪表板右端装饰板。
❺拆卸中央仪表板调风器总成。
❻拆卸带支架的 CD 机。
a. 拆下 4 个螺栓（图 18-5-3）。
b. 将带支架的 CD 机向车后方向拉，脱开 4 个卡子（图 18-5-4）。
c. 断开各个连接器并拆下带支架的 CD 机。

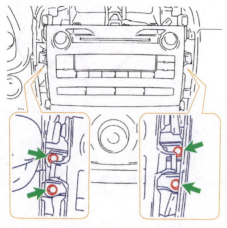

图 18-5-3　拆下 4 个螺栓

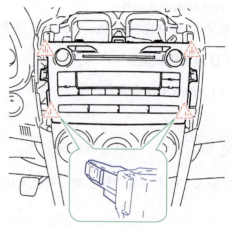

图 18-5-4　脱开 4 个卡子

❼拆卸 4 个螺钉和 2 号 CD 机支架（图 18-5-5）。
❽拆卸 4 个螺钉和 1 号 CD 机支架（图 18-5-6）。

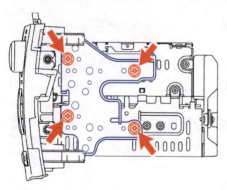

图 18-5-5　拆卸 4 个螺钉和 2 号 CD 机支架

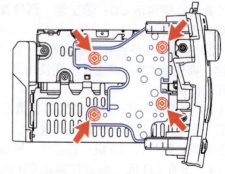

图 18-5-6　拆卸 4 个螺钉和 1 号 CD 机支架

❾拆卸 CD 机总成。

2. 安装 CD 机

❶安装 CD 机总成。
❷安装 1 号 CD 机支架。
❸安装 2 号 CD 机支架。
❹安装带支架的 CD 机，连接每个连接器，接合 4 个卡子。

❺ 用 4 个螺栓安装带支架的 CD 机。
❻ 安装中央仪表板调风器总成。
❼ 安装仪表板左端装饰板。
❽ 安装仪表板右端装饰板。
❾ 安装仪表板左下装饰板。
❿ 安装仪表板右下装饰板。

第六节　检查无线电广播设备

1. 检查 CD 机

检查 CD 机的自动电台搜索功能。
启动 CD 机自动电台搜索功能，以检查其工作情况。
若异常，则重新正确安装 CD 机；若正常，则更换 CD 机。

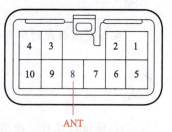

图 18-6-1　断开 CD 机连接器

2. 检查 CD 机电源电压

❶ 断开 CD 机连接器 E1。
❷ 根据图 18-6-1 和表 18-6-1 中的值测量电压。

表 18-6-1　标准电压

检测仪连接	条件	规定状态
E1-8（ANT）- 车身搭铁	点火开关置于 ON（IG）位置 收音机开关置于 ON 位置	11～14V

若异常，则更换 CD 机；若正常，则检查选装件。

3. 检查选装件

检查是否安装了任何可能降低接收能力的选装件，如遮阳薄膜或电话天线等。

> 小心：
> 严禁未经客户同意擅自拆除客户安装的选装件。

若异常，则检查 CD 机；若正常，则拆卸选装件并再次检查。

4. 检查 CD 机噪声

❶ 从 CD 机上拔下天线插头。

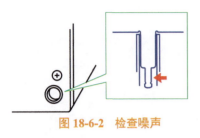

图 18-6-2　检查噪声

❷ 检查噪声（图 18-6-2）。

a. 在 CD 机连接器保持连接时，将点火开关置于 ON（ACC）位置。

b. 打开 CD 机，进入 AM 模式。

❸ 在 CD 机天线插座上放置一把螺丝刀、细金属丝或其他金属物体，检查并确认能否从扬声器中听到噪声。

若异常，则更换 CD 机；若正常，则检查玻璃天线。

5. 检查玻璃天线

检查天线的导通性（图 18-6-3）。

提示：

在各天线引线的中部检查其导通性。

小心：

① 清洁玻璃时，使用柔软干布沿引线方向擦拭玻璃。
② 不要损坏引线。
③ 不要使用含有研磨成分的去垢剂或玻璃清洁剂。

测量电压时，在负极探针头部裹一片锡箔纸，并用手指将锡箔纸按压到引线上。

若异常，则维修玻璃天线；若正常，则检查天线导线。

6. 检查天线导线

❶ 拆下 CD 机的天线插头和天线。
❷ 测量天线与 CD 机之间的电阻，以检查天线导线是否断路。
若异常，则更换天线导线；若正常，则更换天线放大器。

7. 更换天线放大器

更换天线放大器并检查是否能正常接收无线电广播。
若异常，则更换 CD 机；若正常，则检修完成。

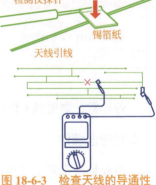

图 18-6-3　检查天线的导通性

第七节　检查扬声器电路

说明：

当收音机有内置式放大器时，声音信号通过此电路从收音机发送至扬声器。

一、扬声器电路图（图18-7-1）

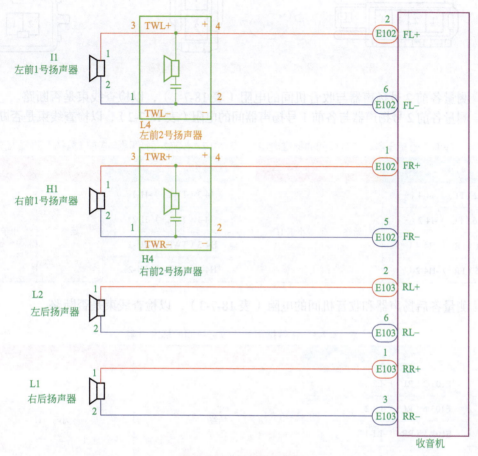

图18-7-1　扬声器电路图

二、检查流程

1. 检查线束和连接器

① 从收音机和扬声器上断开如图18-7-2～图18-7-6所示的连接器。

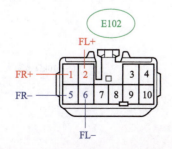

图18-7-2　断开收音机E102连接器

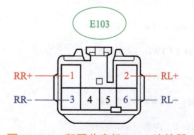

图18-7-3　断开收音机E103连接器

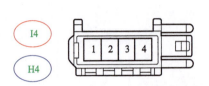
图 18-7-4 断开前 2 号扬声器连接器

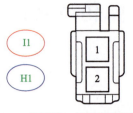
图 18-7-5 断开前 1 号扬声器连接器

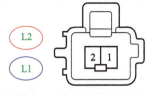
图 18-7-6 断开后扬声器连接器

❷ 测量各前 2 号扬声器与收音机间的电阻（表 18-7-1），以检查线束是否断路。

❸ 测量各前 2 号扬声器与各前 1 号扬声器间的电阻（表 18-7-2），以检查线束是否断路。

表 18-7-1 各前 2 号扬声器与收音机间的标准电阻

检测仪连接	条件	规定状态
E102-2（FL+）-I4-4（+）	始终	小于 1Ω
E102-6（FL-）-I4-2（-）		
E102-1（FR+）-H4-4（+）		
E102-5（FR-）-H4-2（-）		

表 18-7-2 各前 2 号扬声器与各前 1 号扬声器间的标准电阻

检测仪连接	条件	规定状态
I4-3（TWL+）-I1-1	始终	小于 1Ω
I4-1（TWL-）-I1-2		
H4-3（TWR+）-H1-1		
H4-1（TWR-）-H1-2		

❹ 测量各后扬声器和收音机间的电阻（表 18-7-3），以检查线束是否断路。

表 18-7-3 各后扬声器与收音机间的标准电阻

检测仪连接	条件	规定状态
E103-2（RL+）-L2-1	始终	小于 1Ω
E103-6（RL-）-L2-2		
E103-1（RR+）-L1-1		
E103-3（RR-）-L1-2		

❺ 测量各扬声器与车身搭铁间的电阻（表 18-7-4），以检查线束是否短路。

表 18-7-4 各扬声器与车身搭铁间的标准电阻

检测仪连接	条件	规定状态
E102-2（FL+）- 车身搭铁	始终	10kΩ 或更大
E102-6（FL-）- 车身搭铁		
E102-1（FR+）- 车身搭铁		
E102-5（FR-）- 车身搭铁		
I4-3（TWL+）- 车身搭铁		
I4-1（TWL-）- 车身搭铁		
H4-3（TWR+）- 车身搭铁		
H4-1（TWR-）- 车身搭铁		
E103-2（RL+）- 车身搭铁		

续表

检测仪连接	条件	规定状态
E103-6（RL-）- 车身搭铁	始终	10kΩ 或更大
E103-1（RR+）- 车身搭铁		
E103-3（RR-）- 车身搭铁		

若异常，则维修或更换线束或连接器。若正常，则检查前 1 号扬声器。

2．检查前 1 号扬声器

测量前 1 号扬声器端子之间的电阻（表 18-7-5）。

表 18-7-5　前 1 号扬声器端子之间的标准电阻

检测仪连接	条件	规定状态
I1-1-I1-2	始终	约 4Ω
H1-1-H1-2		

若异常，则更换前 1 号扬声器。若正常，则检查前 2 号扬声器。

3．检查前 2 号扬声器

安装另一个正常扬声器后，检查故障是否消失。

提示：
① 将所有连接器连接至前 2 号扬声器。
② 不能确定是左前扬声器还是右前扬声器出现故障时，则互换这两个扬声器进行检查。
③ 对左侧和右侧执行以上检查。

若异常，则更换前 1 号扬声器。若正常，则检查后扬声器。

4．检查后扬声器

测量后扬声器端子之间的电阻（表 18-7-6）。

表 18-7-6　后扬声器端子之间的标准电阻

检测仪连接	条件	规定状态
L2-1-L2-2	始终	约 4Ω
L1-1-L1-2		

若异常，则更换后扬声器。若正常，则继续检查故障症状的下一个电路。

第八节 检查收音机电源电路

一、收音机电源电路图（图18-8-1）

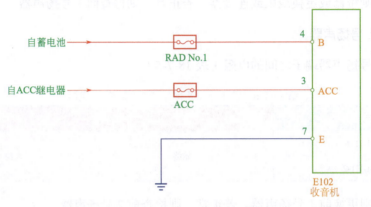

图 18-8-1 收音机电源电路图

二、检查流程

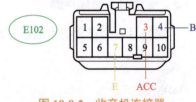

图 18-8-2 收音机连接器

❶ 断开收音机连接器。
❷ 根据图 18-8-2 和表 18-8-1 中的数值测量电阻。

表 18-8-1 标准电阻

检测仪连接	条件	规定状态
E102-7（E）- 车身搭铁	始终	小于 1Ω

❸ 根据图 18-8-2 和表 18-8-2 中的值测量电压。

表 18-8-2 标准电压

检测仪连接	条件	规定状态
E102-4（B）-E102-7（E）	始终	11～14V
E102-3（ACC）-E102-7（E）	点火开关置于 ON（IG）位置	

若异常，则维修或更换线束或连接器；若正常，则继续检查故障症状的下一个电路。

第十九章 汽车车灯及其线路的检查与更换

第一节 检查车灯线路

一、IG 信号电路

> **说明：**
> ① 主车身 ECU 接收 IG 信号以控制如下所示的车外灯控系统。
> a. 自动灯控。
> b. 车灯自动关闭控制。
> ② 主车身 ECU 接收 ACC 信号以控制上车照明系统。

1. IG 信号电路图（图 19-1-1）

图 19-1-1　IG 信号电路图

2. 检查流程

（1）读取数据流（表 19-1-1）

表 19-1-1　主车身（主车身 ECU）

检测仪显示	测量项目 / 范围	正常状态	诊断备注
IG SW	点火开关或发动机开关 IG 信号 /ON 或 OFF	ON：点火开关置于 ON（IG）位置 OFF：点火开关置于 OFF 位置	—

若异常，则检查熔丝（ECU-IG No.1）；若正常，则继续检查故障症状表中所示的下一个电路。

（2）检查熔丝（ECU-IG No.1）

❶ 从仪表板接线盒上拆下熔丝（ECU-IG No.1）。

❷ 根据表 19-1-2 中的值测量电阻。

表 19-1-2　标准电阻

检测仪连接	条件	规定状态
ECU-IG No.1 熔丝	始终	小于 1Ω

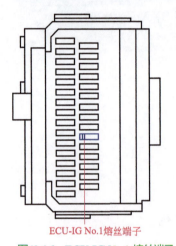

图19-1-2　ECU-IG No.1 熔丝端子

若异常，则更换熔丝；若正常，则检查线束和连接器（IG 电源电路）。

（3）检查线束和连接器（IG 电源电路）　测量熔丝加载槽与车身搭铁之间的电压（图 19-1-2 和表 19-1-3）。

表 19-1-3　标准电压

检测仪连接	开关状态	规定状态
ECU-IG No.1 熔丝 端子 - 车身搭铁	点火开关置于 OFF 位置	低于 1V
	点火开关置于 ON（IG）位置	11 ～ 14V

若异常，则维修或更换线束或连接器；若正常，则更换主车身 ECU（仪表板接线盒）。

二、ACC 信号电路

 说明：

主车身 ECU 接收 ACC 信号以控制上车照明系统。

▪ 1. ACC 信息电路图（图 19-1-3）

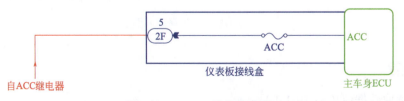

图 19-1-3　ACC 信息电路图

2. 检查流程

（1）读取数据流（表 19-1-4）

表 19-1-4　主车身（主车身 ECU）

检测仪显示	测量项目/范围	正常状态	诊断备注
ACC SW	点火开关或发动机开关 ACC 信号/ON 或 OFF	ON：点火开关置于 ON（ACC）位置 OFF：点火开关置于 OFF 位置	—

若异常，则检查熔丝（ACC）；若正常，则继续检查故障症状表中所示的下一个电路。

（2）检查熔丝（ACC）
❶ 将熔丝从仪表板接线盒上拆下。
❷ 根据表 19-1-5 中的值测量电阻。

表 19-1-5　标准电阻

检测仪连接	条件	规定状态
ACC 熔丝	始终	小于 1Ω

若异常，则更换熔丝（ACC）；若正常，则检查线束和连接器（ACC 电源电路）。

（3）检查线束和连接器（ACC 电源电路）　测量熔丝加载槽与车身搭铁之间的电压（图 19-1-4 和表 19-1-6）。

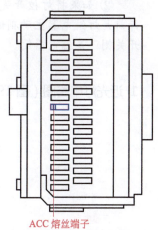

图 19-1-4　ACC 熔丝端子

表 19-1-6　标准电压

检测仪连接	开关状态	规定状态
ACC 熔丝端子 - 车身搭铁	点火开关置于 OFF 位置	低于 1V
	点火开关置于 ON（ACC）位置	11～14V

若异常，则维修或更换线束或连接器；若正常，则更换主车身 ECU（仪表板接线盒）。

第二节　近光灯的检查与更换

 一、检查近光灯

 说明：

① 主车身接收灯控开关 HEAD 信号，以控制前大灯继电器。

② 灯控开关置于 AUTO 位置时，主车身 ECU 接收来自自动灯控传感器的环境照明等级信号以控制前大灯继电器。

> **提示：**
>
> ① 如果只有一侧的一个近光前大灯灯泡没有亮起，则检查此灯泡和与其连接的熔丝或线束。
>
> ② 如果将灯控开关置于 HEAD 位置时，左右两侧的近光前大灯都没有亮起，则执行前大灯继电器主动测试，并读取数据表中灯控开关 HEAD 信号值，以确定故障存在于开关侧还是继电器侧。

1. 近光灯电路图（图 19-2-1）

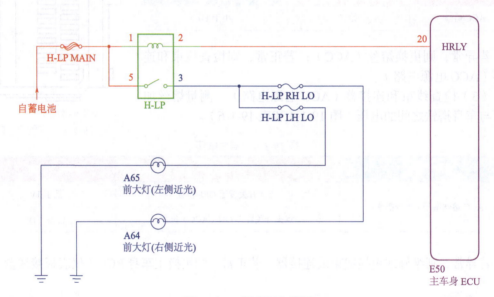

图 19-2-1 近光灯电路图

2. 检查流程

（1）用诊断仪进行主动测试　若异常，则读取数据流；若正常，则继续检查故障症状表中所示的下一个电路。

（2）读取数据流（表 19-2-1）

表 19-2-1 主车身（主车身 ECU）

检测仪显示	测量项目/范围	正常状态	诊断备注
Head Light SW（Head）	灯控开关 HEAD 信号/ON 或 OFF	ON：灯控开关置于 HEAD 位置 OFF：灯控开关未置于 HEAD 位置	—

若异常，则继续检查故障症状表中所示的下一个电路；若正常，则检查熔丝（H-LP MAIN）。

（3）检查熔丝（H-LP MAIN）

❶ 从发动机室继电器盒中拆下熔丝（H-LP MAIN）。

❷ 根据表 19-2-2 中的值测量电阻。

表 19-2-2　标准电阻（一）

检测仪连接	条件	规定状态
H-LP MAIN 熔丝	始终	小于 1Ω

若异常，则更换熔丝；若正常，则检查发动机室继电器盒。

（4）检查发动机室继电器盒

❶ 将熔丝安装到发动机室继电器盒中。

❷ 从发动机室接线盒中拆下 H-LP LH LO 熔丝和 H-LP RH LO 熔丝。

❸ 测量各熔丝加载槽与车身搭铁之间的电压（图 19-2-2 和表 19-2-3）。

表 19-2-3　标准电压（一）

检测仪连接	开关状态	规定状态
H-LP LH LO 熔丝端子 - 车身搭铁	灯控开关 OFF→HEAD	低于 1V→11～14V
H-LP RH LO 熔丝端子 - 车身搭铁		

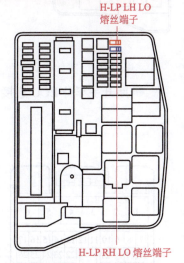

图 19-2-2　熔丝端子

若异常，则检查前大灯继电器（H-LP）；若正常，则维修或更换线束或连接器（熔丝 - 车身搭铁）。

（5）检查前大灯继电器（H-LP）

❶ 从发动机室继电器盒上拆下前大灯继电器。

❷ 根据图 19-2-3 和表 19-2-4 中的值测量电阻。

表 19-2-4　标准电阻（二）

检测仪连接	条件	规定状态
3-5	在端子 1 和 2 间未施加电压	10kΩ 或更大
	在端子 1 和 2 间施加电压	小于 1Ω

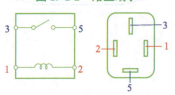

图 19-2-3　前大灯继电器

若异常，则更换前大灯继电器；若正常，则检查线束和连接器（蓄电池 - 前大灯继电器）。

（6）检查线束和连接器（蓄电池 - 前大灯继电器）

根据图 19-2-4 和表 19-2-5 中的值测量继电器盒侧的电压。

图 19-2-4　继电器端子

表 19-2-5　标准电压（二）

检测仪连接	条件	规定状态
前大灯继电器端子 5- 车身搭铁	始终	11～14V
前大灯继电器端子 1- 车身搭铁		

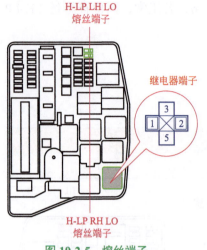

图 19-2-5 熔丝端子

若异常，则维修或更换线束或连接器；若正常，则检查线束和连接器（前大灯继电器 - 熔丝）。

（7）检查线束和连接器（前大灯继电器 - 熔丝）根据图 19-2-5 和表 19-2-6 中的值测量电阻。

表 19-2-6　标准电阻（一）

检测仪连接	条件	规定状态
前大灯继电器端子 3-H-LP LH LO 熔丝端子	始终	小于 1Ω
前大灯继电器端子 3-H-LP RH LO 熔丝端子		

若异常，则维修或更换线束或连接器；若正常，则检查线束和连接器（前大灯继电器 - 主车身 ECU）。

（8）检查线束和连接器（前大灯继电器 - 主车身 ECU）

❶ 断开主车身 ECU 连接器 E50（图 19-2-6）。

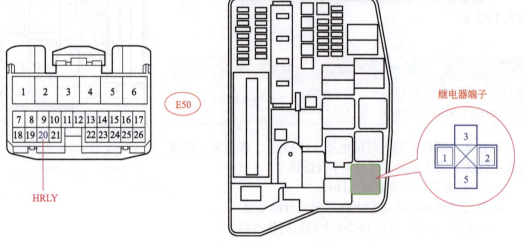

图 19-2-6　断开主车身 ECU 连接器 E50

❷ 根据表 19-2-7 中的值测量电阻。

表 19-2-7　标准电阻（二）

检测仪连接	条件	规定状态
前大灯继电器端子 2-E50-20（HRLY）	始终	小于 1Ω
E50-20（HRLY）- 车身搭铁		

若异常，则维修或更换线束或连接器；若正常，则更换主车身 ECU（仪表板接线盒）。

 二、更换近光灯

❶ 拔下线束插接器。

❷ 逆时针旋转近光灯灯座，取下近光灯（图 19-2-7）。

 小心：

不要用手指触摸灯泡玻璃。

❸ 顺时针旋入近光灯。
❹ 连接近光灯线束。
❺ 打开近光灯，检查近光灯是否点亮。

图 19-2-7　旋出近光灯

第三节　远光灯的检查与更换

 一、检查远光灯

 说明：

① 当同时满足下列两个条件时，远光前大灯亮起。
a. 用自动灯控或手动灯控使近光前大灯亮起。
b. 变光开关置于 HIGH 位置。
② 当变光开关置于 HIGH FLASH 位置时，远光前大灯亮起。

 提示：

① 如果只有一侧远光前大灯不亮，则检查熔丝、灯泡或与灯泡相关的线束。
② 如果近光前大灯亮起且变光开关置于 HIGH 位置时，左右两侧的远光前大灯都没有亮起，则执行远光前大灯继电器主动测试，并读取数据表中变光开关 HIGH 信号值，以确定故障存在于开关侧还是继电器侧。
③ 执行远光前大灯控制系统故障排除前，检查并确认近光前大灯工作正常。

1. 远光灯电路图（图 19-3-1）

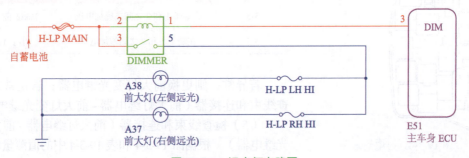

图 19-3-1　远光灯电路图

2. 检查流程

（1）用电脑诊断仪进行主动测试　若异常，则读取数据流；若正常，则继续检查故障症状表中所示的下一个电路。

（2）读取数据流（表 19-3-1）

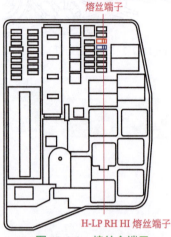

图 19-3-2　熔丝盒端子

表 19-3-1　主车身（主车身 ECU）

检测仪显示	测量项目/范围	正常状态
Dimmer Hi SW	变光开关 HIGH 信号 /ON 或 OFF	ON：变光开关置于 HIGH 位置 OFF：变光开关置于 LOW 位置
Passing Light SW	变光开关 HIGH FLASH 信号 /ON 或 OFF	ON：变光开关置于 HIGH FLASH（PASS）位置 OFF：变光开关未置于 HIGH FLASH（PASS）位置

若异常，则继续检查故障症状表中所示的下一个电路；若正常，则检查发动机室接线盒。

（3）检查发动机室接线盒　测量各熔丝加载槽与车身搭铁之间的电压（图 19-3-2 和表 19-3-2）。

表 19-3-2　标准电压

检测仪连接	开关状态	规定状态
H-LP LH HI 熔丝端子 - 车身搭铁	灯控开关置于 HEAD 位置，变光开关从 LOW→HIGH 位置	低于 1V→11～14V
H-LP RH HI 熔丝端子 - 车身搭铁		

若异常，则检查前大灯变光继电器（DIM）；若正常，则维修或更换线束或连接器（熔丝 - 车身搭铁）。

（4）检查前大灯变光继电器（DIM）

❶ 从发动机室继电器盒上拆下前大灯变光继电器。

❷ 根据图 19-3-3 和表 19-3-3 中的值测量电阻。

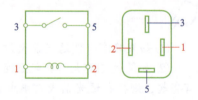

图 19-3-3　前大灯变光继电器

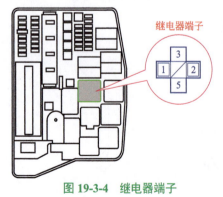

图 19-3-4　继电器端子

表 19-3-3　标准电阻

检测仪连接	条件	规定状态
3-5	在端子 1 和 2 之间未施加电压	10kΩ 或更大
3-5	在端子 1 和 2 之间施加电压	小于 1Ω

若异常，则更换前大灯变光继电器；若正常，则检查线束和连接器（前大灯继电器 - 前大灯变光继电器）。

（5）检查线束和连接器（前大灯继电器 - 前大灯变光继电器）　根据图 19-3-4 和表 19-3-4 中的值测量电压。

表 19-3-4 标准电压

检测仪连接	条件	规定状态
前大灯变光继电器端子 2- 车身搭铁	灯控开关 OFF→HEAD	低于 1V→11～14V
前大灯变光继电器端子 3- 车身搭铁		

若异常，则维修或更换线束或连接器；若正常，则检查线束和连接器（前大灯变光继电器 - 熔丝）。

（6）检查线束和连接器（前大灯变光继电器 - 熔丝） 根据图 19-3-5 和表 19-3-5 中的值测量电阻。

表 19-3-5 标准电阻

检测仪连接	条件	规定状态
前大灯变光继电器端子 5-H-LP LH HI 熔丝端子	始终	小于 1Ω
前大灯变光继电器端子 5-H-LP RH HI 熔丝端子		

图 19-3-5 熔丝端子

若异常，则维修或更换线束或连接器；若正常，则检查线束和连接器（前大灯变光继电器 - 主车身 ECU）。

（7）检查线束和连接器（前大灯变光继电器 - 主车身 ECU）

❶ 断开主车身 ECU 连接器 E51（图 19-3-6）。

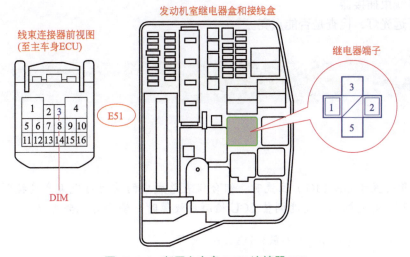

图 19-3-6 断开主车身 ECU 连接器 E51

❷ 根据表 19-3-6 中的值测量电阻。

表 19-3-6 标准电阻

检测仪连接	条件	规定状态
前大灯变光继电器端子 1-E51-3（DIM）	始终	小于 1Ω
E51-3（DIM）- 车身搭铁		10kΩ 或更大

若异常，则维修或更换线束或连接器；若正常，则更换主车身ECU（仪表板接线盒）。

二、更换远光灯

❶ 拔出远光灯线束插接器。
❷ 逆时针旋出远光灯（图19-3-7）。

> **小心：**
> 不要用手指触摸灯泡玻璃。

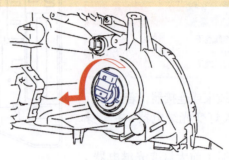

图19-3-7　逆时针旋出远光灯

❸ 顺时针旋入远光灯。
❹ 连接线束插接器。
❺ 打开远光灯，检查是否能点亮。

 第四节　警告灯的检查

> **说明：**
> 点火开关置于ON（IG）位置时，组合仪表总成中的前大灯光束高度控制系统警告灯亮起约3s。前大灯光束高度调整ECU检测到故障时，警告灯也会亮起。

 一、警告灯电路图（图19-4-1）

图19-4-1　警告灯电路图

二、检查流程

1. 检查组合仪表

① 拆下组合仪表总成。
② 将蓄电池（+）引线连接到端子33（IG+），（-）引线连接到端子19（LVWG）（图19-4-2）。
③ 检查并确认警告灯亮起。
若异常，则更换组合仪表；若正常，则检查线束和连接器（蓄电池-组合仪表）。

2. 检查线束和连接器（蓄电池-组合仪表）

① 断开组合仪表总成连接器E46。
② 根据图19-4-3和表19-4-1中的值测量电压。

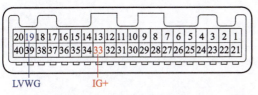

图19-4-2 组合仪表连接器　　　　图19-4-3 断开组合仪表总成连接器E46

表19-4-1 标准电压

检测仪连接	开关状态	规定状态
E46-33（IG+）-车身搭铁	点火开关置于ON（IG）位置	11～14V
	点火开关置于OFF位置	低于1V

若异常，则维修或更换线束或连接器；若正常，则检查线束和连接器（组合仪表-前大灯光束高度调整ECU）。

3. 检查线束和连接器（组合仪表-前大灯光束高度调整ECU）

① 断开前大灯光束高度调整ECU连接器A35。
② 根据图19-4-4、图19-4-5和表19-4-2中的值测量电阻。

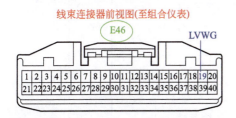 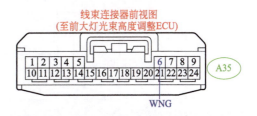

图19-4-4 组合仪表连接器　　　　图19-4-5 前大灯光束高度调整ECU连接器

表19-4-2 标准电阻

检测仪连接	条件	规定状态
A35-6（WNG）-E46-19（LVWG）	始终	小于1Ω
A35-6（WNG）-车身搭铁		10kΩ或更大

若异常，则维修或更换线束或连接器；若正常，则继续检查故障症状表中所示的下一个电路。

第五节　前雾灯的检查与更换

说明：

① 当同时满足下列两个条件时，前雾灯亮起。
a. 通过自动灯控或手动灯控使尾灯亮起。
b. 前雾灯开关置于 ON 位置。
② 当符合下列任何条件时，前雾灯熄灭。
a. 前雾灯开关处于 OFF 位置。
b. 尾灯熄灭。

提示：

① 执行前雾灯控制故障排除前，检查并确认尾灯工作正常。
② 如果仅一侧的前雾灯没有亮起，则检查灯泡或与该灯泡相关的线束。
③ 如果左右两侧的前雾灯都没有亮起，则执行前雾灯继电器主动测试，并读取数据表中的前雾灯开关值，以确定是开关侧还是继电器侧存在故障。

一、前雾灯电路图（图 19-5-1）

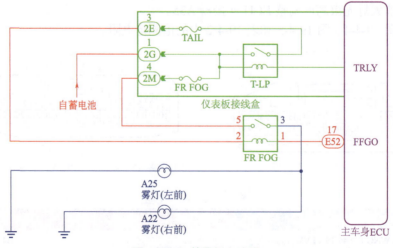

图 19-5-1　前雾灯电路图

二、检查流程

1. 使用电脑诊断仪进行主动测试（表 19-5-1）

表 19-5-1 主车身（主车身 ECU）（一）

检测仪显示	测试部位	控制范围	诊断备注
Front Fog Light Relay	前雾灯继电器	ON/OFF	—

若异常，则读取数据流；若正常，则继续检查故障症状表中所示的下一个电路。

2. 读取数据流（表 19-5-2）

表 19-5-2 主车身（主车身 ECU）（二）

检测仪显示	测量项目/范围	正常状态	诊断备注
Front Fog Light SW	前雾灯开关信号/ON 或 OFF	ON：前雾灯开关置于 ON 位置 OFF：前雾灯开关置于 OFF 位置	—

若异常，则继续检查故障症状表中所示的下一个电路；若正常，则检查熔丝（FR FOG）。

3. 检查熔丝（FR FOG）

❶ 将 FR FOG 熔丝从仪表板接线盒上拆下。
❷ 根据表 19-5-3 中的值测量电阻。

表 19-5-3 标准电阻（一）

检测仪连接	条件	规定状态
FR FOG 熔丝	始终	小于 1Ω

若异常，则更换熔丝；若正常，则检查前雾灯继电器（FR FOG）。

4. 检查前雾灯继电器（FR FOG）

❶ 从 6 号继电器盒上拆下前雾灯继电器。
❷ 根据图 19-5-2 和表 19-5-4 中的值测量电阻。

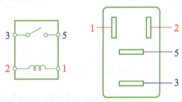

图 19-5-2 前雾灯继电器
1～3，5—端子

表 19-5-4 标准电阻（二）

检测仪连接	条件	规定状态
3-5	在端子 1 和 2 之间未施加电压	10kΩ 或更大
3-5	在端子 1 和 2 之间施加电压	小于 1Ω

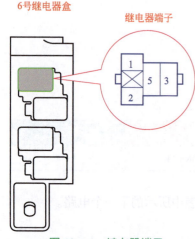

若异常，则更换前雾灯继电器；若正常，则检查线束和连接器（蓄电池 - 前雾灯继电器）。

5. 检查线束和连接器（蓄电池 - 前雾灯继电器）

根据图 19-5-3 和表 19-5-5 中的值测量电压。

表 19-5-5　标准电压

检测仪连接	条件	规定状态
前雾灯继电器端子 5- 车身搭铁	始终	11 ～ 14V
前雾灯继电器端子 2- 车身搭铁	灯控开关 OFF→TAIL	低于 1V→11 ～ 14V

图 19-5-3　继电器端子

若异常，则维修或更换线束或连接器；若正常，则检查线束和连接器（前雾灯继电器 - 主车身 ECU）。

6. 检查线束和连接器（前雾灯继电器 - 主车身 ECU）

❶ 断开主车身 ECU 连接器 E52（图 19-5-4）。

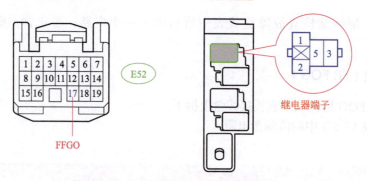

图 19-5-4　断开主车身 ECU 连接器 E52

❷ 根据表 19-5-6 中的值测量电阻。

表 19-5-6　标准电阻

检测仪连接	条件	规定状态
前雾灯继电器端子 1-E52-17（FFGO）	始终	小于 1Ω
E52-17（FFGO）- 车身搭铁	始终	10kΩ 或更大

若异常，则维修或更换线束或连接器；若正常，则检查主车身 ECU（仪表板接线盒）。

7. 检查主车身 ECU（仪表板接线盒）

❶ 重新连接主车身 ECU 连接器 E52。
❷ 将前雾灯继电器安装到 6 号继电器盒上。

❸ 根据图 19-5-5 和表 19-5-7 中的值测量电压。

表 19-5-7　标准电压

检测仪连接	开关状态	规定状态
E52-17（FFGO）- 车身搭铁	灯控开关置于 TAIL 位置，前雾灯开关从 OFF→ON	11～14V→ 低于 1V

若异常，则更换主车身 ECU（仪表板接线盒）；若正常，则维修或更换线束或连接器（前雾灯继电器 - 车身搭铁）。

三、更换前雾灯

❶ 拔下线束插接器。
❷ 逆时针旋出前雾灯（图 19-5-6）。

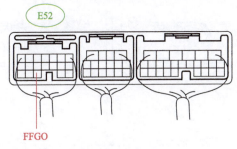

图 19-5-5　测量端子

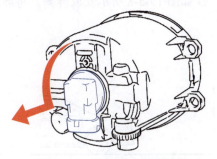

图 19-5-6　逆时针旋出前雾灯

❸ 顺时针旋入前雾灯。
❹ 连接线束插接器。

四、雾灯对光调整

1. 检查车辆

❶ 确保雾灯周围的车身没有损坏或变形。
❷ 加注燃油，确保油液加注到规定液位。
❸ 确保发动机冷却液加注到规定液位。
❹ 将轮胎充气至适当压力。
❺ 将后备厢和车辆卸载，确保备胎、工具和千斤顶在原来的位置。
❻ 让一个体重一般（75kg）的人坐在驾驶员座椅上。
❼ 对于带有高度可调悬架的车辆，应在调整雾灯对光前将车辆高度调节到最低。

2. 准备车辆

❶ 将车辆放置在足够黑暗的环境中，以便可以清晰观察到明暗截止线。明暗截止线是一条分界线，在其下面可以观察到雾灯的灯光，而在其上面则观察不到。
❷ 将车辆与墙壁呈 90° 角停放。

视频精讲

❸ 在车辆（雾灯灯泡中心）和墙壁之间空出25m距离（图19-5-7）。
❹ 确保车辆处在水平表面上。
❺ 上下弹动车辆以使悬架就位。

小心：

为了保证对光调整准确，在车辆（雾灯灯泡中心）和墙壁之间必须空出25m距离。如果没有足够的距离，应保证至少有3m的距离以进行雾灯对光检查和调整。

3. 准备屏幕

❶ 准备一张厚一些的白纸或白布［约2m（高）×4m（宽）］作为屏幕。
❷ 沿屏幕中心向下画一条垂直线（V线）。
❸ 如图19-5-8所示安放屏幕。将屏幕上的V线与车辆中心对准。

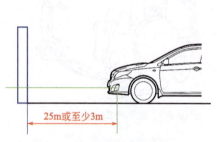

图19-5-7 车辆（雾灯灯泡中心）和墙壁之间的距离

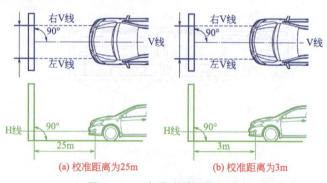

(a) 校准距离为25m　　(b) 校准距离为3m

图19-5-8 布置测量背景

❹ 在屏幕上画基线（H线、左V线和右V线）（图19-5-9）。

提示：

在屏幕上做出雾灯灯泡中心标记。如果在雾灯上不能观察到中心标记，则以雾灯灯泡中心或标记在雾灯上的制造商名称作为中心标记。

图19-5-9 在屏幕上画基线

a. H线（雾灯高度）：在屏幕上穿过中心标记画一条水平线。H线应与近光雾灯的灯泡中心标记等高。

b. 左V线、右V线［左侧（LH）和右侧（RH）雾灯的中心标记位置］：画两条垂直的线，使它们在各中心标记处与H线相交。

4. 雾灯对光检查

❶ 遮住雾灯或断开另一侧的雾灯连接器，以防止未接受检查的雾灯影响该雾灯的对光检查。

小心：

盖住雾灯的时间不要超过3min，雾灯透镜是用合成树脂制成的，过热可能会导致其熔化或损坏。

❷ 启动发动机。
❸ 打开雾灯并检查明暗截止线是否在图19-5-10所示的规定区域内。

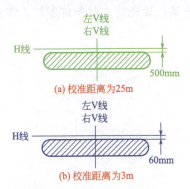

图 19-5-10　检查明暗截止线

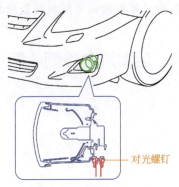

图 19-5-11　垂直调整对光

5. 垂直调整对光（图19-5-11）

用螺丝刀转动对光螺钉，将各个雾灯的对光调整到规定范围内。

 小心：

对光螺钉的最后一转应该是按顺时针方向。如果螺钉紧固过度，则应将其拧松后再次拧紧，这样，螺钉的最后一转才能是顺时针方向。

 提示：

如果不能正确调整雾灯对光，则检查灯泡、雾灯单元和雾灯单元反射器的安装情况。

 第六节　后雾灯的检查与更换

 说明：

① 当同时满足下列所有条件时，后雾灯亮起。

a. 用自动灯控或手动灯控使近光前大灯亮起。
b. 前雾灯点亮。
c. 后雾灯开关处于 ON 位置。
② 当符合下列任何条件时，后雾灯熄灭。
a. 尾灯熄灭。
b. 前雾灯开关处于 OFF 位置。
c. 后雾灯开关处于 OFF 位置。
③ 对后雾灯控制系统执行故障排除之前，检查并确认近光前大灯和前雾灯工作正常。

一、后雾灯电路图（图 19-6-1）

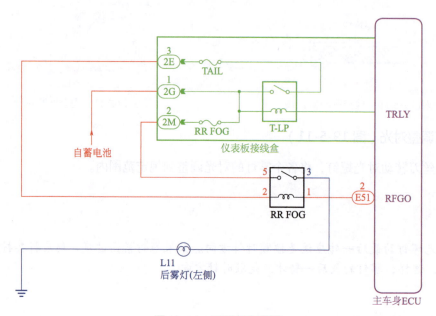

图 19-6-1　后雾灯电路图

二、检查流程

1. 使用电脑进行主动测试（表 19-6-1）

表 19-6-1　主车身（主车身 ECU）（一）

检测仪显示	测试部位	控制范围	诊断备注
Rear Fog Light Relay	后雾灯继电器	ON/OFF	—

若异常，则读取数据流；若正常，则继续检查故障症状表中所示的下一个电路。

2. 读取数据流（表 19-6-2）

表 19-6-2　主车身（主车身 ECU）（二）

检测仪显示	测量项目/范围	正常状态	诊断备注
Rear Fog Light SW	后雾灯开关信号/ON 或 OFF	ON：后雾灯开关置于 ON 位置 OFF：后雾灯开关置于 OFF 位置	—

若异常，则继续检查故障症状表中所示的下一个电路；若正常，则检查熔丝（RR FOG）。

3. 检查熔丝（RR FOG）

❶ 将 RR FOG 熔丝从仪表板接线盒上拆下。
❷ 根据表 19-6-3 中的值测量电阻。

表 19-6-3　标准电阻（一）

检测仪连接	条件	规定状态
RR FOG 熔丝	始终	小于 1Ω

若异常，则更换熔丝；若正常，则检查后雾灯继电器（RR FOG）。

4. 检查后雾灯继电器（RR FOG）

❶ 从 5 号继电器盒上拆下后雾灯继电器。
❷ 根据图 19-6-2 和表 19-6-4 中的值测量电阻。

表 19-6-4　标准电阻（二）

检测仪连接	条件	规定状态
3-5	在端子 1 和 2 之间未施加电压	10kΩ 或更大
3-5	在端子 1 和 2 之间施加电压	小于 1Ω

若异常，则更换后雾灯继电器；若正常，则检查线束和连接器（蓄电池 - 后雾灯继电器）。

5. 检查线束和连接器（蓄电池 - 后雾灯继电器）

根据图 19-6-3 和表 19-6-5 中的值测量电压

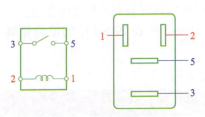

图 19-6-2　后雾灯继电器
1～3，5—端子

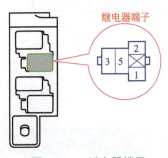

图 19-6-3　继电器端子

表 19-6-5　标准电压（一）

检测仪连接	条件	规定状态
后雾灯继电器端子 5- 车身搭铁	始终	11～14V
后雾灯继电器端子 2- 车身搭铁	灯控开关 OFF→TAIL	低于 1V→11～14V

若异常，则维修或更换线束或连接器；若正常，则检查线束和连接器（后雾灯继电器 - 主车身 ECU）。

6. 检查线束和连接器（后雾灯继电器 - 主车身 ECU）

❶ 断开主车身 ECU 连接器 E51（图 19-6-4）。

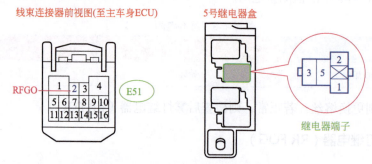

图 19-6-4　断开主车身 ECU 连接器 E51

❷ 根据表 19-6-6 中的值测量电阻。

表 19-6-6　标准电阻

检测仪连接	条件	规定状态
后雾灯继电器端子 1-E51-2（RFGO）	始终	小于 1Ω
E51-2（RFGO）- 车身搭铁	始终	10kΩ 或更大

图 19-6-5　主车身 ECU 连接器

若异常，则维修或更换线束或连接器；若正常，则检查主车身 ECU（仪表板接线盒）。

7. 检查主车身 ECU（仪表板接线盒）

❶ 重新连接主车身 ECU 连接器 E51。
❷ 将后雾灯继电器安装到 5 号继电器盒上。
❸ 根据图 19-6-5 和表 19-6-7 中的值测量继电器盒侧的电压。

表 19-6-7　标准电压（二）

检测仪连接	开关状态	规定状态
E51-2（RFGO）- 车身搭铁	灯控开关置于 HEAD 位置，后雾灯开关从 OFF→ON	11～14V→低于 1V

若异常,则更换主车身 ECU(仪表板接线盒);若正常,则维修或更换线束或连接器(后雾灯继电器 - 车身搭铁)。

三、更换后雾灯

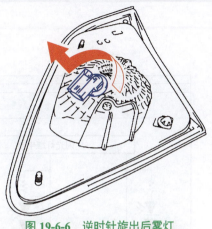

❶ 拔下线束插接器。
❷ 逆时针旋出后雾灯(图 19-6-6)。
❸ 取下后雾灯。
❹ 安装后雾灯,顺时针旋入后雾灯。
❺ 连接线束插接器。

图 19-6-6 逆时针旋出后雾灯

 第七节 危险警告开关的检查与更换

一、转向信号和危险警告灯电路图(图 19-7-1)

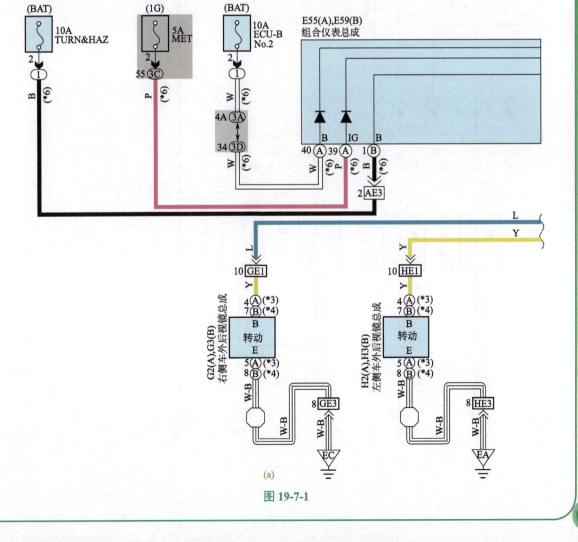

(a)

图 19-7-1

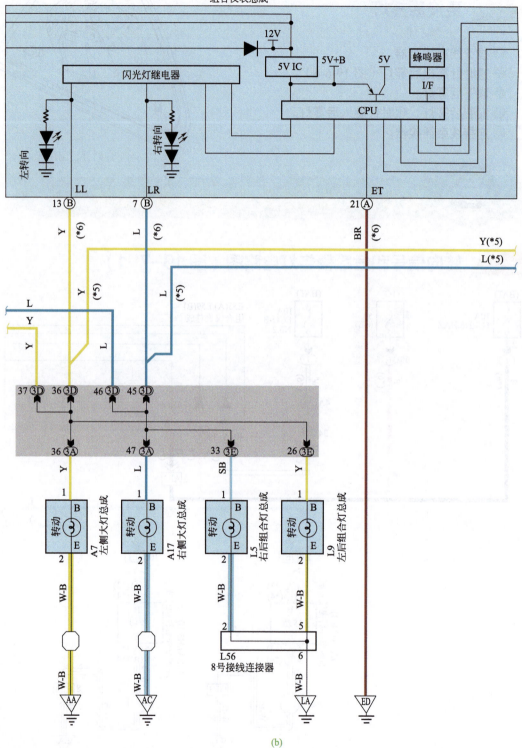

(b)

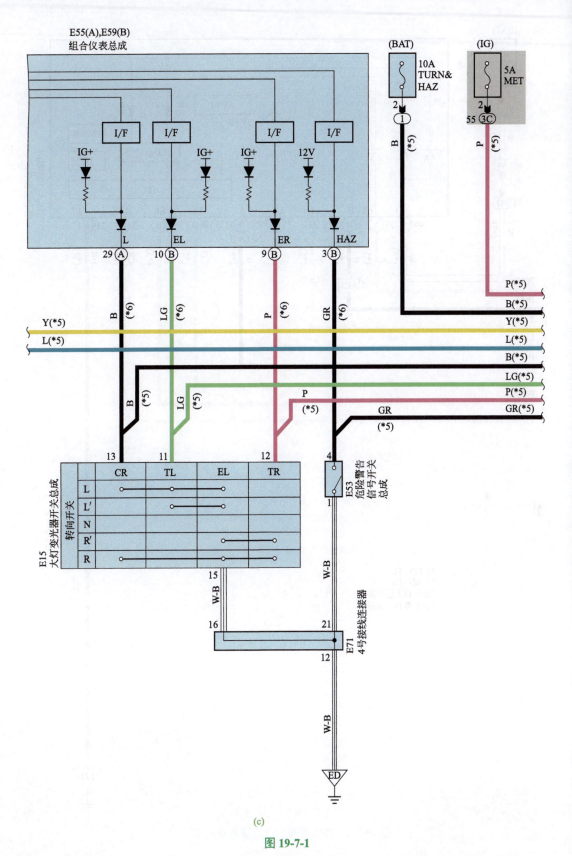

图 19-7-1

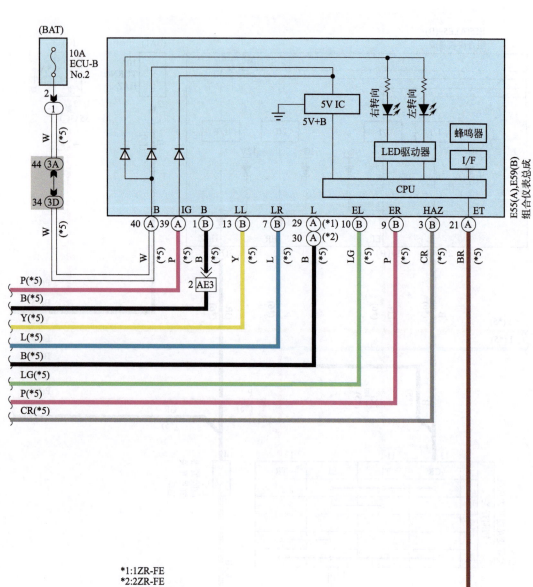

*1:1ZR-FE
*2:2ZR-FE
*5:带TFT显示屏
*6:不带TFT显示屏

(d)

图 19-7-1 转向信号和危险警告灯电路图

检查危险警报灯开关

❶ 根据图 19-7-2 和表 19-7-1 中的值测量电阻。如果结果不符合规定,更换开关。

表 19-7-1 标准电阻

检测仪连接	开关状态	规定状态
1-4	ON	小于 1Ω
	OFF	10kΩ 或更大

图 19-7-2 危险警报灯开关连接器
1～4—端子

❷ 将蓄电池(+)引线连接到端子 3,(-)引线连接到端子 2。
❸ 检查并确认开关闭合。如果结果不符合规定,则更换开关。

更换危险警报灯开关

1. 拆卸危险警报灯开关

❶ 拆卸仪表板左下装饰板。
❷ 拆卸仪表板右下装饰板。
❸ 拆卸仪表板左端装饰板。
❹ 拆卸仪表板右端装饰板。
❺ 拆卸中央仪表板调风器总成。
❻ 拆卸危险警告信号开关总成。脱开 2 个卡爪,拆下危险警告信号开关总成(图 19-7-3)。

2. 安装危险警告信号开关

❶ 接合 2 个卡爪,安装危险警告信号开关总成。

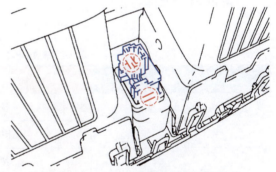

图 19-7-3 拆下危险警告信号开关总成

 小心:

不要使用任何跌落过的开关。

❷ 安装中央仪表板调风器总成。
❸ 安装仪表板左端装饰板。
❹ 安装仪表板右端装饰板。
❺ 安装仪表板左下装饰板。
❻ 安装仪表板右下装饰板。

第八节　制动灯开关的检查与更换

制动灯是与汽车制动系统同步工作的，它通常由制动信号灯开关（图19-8-1）控制。制动灯开关控制搭铁回路，踩下制动踏板后，压下制动灯开关触点，接通制动灯回路，制动灯亮。松开制动踏板，制动灯开关触点断开，制动灯灭。

一、检查制动灯开关

根据图19-8-2和表19-8-1中的值测量电阻。

图19-8-1　制动信号灯开关

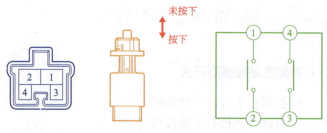

图19-8-2　检查制动灯开关

1～4—端子

表 19-8-1　标准电阻

检测仪连接	开关状态	规定状态
1-2	按下	10kΩ 或更大
	未按下	小于 1Ω
3-4	按下	小于 1Ω
	未按下	10kΩ 或更大

如果结果不符合规定，更换制动灯开关总成。

二、更换制动灯开关

1. 拆卸制动灯开关

❶ 拆卸仪表板1号底罩分总成。
❷ 拆卸制动灯开关总成。
  a. 断开连接器（图19-8-3）。
  b. 逆时针转动制动灯开关总成，将其拆下（图19-8-4）。

视频精讲

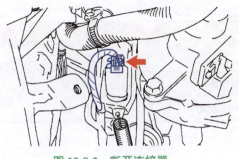
图 19-8-3　断开连接器

图 19-8-4　拆卸制动灯开关总成

2. 安装制动灯开关（图 19-8-5）

插入制动灯开关总成，直到推杆触及到缓冲垫。

 小心：

① 插入制动灯开关总成时，从后面支撑踏板，否则踏板会被按进去。
② 顺时针转动 1/4 圈，安装制动灯开关总成（图 19-8-6）。

图 19-8-5　安装制动灯开关

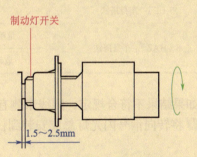
图 19-8-6　调整距离

扭矩：1.5N·m 或更小

第九节　转向信号闪光灯继电器的检查与更换

闪光灯继电器也称闪光器，其作用是产生断续电流，供给转向信号灯，使闪光灯发出一明一暗的信号灯光，指示车辆运行的方向。闪光器电路由低电压开关电路、高电压开关电路、脉冲发生电路、二极放大双管输出电路和两组灯光指示电路组成。将其装在闪光器盒体内，通过它的控制能准确地指明汽车行驶方向。特别具备起自动保护作用的特点，在电路发生短路故障时能自动停止闪光器和灯泡工作。驾驶员通过闪光器上装有的故障指示直观闪光器工作状况，能随时发现和排除故障。检查闪光灯继电器的方法和步骤如下：

① 从仪表板接线盒上拆下转向信号闪光灯总成。
② 根据图 19-9-1 和表 19-9-1 中的值测量电压。

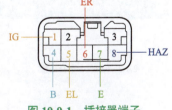
图 19-9-1　插接器端子
1～8—端子

表 19-9-1　标准电压（一）

检测仪连接	条件	规定状态 /V
4（B）- 车身搭铁	始终	11～14
1（IG）- 车身搭铁	点火开关置于 OFF 位置	低于 1
	点火开关置于 ON（IG）位置	11～14

如果结果不符合规定，则线束侧有故障。
❸ 根据表 19-9-2 中的值测量电阻。

表 19-9-2　标准电阻

检测仪连接	条件	规定状态
5（EL）- 车身搭铁	转向信号开关置于 OFF 位置	10kΩ 或更大
	转向信号开关置于 LH 位置	小于 1Ω
6（ER）- 车身搭铁	转向信号开关置于 OFF 位置	10kΩ 或更大
	转向信号开关置于 RH 位置	小于 1Ω
7（E）- 车身搭铁	始终	小于 1Ω
8（HAZ）- 车身搭铁	危险警告开关置于 OFF 位置	10kΩ 或更大
	危险警告开关置于 ON 位置	小于 1Ω

如果结果不符合规定，则线束侧有故障。
❹ 将转向信号闪光灯总成安装到仪表板接线盒上（图 19-9-2）。

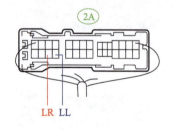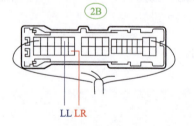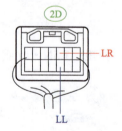

图 19-9-2　仪表板接线盒插接器

❺ 根据表 19-9-3 中的值测量电压。

表 19-9-3　标准电压（二）

检测仪连接	开关状态	规定状态 /V
2A-27（LL）- 车身搭铁	转向信号开关置于 OFF 位置	低于 1
	转向信号开关置于 LH 位置	11～14（每分钟 60～120 次）
	危险警告开关置于 OFF 位置	低于 1
	危险警告开关置于 ON 位置	11～14（每分钟 60～120 次）

续表

检测仪连接	开关状态	规定状态/V
2A-28（LR）- 车身搭铁	转向信号开关置于 OFF 位置	低于 1
	转向信号开关置于 RH 位置	11～14（每分钟 60～120 次）
	危险警告开关置于 OFF 位置	低于 1
	危险警告开关置于 ON 位置	11～14（每分钟 60～120 次）
2B-14（LL）- 车身搭铁	转向信号开关置于 OFF 位置	低于 1
	转向信号开关置于 LH 位置	11～14（每分钟 60～120 次）
	危险警告开关置于 OFF 位置	低于 1
	危险警告开关置于 ON 位置	11～14（每分钟 60～120 次）
2B-31（LR）- 车身搭铁	转向信号开关置于 OFF 位置	低于 1
	转向信号开关置于 RH 位置	11～14（每分钟 60～120 次）
	危险警告开关置于 OFF 位置	低于 1
	危险警告开关置于 ON 位置	11～14（每分钟 60～120 次）
2D-10（LL）- 车身搭铁	转向信号开关置于 OFF 位置	低于 1
	转向信号开关置于 LH 位置	11～14（每分钟 60～120 次）
	危险警告开关置于 OFF 位置	低于 1
	危险警告开关置于 ON 位置	11～14（每分钟 60～120 次）
2D-3（LR）- 车身搭铁	转向信号开关置于 OFF 位置	低于 1
	转向信号开关置于 RH 位置	11～14（每分钟 60～120 次）
	危险警告开关置于 OFF 位置	低于 1
	危险警告开关置于 ON 位置	11～14（每分钟 60～120 次）

如果结果不符合规定，则更换转向信号闪光灯总成。

第十节　灯控灯开关电路的检查

 说明：

主车身 ECU 接收以下信号。
① 灯控开关 TAIL、HEAD 或 AUTO 信号。
② 变光开关 HIGH 或 HIGH FLASH（PASS）信号。
③ 前雾灯开关信号。
④ 后雾灯开关信号。

提示：

执行故障排除时，检查与故障有关的开关。例如，如果左右两侧近光前大灯均不亮，则只读取数据表中的灯控开关 HEAD 信号值。如果数值正常，执行前大灯继电器主动测试。

一、灯控开关电路图（图 19-10-1）

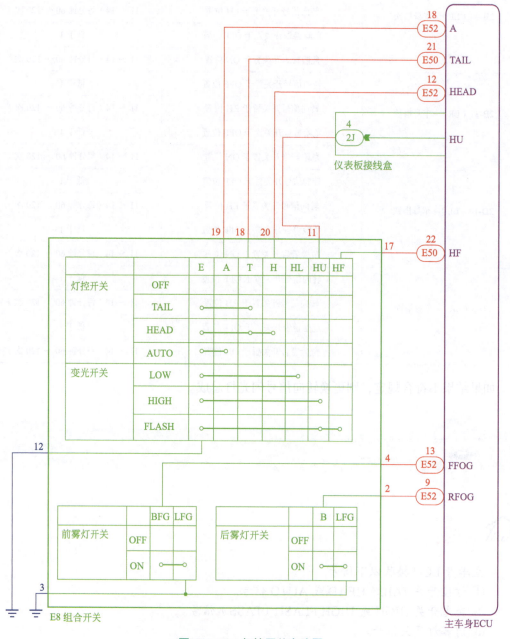

图 19-10-1　灯控开关电路图

 **二、检查流程**

1. 使用电脑读取数据流（表 19-10-1）

表 19-10-1 主车身（主车身 ECU）

检测仪显示	测量项目/范围	正常状态
Dimmer Hi SW	变光开关 HIGH 信号/ON 或 OFF	ON：变光开关置于 HIGH 位置 OFF：变光开关置于 LOW 位置
Passing Light SW	变光开关 FLASH 信号/ON 或 OFF	ON：变光开关置于 HIGH FLASH（PASS）位置 OFF：变光开关未置于 HIGH FLASH（PASS）位置
Front Fog Light SW	前雾灯开关信号/ON 或 OFF	ON：前雾灯开关置于 ON 位置 OFF：前雾灯开关置于 OFF 位置
Rear Fog Light SW	后雾灯开关信号/ON 或 OFF	ON：后雾灯开关置于 ON 位置 OFF：后雾灯开关置于 OFF 位置
Light Auto SW	灯控开关 AUTO 信号/ON 或 OFF	ON：灯控开关置于 AUTO 位置 OFF：灯控开关未置于 AUTO 位置
Headlight SW	灯控开关 HEAD 信号/ON 或 OFF	ON：灯控开关置于 HEAD 位置 OFF：灯控开关未置于 HEAD 位置
Tailight SW	灯控开关 TAIL 信号/ON 或 OFF	ON：灯控开关置于 TAIL 或 HEAD 位置 OFF：灯控开关未置于 TAIL 或 HEAD 位置

若异常，则检查前大灯变光开关总成；若正常，则继续检查故障症状表中所示的下一个电路。

2. 检查前大灯变光开关总成

若异常，则更换前大灯变光开关总成；若正常，则检查线束和连接器（开关-仪表板接线盒和车身搭铁）。

3. 检查线束和连接器（开关-仪表板接线盒和车身搭铁）

❶ 断开前大灯变光开关总成连接器 E8（图 19-10-2）。

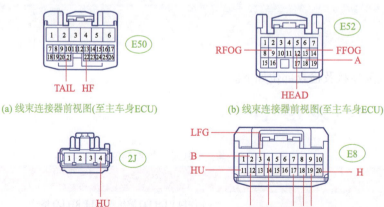

图 19-10-2 断开前大灯变光开关总成连接器 E8

❷ 断开主车身 ECU 连接器 E50 和 E52。
❸ 断开仪表板接线盒总成连接器 2J。
❹ 根据表 19-10-2 和表 19-10-3 中的值测量电阻。

表 19-10-2　标准电阻（一）

检测仪连接	条件	规定状态
E8-2（B）-E52-9（RFOG）	始终	小于 1Ω
E8-4（BFG）-E52-13（FFOG）		
E8-11（HU）-2J-4（HU）		
E8-17（HF）-E50-22（HF）		
E8-18（T）-E50-21（TAIL）		

表 19-10-3　标准电阻（二）

检测仪连接	条件	规定状态
E8-19（A）-E52-18（A）	始终	小于 1Ω
E8-20（H）-E52-12（HEAD）		小于 1Ω
E8-2（B）- 车身搭铁		10kΩ 或更大
E8-4（BFG）- 车身搭铁		10kΩ 或更大
E8-11（HU）- 车身搭铁		10kΩ 或更大
E8-17（HF）- 车身搭铁		10kΩ 或更大
E8-18（T）- 车身搭铁		10kΩ 或更大
E8-19（A）- 车身搭铁		10kΩ 或更大
E8-20（H）- 车身搭铁		10kΩ 或更大
E8-12（E）- 车身搭铁		小于 1Ω
E8-3（LFG）- 车身搭铁		小于 1Ω

若异常，则维修或更换线束或连接器；若正常，则更换主车身 ECU（仪表板接线盒）。

第十一节　灯光系统故障症状及检查部位

灯光系统故障症状及检查部位如下。

 一、前大灯（表 19-11-1）

表 19-11-1　前大灯故障及检查部位

序号	故障现象	出现故障部位
1	一侧近光前大灯没有亮起	（1）H-LP LH LO 熔丝或 H-LP RH LO 熔丝 （2）灯泡 （3）线束或连接器 （4）灯控 ECU（HID 前大灯）

续表

序号	故障现象	出现故障部位
2	左右两侧近光前大灯均没有亮起	（1）H-LP MAIN 熔丝 （2）前大灯继电器电路 （3）灯控开关电路 （4）主车身 ECU（仪表板接线盒）
3	一侧远光前大灯没有亮起	（1）H-LP LH HI 熔丝或 H-LP RH HI 熔丝 （2）灯泡 （3）线束或连接器
4	左右两侧远光前大灯均没有亮起 （近光前大灯正常）	（1）前大灯（远光）电路 （2）灯控开关电路 （3）主车身 ECU（仪表板接线盒）
5	"远光闪光"前大灯没有亮起 （会车灯功能）	（1）灯控开关电路 （2）主车身 ECU（仪表板接线盒）
6	近光前大灯或远光前大灯不熄灭	（1）前大灯变光开关总成 （2）线束或连接器 （3）主车身 ECU（仪表板接线盒）

二、尾灯和刹车灯（表 19-11-2）

表 19-11-2　尾灯和刹车灯故障及检查部位

项目	故障现象	出现故障部位
尾灯	后尾灯没有亮起	（1）灯泡 （2）线束或连接器
尾灯	牌照灯没有亮起	（1）灯泡 （2）线束或连接器
尾灯	所有灯均不亮	（1）TAIL 熔丝 （2）尾灯继电器电路 （3）灯控开关电路 （4）主车身 ECU（仪表板接线盒）
刹车灯	一侧刹车灯没有亮起	（1）灯泡 （2）线束或连接器
刹车灯	高位刹车灯不亮	高位刹车灯总成

三、雾灯和倒车灯（表 19-11-3）

表 19-11-3　雾灯和倒车灯故障及检查部位

项目	故障现象	出现故障部位
前雾灯	一侧雾灯没有亮起	（1）灯泡 （2）线束或连接器
前雾灯	左右两侧雾灯均没有亮起 （尾灯正常）	（1）FR FOG 熔丝 （2）前雾灯电路 （3）灯控开关电路 （4）主车身 ECU（仪表板接线盒）

续表

项目	故障现象	出现故障部位
后雾灯	后雾灯没有亮起（尾灯正常）	（1）灯泡 （2）RR FOG 熔丝 （3）后雾灯继电器 （4）前大灯变光开关总成
转向信号和危险警告灯	危险警告灯不工作（转向信号灯正常）	（1）TRN-HAZ 熔丝 （2）危险警告开关 （3）转向信号闪光灯总成 （4）线束或连接器
	转向信号灯不工作（危险警告灯正常）	（1）ECU-IG2 熔丝 （2）前大灯变光开关总成（转向信号开关） （3）转向信号闪光灯总成 LI-220 （4）线束或连接器
	危险警告灯和转向信号灯不工作	（1）TRN-HAZ 熔丝和 ECU-IG2 熔丝 （2）转向信号闪光灯总成 （3）线束或连接器
	向某个方向转向时，转向信号灯不工作	（1）前大灯变光开关总成（转向信号开关） （2）转向信号闪光灯总成 LI-220 （3）线束或连接器
倒车灯	倒车灯没有亮起	（1）灯泡 （2）ECU-IG No.2 熔丝 （3）驻车挡/空挡位置开关（U340E 自动传动桥） （4）驻车挡/空挡位置开关（U341E 自动传动桥） （5）倒车灯开关（C50 手动传动桥） （6）倒车灯开关（C66 手动传动桥） （7）线束或连接器

四、其他灯（表 19-11-4）

表 19-11-4　其他灯故障及检查部位

项目	故障现象	出现故障部位
上车照明灯	只有车内照明灯没有亮起	（1）灯泡 （2）车厢照明灯总成（后） （3）线束或连接器
	只有点火锁芯照明灯没有亮起	（1）点火锁芯照明灯 （2）线束或连接器
	只有发动机开关照明灯没有亮起	（1）发动机开关照明电路 （2）主车身 ECU（仪表板接线盒）
	上车照明系统工作不正常	（1）DOME 熔丝 （2）门控灯开关电路 （3）门锁位置开关电路 （4）IG 信号电路 （5）ACC 信号电路 （6）车内照明灯电路 （7）发动机开关照明电路 （8）主车身 ECU（仪表板接线盒）
仪表板照明灯	通过自动灯控或手动灯控点亮尾灯时，仪表板照明灯没有亮起	（1）PANEL 熔丝 （2）线束或连接器

续表

项目	故障现象	出现故障部位
梳妆灯	梳妆灯没有亮起	（1）灯泡 （2）遮阳板总成（梳妆灯开关） （3）线束或连接器
后备厢灯	后备厢灯没有亮起	（1）灯泡 （2）车厢照明灯总成（后备厢） （3）后备厢门锁总成（门控灯开关） （4）线束或连接器
手套箱灯	手套箱灯没有亮起	（1）灯泡 （2）手套箱灯总成 （3）线束或连接器
个人用灯	前排个人用灯没有亮起	（1）个人用灯总成 （2）线束或连接器
门控灯	门控灯不亮	（1）灯泡 （2）门控灯总成 （3）前门门控灯开关 （4）线束或连接器
自动灯控	自动灯控工作不正常	（1）检查DTC （2）灯控开关电路 （3）IG信号电路 （4）主车身ECU（仪表板接线盒）
自动灯控	车灯自动关闭控制工作不正常	（1）灯控开关电路 （2）门控灯开关电路（驾驶员侧） （3）IG信号电路 （4）主车身ECU（仪表板接线盒）
蓄电池节电控制	蓄电池节电功能不工作	（1）门控灯开关电路 （2）钥匙解锁警告开关电路 （3）IG信号电路 （4）主车身ECU（仪表板接线盒）
前大灯光束高度控制系统	前大灯光束高度手动控制不工作	（1）前大灯光束高度调整开关 （2）前大灯光束高度调整电动机 （3）线束或连接器
前大灯光束高度控制系统	前大灯光束高度自动控制系统警告灯亮起	（1）检查DTC （2）警告灯电路 （3）前大灯光束高度调整ECU
前大灯光束高度控制系统	前大灯光束高度自动控制不工作（警告灯熄灭）	（1）检查失效保护功能 （2）前大灯光束高度控制执行器电路 （3）前大灯信号电路 （4）前大灯光束高度调整ECU （5）电源电路 （6）组合仪表
前大灯光束高度控制系统	将点火开关置于ON（IG）位置时，前大灯光束高度控制系统警告灯没有亮起	（1）警告灯电路 （2）前大灯光束高度调整ECU （3）电源电路 （4）组合仪表
前大灯光束高度控制系统	不能检测到DTC信息	（1）诊断电路 （2）前大灯光束高度调整ECU
前大灯光束高度控制系统	不能执行初始化	（1）检查DTC （2）LVL端子电路 （3）前大灯光束高度调整ECU

第二十章 其他重要部件的快修作业

第一节 前减振器检查与更换

当车架与车桥做往复相对运动时,减振器中的活塞在缸筒内也做往复运动,则减振器壳体内的油液便反复地从一个内腔通过一些窄小的孔隙流入另一个内腔。此时,孔壁与油液间的摩擦及液体分子内摩擦便形成对振动的阻尼力,使车身和车架的振动能量转化为热能,而被油液和减振器壳体所吸收,然后散到大气中。减振器阻尼力的大小随车架与车桥(或车轮)的相对速度的增减而增减,并且与油液黏度有关。要求减振器所用油液的黏度受温度变化的影响尽可能小,且具有抗气化、抗氧化以及对各种金属和非金属零件不起腐蚀作用等性能。减振器分解如图 20-1-1 所示。

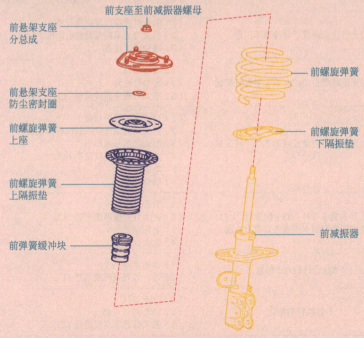

图 20-1-1 减振器分解

一、检查减振器

1. 检查减振器有无漏油

有轻微漏油属于正常现象，漏油严重时，主要是由于油封磨损或损坏，衬垫破裂或螺塞松动，应更换油封、衬垫，紧固螺塞。

> **注意：**
> 一般减振器是不进行修理的，必须更换。

2. 检查判断减振器工作是否正常

在没有减振器性能试验台的情况下，一般凭感觉和经验来鉴别减振器的好坏。

当汽车在较差的路面上行驶一段时间后，用手触摸一下减振器，有温热感为正常。若不热，则表明没有阻力，已不起减振作用。如减振器发出异常的响声，则说明该减振器已损坏，必须更换。若两个减振器温度一高一低，且相差较大，则低温者阻力小或没有阻力，一般是缺油或阀门零件损坏等，应更换。

3. 减振器效能的检查

对于轿车，可在车上检查，在车间内几个人合力用力按保险杠，先用力压减振器上车身部位，使其振动，松开后，若能振动两次以上，表明减振器效能未降低。

拆下检查时应固定住减振器，上下运动活塞杆时应有一定阻力，而且向上比向下的阻力要大一些。若阻力过大，应检查活塞杆是否弯曲；若无阻力，则表示前减振器阻尼器油已漏光或失效，必须更换。

二、拆卸前减振器

❶ 拆卸前刮水器臂端盖。
❷ 拆卸左侧挡风玻璃刮水器臂和刮水片总成。
❸ 拆卸右侧挡风玻璃刮水器臂和刮水片总成。
❹ 拆卸发动机盖至前围上板密封。
❺ 拆卸右前围板上通风栅板。
❻ 拆卸左前围板上通风栅板。
❼ 拆卸挡风玻璃刮水器电动机及连杆。
❽ 拆卸前围上外板。
❾ 拆卸前轮。
❿ 拆卸前悬架支座防尘罩（图20-1-2）。
⓫ 分离前稳定杆连杆总成。从带螺旋弹簧的前减振器上拆下螺母并分离前稳定杆连杆总成（图20-1-3）。

图20-1-2 拆卸前悬架支座防尘罩

提示：

如果球节随螺母一起转动，则使用六角扳手（6mm）固定双头螺栓。

⑫ 分离前轮转速传感器。拆下螺栓和卡夹，分离前轮转速传感器（图20-1-4）。

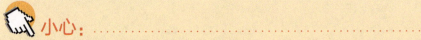 小心：

确保将前轮转速传感器从带螺旋弹簧的前减振器上完全分离。

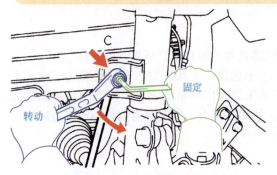

图20-1-3　分离前稳定杆连杆总成

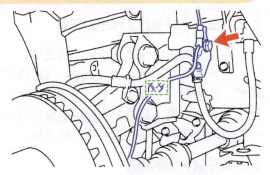

图20-1-4　分离前轮转速传感器

⑬ 分离前挠性软管。拆下螺栓并分离前挠性软管（图20-1-5）。
⑭ 拆卸带螺旋弹簧的前减振器。
  a. 松开前减振器的前支架至前减振器螺母（图20-1-6）。

 小心：

① 不要拆下前支架至前减振器的螺母。
② 当带螺旋弹簧的前减振器需要拆解时，仅松开螺母。

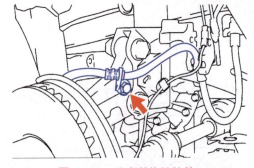

图20-1-5　分离前挠性软管

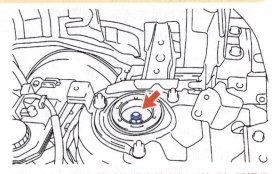

图20-1-6　松开前减振器的前支架至前减振器螺母

  b. 用千斤顶和木块来支撑前桥（图20-1-7）。
  c. 拆下2个螺栓和2个螺母（图20-1-8），并从转向节上分离带螺旋弹簧的前减振器（下部）。

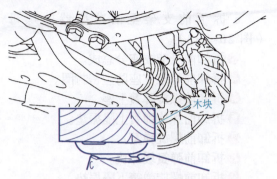
图 20-1-7 用千斤顶和木块来支撑前桥

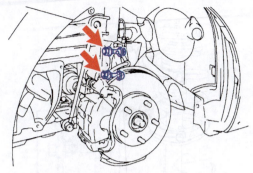
图 20-1-8 拆下 2 个螺栓和 2 个螺母

d. 拆下 3 个螺母（图 20-1-9）和带螺旋弹簧的前减振器。

确保将前轮转速传感器从带螺旋弹簧的前减振器上完全分离。

三、拆解前减振器总成

❶ 固定带螺旋弹簧的前减振器。用减振器弹簧压缩工具压缩前螺旋弹簧（图 20-1-10）。

如果以一定角度压缩前螺旋弹簧，用两个专用工具可使操作更容易。

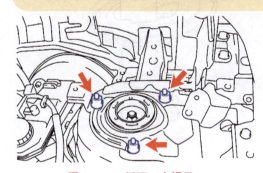
图 20-1-9 拆下 3 个螺母

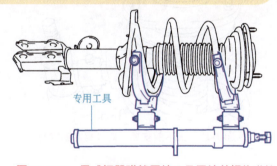
图 20-1-10 用减振器弹簧压缩工具压缩前螺旋弹簧

❷ 拆卸前支架至前减振器螺母。
a. 将螺栓和螺母安装至减振器下支架，并用台钳固定带螺旋弹簧的前减振器（图 20-1-11）。
b. 检查并确保前螺旋弹簧被完全压缩。

不要使用冲击扳手，否则会损坏专用工具。

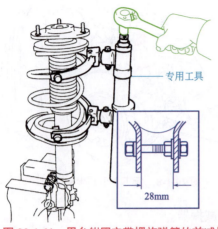

c. 拆下前支架至前减振器的螺母（图 20-1-12）。

③ 拆卸前悬架支座分总成。

④ 拆卸前悬架支座防尘密封圈。

⑤ 拆卸前螺旋弹簧上座。

⑥ 拆卸前螺旋弹簧上隔振垫。

⑦ 拆卸前螺旋弹簧。

⑧ 拆卸前弹簧缓冲块。

⑨ 拆卸前螺旋弹簧下隔振垫。

⑩ 检查前减振器（图 20-1-13）。压缩并伸长减振器杆 4 次或更多次。标准：无异常阻力或声音且操作阻力正常。

图 20-1-11 用台钳固定带螺旋弹簧的前减振器

提示：

如果有任何异常，则换上新的前减振器。

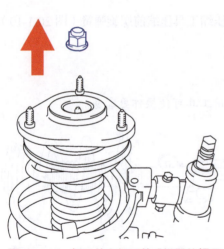

图 20-1-12 拆下前支架至前减振器的螺母

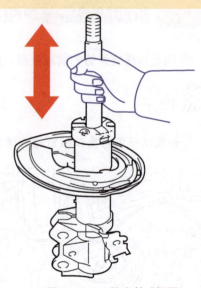

图 20-1-13 检查前减振器

四、组装前减振器

❶ 固定前减振器。将螺栓和螺母安装至前减振器，并用台钳固定前减振器（图 20-1-14）。

❷ 安装前螺旋弹簧下隔振垫（图 20-1-15）。

小心：

确保前螺旋弹簧下隔振垫的定位销插入前减振器的孔中。

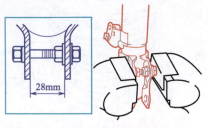

图 20-1-14　用台钳固定前减振器

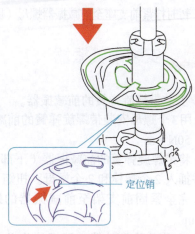

图 20-1-15　安装前螺旋弹簧下隔振垫

❸ 安装前弹簧缓冲块。
❹ 安装前螺旋弹簧。
a. 用专用工具压缩前螺旋弹簧（图 20-1-16）。

> 小心：
> 不要使用冲击扳手，否则会损坏专用工具。

b. 安装前螺旋弹簧（图 20-1-17）。

> 小心：
> ① 确保前螺旋弹簧的底端定位于弹簧下座的压缩下。
> ② 确保油漆标记面朝下安装螺旋弹簧。

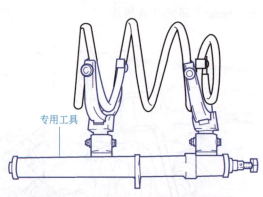

图 20-1-16　用专用工具压缩前螺旋弹簧

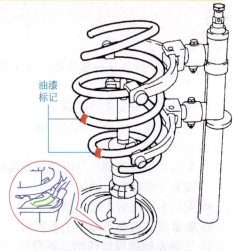

图 20-1-17　安装前螺旋弹簧

c. 暂时拧紧前支座至前减振器螺母（图20-1-18）。

五、安装前减振器

❶ 安装带螺旋弹簧的前减振器。
a. 用3个螺母安装带螺旋弹簧的前减振器（上部）。扭矩：50N·m。
b. 将带螺旋弹簧的前减振器（下部）安装至转向节，并插入2个螺栓和2个螺母。扭矩：240N·m。
c. 完全紧固前支架至前减振器的螺母。扭矩：47N·m。

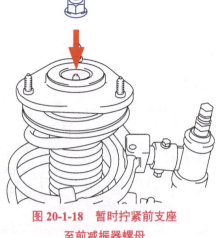

图20-1-18 暂时拧紧前支座至前减振器螺母

❷ 安装前挠性软管。用螺栓将前挠性软管安装至转向节。扭矩：29N·m。
❸ 安装前轮转速传感器。用螺栓和卡夹将前轮转速传感器和前挠性软管安装至前减振器。扭矩：29N·m。

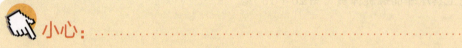

小心：

安装时不要扭曲前轮转速传感器。

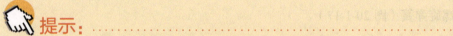

提示：

先安装前挠性软管，然后安装转速传感器线束支架。

❹ 安装前稳定杆连杆总成（图20-1-19）。用螺母将前稳定杆连杆总成安装至带螺旋弹簧的前减振器。扭矩：74N·m。

小心：

如果球节随螺母一起转动，则使用六角扳手（6mm）固定双头螺栓。

❺ 安装前悬架支座防尘罩。
❻ 安装前轮。扭矩：103N·m。
❼ 安装前围上外板。
❽ 安装挡风玻璃刮水器电动机及连杆。
❾ 安装左前围板上通风栅板。
❿ 安装右前围板上通风栅板。
⓫ 安装发动机盖至前围上板密封。
⓬ 安装左侧挡风玻璃刮水器臂和刮水片总成。

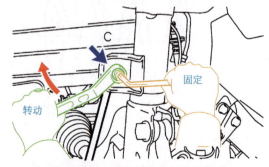

图20-1-19 安装前稳定杆连杆总成

⑬ 安装右侧挡风玻璃刮水器臂和刮水片总成。
⑭ 安装前刮水器臂端盖。
⑮ 检查并调整前轮定位。

 提示：

检查并调整前轮定位。

第二节　后减振器检查与更换

一、检查后减振器

❶ 使汽车在道路条件较差的路面上行驶 10km 后停车，用手摸减振器外壳，如果不够热，说明减振器内部无阻力，减振器不工作。此时，可加入适当的润滑油，再进行试验，若外壳发热，则为减振器内部缺油，应加足油；否则，说明减振器失效。
❷ 当汽车缓慢行驶而紧急制动时，若汽车振动比较剧烈，说明减振器有问题。
❸ 拆下减振器将其直立，并把下端连接环夹于台钳上，用力拉压减振杆数次，此时应有稳定的阻力，往上拉的阻力应大于向下压时的阻力，如阻力不稳定或无阻力，可能是减振器内部缺油或阀门零件损坏，应进行修复或更换零件。

二、更换后减振器

1. 拆卸后减振器

❶ 从蓄电池负极端子断开电缆。

 小心：

断开蓄电池电缆后重新连接时，某些系统需要初始化。

❷ 拆卸后排座椅坐垫总成。
❸ 拆卸后排左侧座椅靠背总成。
❹ 拆卸备胎罩。
❺ 拆卸后地板装饰板。
❻ 拆卸后备厢左侧内装饰罩。
❼ 拆卸后轮。
❽ 拆卸高度控制传感器（带 HID 前大灯系统）。

❾ 拆卸后减振器缓冲垫挡片。
a. 用千斤顶和木块支撑后桥横梁总成的弹簧座（图 20-2-1）。

> **小心：**
> 不要过度顶起后桥横梁总成。

> **提示：**
> 在将其压缩至 20～30mm 的位置支撑起后减振器。

b. 用六角套筒扳手（6mm）紧固后减振器杆并拆下锁紧螺母（图 20-2-2）。

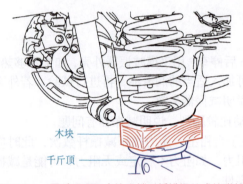

图 20-2-1 用千斤顶和木块支撑后桥横梁总成的弹簧座

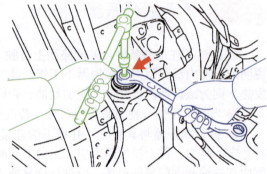

图 20-2-2 拆下锁紧螺母

c. 拆下后减振器缓冲垫挡片。
❿ 拆卸后悬架支座（图 20-2-3）。
⓫ 固定住螺母以拆下螺栓，并拆下后减振器（图 20-2-4）。
⓬ 拆卸 1 号后弹簧缓冲块。
⓭ 检查后减振器总成（图 20-2-5）。压缩和伸长减振器杆，检查并确认操作过程中没有异常阻力或异常声音。如果有任何异常，则换上新的减振器。

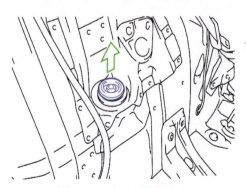

图 20-2-3 拆卸后悬架支座

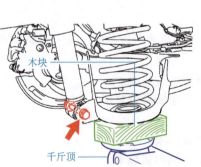

图 20-2-4 拆卸后减振器

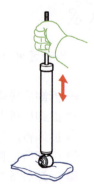

图 20-2-5 检查后减振器总成

2. 安装后减振器

❶ 将 1 号后弹簧缓冲块安装至后减振器。
❷ 安装后减振器。
a. 用千斤顶和木块支撑后桥横梁总成的弹簧座（图 20-2-6）。

小心：

不要过度顶起后桥横梁总成。

b. 用螺栓和螺母将后减振器总成暂时紧固至后桥横梁总成。
c. 慢慢升起千斤顶并将后减振器的上部插入安装孔。

提示：

在将其压缩至 20～30mm 的位置支撑起后减振器总成。

❸ 安装后悬架支架（图 20-2-7）。

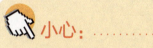

小心：

确保正确安装后悬架支架。

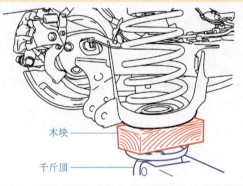

图 20-2-6 用千斤顶和木块支撑后桥横梁总成的弹簧座

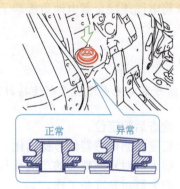

图 20-2-7 安装后悬架支架

❹ 安装后减振器缓冲垫挡片（图 20-2-8）。

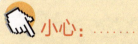

小心：

确保按正确方向安装后减振器缓冲垫挡片。

❺ 用六角套筒扳手（6mm）紧固后减振器总成并拧紧锁紧螺母。扭矩：25N·m。
❻ 安装高度控制传感器（带 HID 前大灯系统）。
❼ 安装后轮。扭矩：103N·m。

⑧ 稳定悬架。降下车辆并使其上下弹跳几次，以稳定后悬架。
⑨ 拧紧后减振器（下部）的紧固螺栓（图 20-2-9）。扭矩：90N·m。

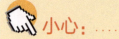 **小心：**

由于使用了挡块螺母，因此拧紧螺栓。

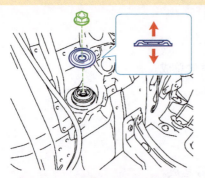

图 20-2-8　安装后减振器缓冲垫挡片

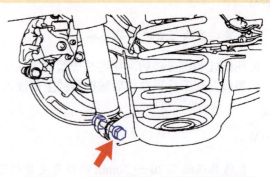

图 20-2-9　拧紧后减振器（下部）的紧固螺栓

⑩ 安装后备厢左侧内装饰罩。
⑪ 安装后地板装饰板。
⑫ 安装备胎罩。
⑬ 安装后排左侧座椅靠背总成。
⑭ 安装后排座椅坐垫总成。
⑮ 将电缆连接至蓄电池负极端子。

 小心：

断开蓄电池电缆后重新连接时，某些系统需要初始化。

⑯ 检查后轮定位。
⑰ 高度控制传感器信号初始化。
⑱ 前大灯对光调整前的车辆准备工作。
⑲ 前大灯对光准备工作。
⑳ 前大灯对光检查。
㉑ 前大灯对光调整。

 第三节　下摆臂的检查与更换

 一、下摆臂的作用

下摆臂起平衡支撑作用。车辆行驶在不平路面，轮胎会上下摆动，即靠三角臂的摆动来完成，轮胎安装在轴头上，轴头通过球头和三角臂连接。
前悬架下摆臂如图 20-3-1 所示。

二、检查下摆臂

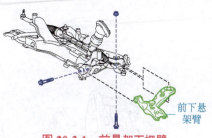

图 20-3-1　前悬架下摆臂

❶ 检查下摆臂前后衬套是否老化、损坏、松旷。
❷ 检查下摆臂是否变形、损坏。
❸ 检查下摆臂球节是否松旷、防尘套是否损坏。
❹ 路试车辆是否异响和跑偏。

三、更换下摆臂

1. 拆卸下摆臂下球节

❶ 拆卸前轮。
❷ 拆卸发动机 1 号底罩。
❸ 拆卸发动机 2 号底罩。
❹ 拆卸发动机后部左侧底罩。
❺ 拆卸发动机后部右侧底罩。
❻ 拆卸前下球节。
a. 拆下开口销和螺母。
b. 安装专用工具（图 20-3-2）。

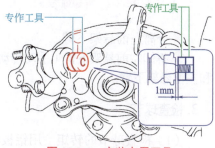

图 20-3-2　安装专用工具

> 小心：
> 检查并确保专用工具和转向节间的间隙测量值为 1mm。

c. 如图 20-3-3 所示用专用工具从转向节上拆下前下球节。

> 小心：
> ① 安装专用工具使 A 和 B 平行。
> ② 确保将扳手放至如图 20-3-3 所示的位置。
> ③ 不要损坏前下球节防尘罩。

2. 拆卸下摆臂

❶ 松开左前悬架下臂，松开螺栓（图 20-3-4）。

> 小心：
> 因为螺母有它自己的挡块，所以不要转动螺母。松开螺栓时要把螺母固定住。

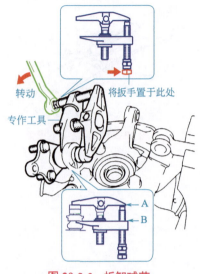

图 20-3-3 拆卸球节

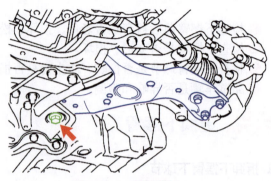

图 20-3-4 松开螺栓

❷ 分离左前悬架下臂。

❸ 拆卸左前悬架下臂（手动传动桥）。从前悬架横梁上拆下 2 个螺栓、螺母（图 20-3-5）和左前悬架下臂。

3. 检查球节

（1）检查球节的转矩　用铝板将前下球节固定在台钳上。将螺母安装至前下球节球头销。用扭矩扳手以 3～5s 一圈的速度连续转动螺母，并在第五圈时读取扭矩读数（图 20-3-6）。扭矩：0.98～3.40N·m。

提示：

如果转矩不在规定范围内，则换上新的前下球节。

（2）检查防尘罩　检查并确认防尘罩无裂纹且其上没有润滑脂。

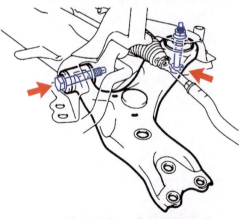

图 20-3-5 拆卸 2 个螺栓及螺母

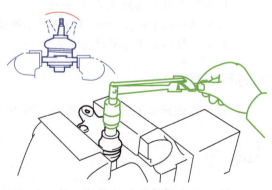

图 20-3-6 检查球头

4. 安装下摆臂

（1）暂时安装左前悬架下臂　用2个螺栓和螺母将左前悬架下臂暂时安装至前悬架横梁。

> **小心**：
> 因为螺母有它自己的挡块，所以不要转动螺母。拧紧螺栓时要把螺母固定住。

（2）完全紧固前悬架下臂（图20-3-7）
❶ 用扭力扳手完全拧紧螺栓A至172N·m。

> **注意**：
> 使用力臂长度为425mm的扭矩扳手。

❷ 完全拧紧螺栓B。扭矩：233N·m。

5. 安装前下球节

❶ 用螺母将前下球节安装至转向节总成（图20-3-8）。扭矩：133N·m。
❷ 安装新的开口销。

> **小心**：
> 如果开口销孔没有对齐，则将螺母进一步拧紧，最多可拧紧60°。

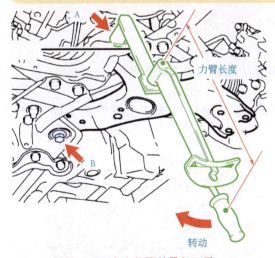

图20-3-7　完全紧固前悬架下臂

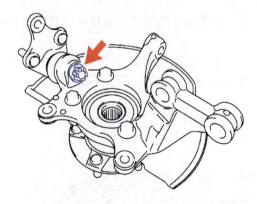

图20-3-8　安装螺母及开口销

6. 安装前轮

扭矩：103N·m。检查并调整前轮定位。

第四节　连接杆的检查与更换

一、连接杆的作用

❶ 增强车身的刚性，防止车体变形，四轮移位。
❷ 平衡四轮扭力，增加底盘寿命。
❸ 减少两轮颠簸力量，延长减振器的寿命。
❹ 防止定位位移，有效保护零件。
❺ 驾驶操作更灵活，乘坐更舒适。
❻ 转弯平稳，行车安全更有保障。

二、检查连接杆

❶ 用手检查连接杆球头是否有松动。
❷ 检查防尘套是否有损坏。
❸ 行驶路过减速带或不平路面时，会发出"咯咯咯"的异响。

三、更换连接杆

（1）分离左前稳定杆连杆总成　拆下螺母（图20-4-1），并从前稳定杆上分离左稳定杆连杆总成。

> **提示：**
> 如果球节随螺母一起转动，则使用六角扳手（6mm）固定双头螺栓。

（2）安装左前稳定杆连杆总成　用螺母将左前稳定杆连杆总成安装至前稳定杆（图20-4-2）。扭矩：74N·m。

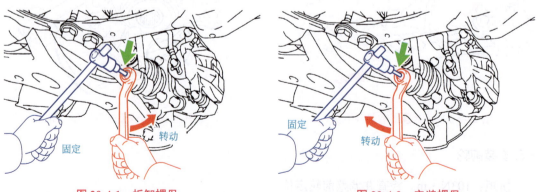

图20-4-1　拆卸螺母　　　　　　图20-4-2　安装螺母

第五节　转向机外球头的检查与更换

转向拉杆是汽车转向机构中的重要零件，它直接影响汽车操纵的稳定性、运行的安全性和轮胎的使用寿命。转向拉杆分为两类，即转向直拉杆与转向横拉杆。转向直拉杆承担着把转向摇臂的运动传递给转向节臂的任务；转向横拉杆则是转向梯形机构的底边，是确保左右转向轮产生正确运动关系的关键部件。

拉杆球头是带球头外壳的拉杆，转向主轴的球头置于球头外壳内，球头通过其前端的球头座与球头外壳的轴孔边缘铰接，球头座与转向主轴间的滚针镶在球头座内孔面槽内（图 20-5-1），具有减轻球头磨损、提高主轴的抗拉等特点。

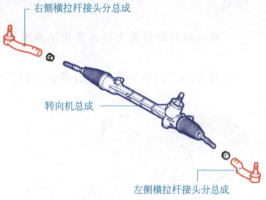

图 20-5-1　转向球头

一、检查转向机外球头

❶ 用手检查球头是否有松动。
❷ 检查防尘套是否有损坏。
❸ 拉杆球头损坏的症状如下。
　a. 汽车前轮球头损坏会出现下列症状：颠簸路段行驶，会出现"咯噔、咯噔"响；车辆不稳定，左右摆；刹车跑偏；方向失灵。
　b. 球头旷量过大，再受到冲击载荷时容易断裂。应尽快修理，避免危险。
　c. 外球头是指手拉杆球头，内球头是指方向机拉杆球头。外球头和内球头不是连在一起的，但是要一起工作。方向机球头连接在转向节上，手拉杆球头连接在平行杆上。方向横拉杆球头松动会导致方向跑偏、方向盘抖动，严重的还可能会使球头脱落而导致车轮瞬间横甩脱落。

二、更换转向机外球头

▶ **1. 拆卸转向机外球头**

❶ 使前轮处于正前位置。
❷ 固定方向盘（图 20-5-2）。

视频精讲

 提示：

该操作有助于防止损坏螺旋电缆。

❸拆卸前轮。
❹分离左侧横拉杆接头分总成。
a. 拆下开口销和螺母。
b. 将专用工具安装至横拉杆接头（图20-5-3）。

小心：

确保横拉杆接头上端与专用工具对准。

c. 用专用工具从转向节上分离横拉杆接头。

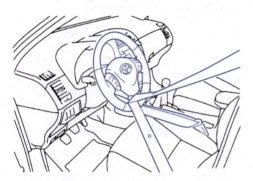

图20-5-2　固定方向盘

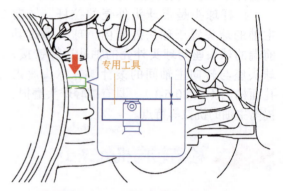

图20-5-3　将专用工具安装至横拉杆接头

小心：

① 将专用工具固定在转向节上时，确保已绑紧专用工具的线绳以防其掉落。
② 安装专用工具以使A和B平行（图20-5-4）。
③ 确保将扳手放置在零件上。
④ 不要损坏前盘式制动器防尘罩。
⑤ 不要损坏球节防尘罩。
⑥ 不要损坏转向节。

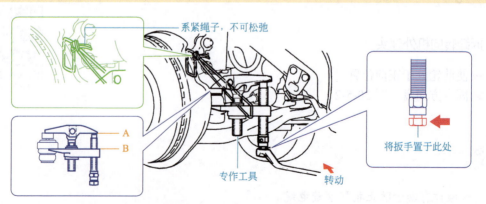

图20-5-4　安装专用工具要点

❺ 拆卸左侧横拉杆接头分总成。
a. 在左侧横拉杆接头分总成与转向机总成上做好装配标记（图 20-5-5）。
b. 拆下左侧横拉杆接头分总成和锁紧螺母。

2. 检查左侧横拉杆接头分总成

将左侧横拉杆接头分总成固定在台钳上。

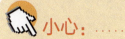小心：

不要过度紧固台钳。

❶ 将螺母安装至双头螺栓。
❷ 前后晃动球节 5 次。
❸ 将扭矩扳手置于螺母上，以 3～5s 一圈的速度连续转动球节，并检查第五圈的扭矩（图 20-5-6）。标准扭矩：0.98～3.92N·m。

提示：

如果扭矩不在规定范围内，则换上新的左侧横拉杆接头分总成。

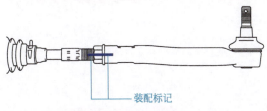

图 20-5-5　做装配标记

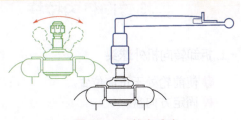

图 20-5-6　检查球头

3. 安装转向机外球头

❶ 将锁紧螺母和左侧横拉杆分总成安装至转向机总成，直至装配标记对齐。

提示：

调整前束后拧紧锁紧螺母。

❷ 连接左侧横拉杆接头分总成。
a. 用螺母将左侧横拉杆接头分总成连接至转向节（图 20-5-7）。扭矩：49N·m。

小心：

如果开口销孔未对齐，则将螺母进一步拧紧 60°。

b. 安装新的开口销。

❸ 安装前轮。扭矩：103N·m。

❹ 调整前轮定位。

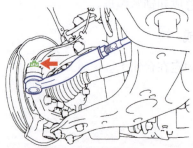

图 20-5-7　安装螺母及锁销

第六节　转向机内拉杆的检查与更换

 检查转向机内拉杆

❶ 检查内拉杆是否有损坏。
❷ 检查内拉杆是否有松旷。

 更换转向机内拉杆

1. 拆卸转向机外球头

❶ 使前轮处于正前位置。
❷ 固定方向盘。

 提示：

该操作有助于防止损坏螺旋电缆。

❸ 拆卸前轮。
❹ 分离左侧横拉杆接头分总成。

 小心：

确保横拉杆接头上端与专用工具对准。

❺ 用专用工具从转向节上分离横拉杆接头。安装专用工具要点参见图 20-5-4。
❻ 拆卸左侧横拉杆接头分总成。

2. 拆卸转向机内拉杆

❶ 拆卸内拉杆球头防尘套。

❷ 拆卸内拉杆。

▶ **3. 安装转向机内拉杆**

❶ 安装内拉杆并紧固。
❷ 安装防尘套。

▶ **4. 安装转向机外球头**

❶ 将锁紧螺母和左侧横拉杆分总成安装至转向机总成，直至装配标记对齐。

 提示：

调整前束后拧紧锁紧螺母。

❷ 连接左侧横拉杆接头分总成
a. 用螺母将左侧横拉杆接头分总成连接至转向节。扭矩：49N·m。

 小心：

如果开口销孔未对齐，则将螺母进一步拧紧60°。

b. 安装新的开口销。
❸ 安装前轮。扭矩：103N·m。
❹ 调整前轮定位。

 第七节　传动轴及其防尘套的检查与更换

　　传动轴（图20-7-1）是一个高转速、少支承的旋转体，因此它的动平衡是至关重要的。一般传动轴在出厂前都要进行动平衡试验，并在平衡机上进行调整。对前置发动机后轮驱动的车来说，它是把变速器的转动传到主减速器的轴，它可以是好几节的，节与节之间可以由万向节连接。

　　传动轴是汽车传动系统中传递动力的重要部件，它的作用是与变速箱、驱动桥一起将发动机的动力传递给车轮，使汽车产生驱动力。

 一、检查传动轴

▶ **1. 检查传动轴等速万向联轴器密封情况**

　　如防尘套破损，将使尘土等污染物进入万向联轴器内，导致万向联轴器异常磨损而早期损坏。因此，在汽车维护时应认真检查传动轴防尘套是否破损，发现传动轴防尘套破损时，

图 20-7-1 传动轴

应拆检万向联轴器以确定是否需要更换。传动轴分解图如图 20-7-2 所示。

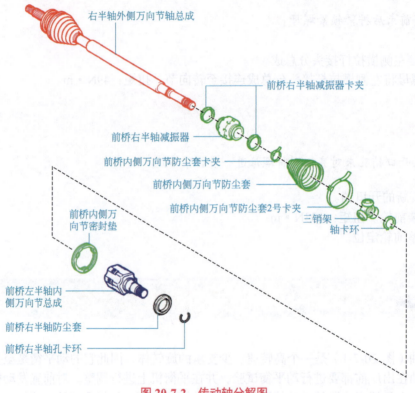

图 20-7-2 传动轴分解图

2. 检查传动轴的技术状况

传动轴在使用中如果出现异响，通常为万向联轴器缺少润滑油、万向联轴器内球及球轨道磨损等原因所造成的。应拆检传动轴，必要时更换万向联轴器。

二、更换传动轴防尘套

1. 拆卸传动轴

- 拆卸前轮。

❷ 拆卸发动机 1 号底罩。
❸ 拆卸发动机后部右侧底罩。
❹ 拆卸发动机后部左侧底罩。
❺ 排净变速箱油液。
❻ 拆卸前桥轮毂螺母。
❼ 分离前稳定杆连杆总成。
❽ 分离前轮转速传感器。
❾ 分离前挠性软管。
❿ 分离左前盘式制动器制动钳总成。
⓫ 拆卸前制动盘。
⓬ 分离横拉杆接头分总成。
⓭ 分离前悬架下臂。
⓮ 拆卸前桥总成。
⓯ 拆卸前桥左半轴总成。
使用专用工具，拆下前桥左半轴（图 20-7-3）。

 小心：
① 不要损坏传动桥壳油封、内侧万向节防尘套及驱动轴防尘套。
② 不要掉落驱动轴。

2. 拆解传动轴

❶ 拆卸前桥内侧万向节防尘套 2 号卡夹。用螺丝刀松开防尘套卡夹的锁紧部件并分离防尘套卡夹（图 20-7-4）。

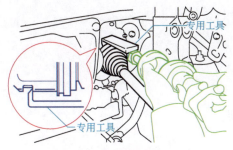

图 20-7-3　拆下前桥左半轴

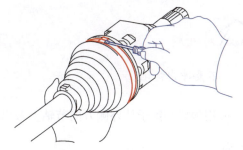

图 20-7-4　拆卸防尘套卡夹

❷ 拆卸前桥内侧万向节防尘套卡夹。用螺丝刀松开防尘套卡夹的锁紧部件并分离防尘套卡夹（图 20-7-5）。

❸ 分离前桥内侧万向节防尘套。将内侧万向节防尘套从内侧万向节密封垫上分离。

❹ 拆卸前桥左半轴内侧万向节总成。
a. 清除内侧万向节上的所有旧润滑脂。
b. 在内侧万向节和外侧万向节轴上做好装配标记（图 20-7-6）。

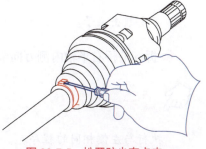

图 20-7-5　松开防尘套卡夹

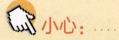 小心：

不要冲出标记。

c. 将内侧万向节从外侧万向节轴上拆下。
d. 在台钳上的两个铝板之间夹住外侧万向节轴。

小心：

不要过度紧固台钳。

e. 使用卡环扩张器，拆下轴卡环（图 20-7-7）。

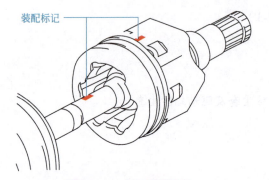

图 20-7-6　做好装配标记

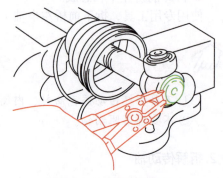

图 20-7-7　拆下轴卡环

f. 在外侧万向节轴和三销架上设置装配标记（图 20-7-8）。

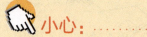 小心：

不要冲出标记。

g. 用铜棒和锤子从外侧万向节轴上敲出三销架。

 小心：

不要敲击滚子。

❺ 拆卸前桥右半轴内侧万向节总成。

 提示：

执行与左侧相同的程序。

❻ 拆卸前桥内侧万向节密封垫（图20-7-9）。将内侧万向节密封垫从内侧万向节上拆下。
❼ 拆卸前桥内侧万向节防尘套，内侧万向节防尘套2号卡夹和内侧万向节防尘套卡夹。

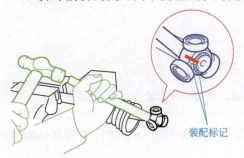

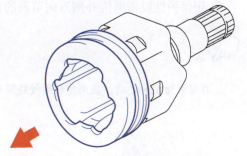

图 20-7-8　设置装配标记

图 20-7-9　拆下内侧万向节密封垫

❽ 拆卸前桥外侧万向节防尘套2号卡夹（左侧）。用螺丝刀松开防尘套卡夹（图20-7-5）的锁紧部件并拆下防尘套卡夹。
❾ 拆卸前桥外侧万向节防尘套卡夹（左侧）。用螺丝刀松开防尘套卡夹的锁紧部件并拆下防尘套卡夹（图20-7-4）。
❿ 拆卸左前桥外侧万向节防尘套（左侧）。
a. 从外侧万向节轴上拆下外侧万向节防尘套。
b. 清除外侧万向节上的所有旧润滑脂。
⓫ 用螺丝刀拆下前桥左半轴孔卡环（图20-7-10）。
⓬ 拆卸前桥左半轴防尘套。使用专作工具和压力机，压出半轴防尘套（图20-7-11）。

 小心：

不要掉落内侧万向节。

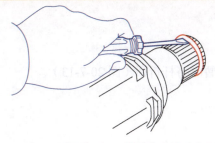

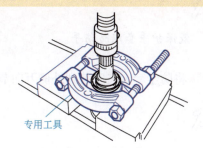

图 20-7-10　用螺丝刀拆下前桥左半轴孔卡环

图 20-7-11　压出半轴防尘套

3. 组装传动轴

（1）安装前桥左半轴防尘套　使用专作工具和压力机，压进一个新的半轴防尘套。

 小心：

① 防尘套应完全安装到位。
② 注意不要损坏防尘套。

（2）安装前桥左半轴孔卡环　安装一个新的孔卡环
（3）安装左前桥外侧万向节防尘套（左侧）

❶ 用保护性胶带缠绕外侧万向节轴的花键。

提示：

在安装防尘套之前，应用塑料带缠绕驱动轴的花键，以防止防尘套损坏（图20-7-12）。

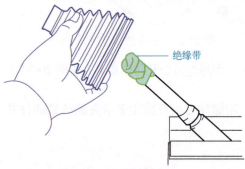

图 20-7-12　安装防尘套

❷ 按以下顺序，将新零件安装到外侧万向节轴上。
　a. 2号外侧万向节防尘套卡夹。
　b. 外侧万向节防尘套。
　c. 外侧万向节防尘套卡夹。

❸ 用防尘套维修组件中的润滑脂涂抹外侧万向节轴和防尘套。标准润滑脂容量：135～145g。

❹ 将外侧万向节防尘套安装在外侧万向节轴槽上。

提示：

槽里不能有润滑脂。

（4）安装前桥外侧万向节防尘套2号卡夹（左侧）

小心：

戴保护手套以防伤手。

❶ 将防尘套卡夹安装到外侧万向节防尘套上并暂时将杆折回（图20-7-13）。

小心：

① 将杆正确地安装至导槽，将卡夹安装至车辆内侧尽可能远处。
② 将杆折回前，检查箍带和杆没有变形。

❷ 朝工作面按压外侧万向节，同时把身体重量倚靠到手上并向前转动外侧万向节。转动外侧万向节并折叠杆直至听到"咔嗒"声（图20-7-14）。

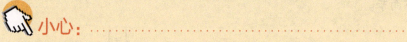小心：

① 不要损坏导流板。
② 确保外侧万向节与工作面直接接触。

❸ 调整杆和槽之间的间隙以使锁扣边缘和杆端之间的间隙均匀，同时用塑料锤敲击锁扣将其固定（图20-7-15）。

不要损坏外侧万向节防尘套。

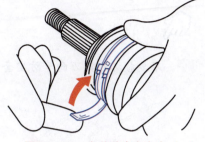

图 20-7-13 安装防尘套卡夹（一）

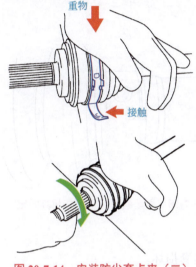

图 20-7-14 安装防尘套卡夹（二）

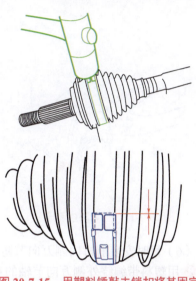

图 20-7-15 用塑料锤敲击锁扣将其固定

（5）安装前桥外侧万向节防尘套卡夹（左侧）

戴保护手套以防伤手。

❶ 将防尘套卡夹安装到外侧万向节防尘套上并暂时将杆折回（图20-7-16）。

小心：
① 将杆正确地安装至导槽。
② 将杆折回前，检查箍带和杆是否有变形。

❷ 用水泵钳子捏住防尘套卡夹，暂时将其固定（图20-7-17）。

❸ 调整杆和槽之间的间隙以使锁扣边缘和杆端之间的间隙均匀，同时用塑料锤敲击锁扣将其固定（图20-7-18）。

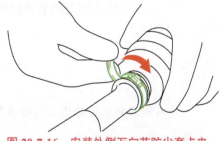

图 20-7-16 安装外侧万向节防尘套卡夹

 **小心：**

不要损坏外侧万向节防尘套。

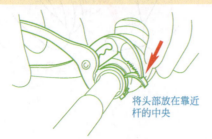

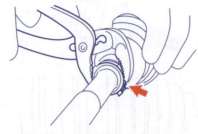

图 20-7-17 捏紧防尘套卡夹

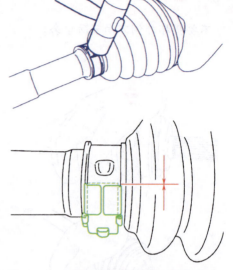

图 20-7-18 用塑料锤敲击锁扣将其固定

（6）暂时安装前桥内侧万向节防尘套

❶ 用塑料带缠绕外侧万向节轴的花键，以防止防尘套损坏。

 提示：

在安装防尘套之前，应用塑料带缠绕驱动轴的花键，以防止防尘套损坏。

❷ 按以下顺序，将新零件安装到外侧万向节轴上。
a. 内侧万向节防尘套卡夹。
b. 内侧万向节防尘套。
c. 2 号内侧万向节防尘套卡夹。

（7）安装前桥内侧万向节密封垫（图 20-7-19） 将一个新的内侧万向节密封垫安装到内侧万向节槽上。

 小心：

将内侧万向节密封垫上的凸出部分牢固地安装至内侧万向节槽。

（8）安装前桥左半轴内侧万向节总成
❶ 使三销架轴向花键的斜面朝向外侧万向节。
❷ 在拆卸之前，对准做好的装配标记（图 20-7-20）。

❸ 用铜棒和锤子，把三销式万向节敲进驱动轴。

小心：

① 不要敲击滚子。
② 确保以正确方向安装三销架。

❹ 用防尘套维修组件中的润滑脂涂抹内侧万向节轴和防尘套。标准润滑脂容量：175～185g。

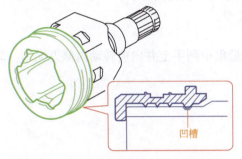

图 20-7-19　安装前桥内侧万向节密封垫

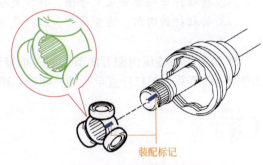

图 20-7-20　按装配标记安装

❺ 使用卡环扩张器，安装一个新的半轴卡环（图 20-7-21）。

❻ 对准装配标记（图 20-7-22），将内侧万向节安装至外侧万向节轴。

（9）安装前桥内侧万向节防尘套卡夹和 2 号卡夹

❶ 将防尘套卡夹安装到内侧万向节防尘套上（图 20-7-23）。

❷ 保持防尘套直径尺寸 A 在规定长度内，同时将内侧万向节密封垫的凹陷部位拉出，使内侧万向节的内部暴露在大气压力下。

❸ 将杠杆支点设置在任一 A 点处并暂时弯曲杠杆（图 20-7-24）。

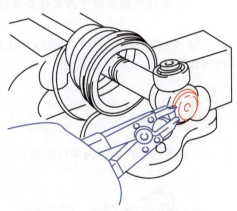

图 20-7-21　安装一个新的半轴卡环

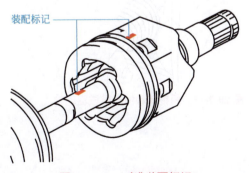

图 20-7-22　对准装配标记

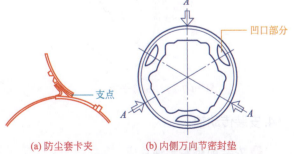

(a) 防尘套卡夹　　(b) 内侧万向节密封垫

图 20-7-23　安装要点

注意：

戴保护手套以防伤手。

 小心：

① 执行该操作时，内侧万向节的内部必须保持在大气压力下。
② 将杠杆正确地安装至导槽，将卡夹尽可能靠近车辆内侧安装。
③ 将杠杆折回前，检查箍带和杠杆是否有变形。

❹ 朝工作面按压内侧万向节，同时把身体重量集中到手上并向前转动内侧万向节。转动内侧万向节并折起杠杆直至听到"咔嗒"声。

 小心：

① 不要损坏导流板。
② 确保内侧万向节与工作面直接接触。

❺ 调整杆和槽之间的间隙以使锁扣边缘和杆端之间的间隙均匀，同时用塑料锤敲击锁扣将其固定。

 小心：

不要损坏内侧万向节防尘套。

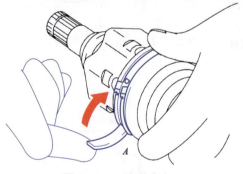

图 20-7-24 安装卡夹

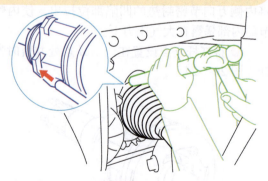

图 20-7-25 用铜棒和锤子敲进驱动轴

4. 安装传动轴

❶ 安装前桥左半轴总成。
a. 在内侧万向节轴花键上涂齿轮油。

b. 对准轴花键,用铜棒和锤子敲进驱动轴(图 20-7-25)。

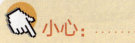小心:

① 使开口侧向下安装卡环。
② 小心不要损坏油封和防尘套。

❷ 安装前桥右半轴总成。

提示:

执行与左侧相同的程序。

❸ 安装前桥总成。
❹ 安装前悬架下臂。
❺ 安装前稳定杆连杆总成。
❻ 连接横拉杆接头分总成。
❼ 安装前制动盘。
❽ 安装前盘式制动器制动钳总成。
❾ 安装前挠性软管。
❿ 安装前轮转速传感器。
⓫ 安装前桥轮毂螺母。
a. 用非残留性溶剂清洁驱动轴上的带螺纹零件和车桥轮毂螺母。

小心:

① 新的驱动轴应确保执行此工作。
② 使带螺纹的零件远离油液和异物。

b. 使用套筒扳手(30mm),安装新的车桥轮毂螺母。扭矩:216N·m。
c. 用冲子和锤子,锁紧前桥轮毂螺母(图 20-7-26)。
⓬ 加注变速箱油。
⓭ 安装前轮。扭矩:103N·m。
⓮ 检查并调整前轮定位。
⓯ 检查转速传感器信号。
⓰ 安装发动机后部左侧底罩。
⓱ 安装发动机后部右侧底罩。
⓲ 安装发动机 1 号底罩。

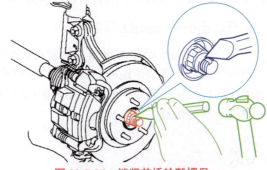

图 20-7-26 锁紧前桥轮毂螺母

第八节 悬架系统的检查

悬架系统是汽车的车架与车桥或车轮之间的一切传力连接装置的总称,其功能是传递作用在车轮和车架之间的力与力矩,并且缓冲不平路面传给车架或车身的冲击力,衰减由此引起的震动,以保证汽车平顺行驶。

悬架系统应有的功能是支持车身,改善乘坐的感觉,不同的悬架设置会使驾驶者有不同的驾驶感受。外表看似简单的悬架系统综合多种作用力,决定着汽车的稳定性、舒适性和安全性,是现代汽车十分关键的部件之一。

一、道路测试诊断

1. 在停放的车辆或墙边行驶

由车辆悬架或轮胎产生的任何噪声都可以在物体上发生反射,如一排沿着街道放置的静止的车辆或一堵墙。为了取得更好的效果,打开车窗,在左侧静止车辆旁或左侧挡墙旁驾驶,再按照上述方法靠近右边驾驶。通常产生噪声的是有缺陷的车轮轴承或动力转向泵,并能够在测试期间听到。

2. 在车道上驾驶

当悬架遇到了冲撞的瞬间转向时,经常会引起悬架故障。此时,慢慢地驾驶汽车到带有路缘石的车道上,再重复测试一遍,反应就会更加明显。当车轮转动时,路缘石引起悬架压缩。在这个测试期间,有缺陷的横向稳定杆衬套、控制臂衬套和球节通常会产生噪声。

3. 当转弯时倒车驾驶

通常用于发现在前轮驱动车辆的驱动桥轴上使用的外部等速万向节可能产生的缺陷。它推动悬架系统以与正常方向相反的方向工作,从而引起悬架系统中的任何过度间隙逆转,同时经常在测试期间产生噪声或引起振动。除了有缺陷的等速万向节以外,这个测试还经常能够发现控制臂衬套、球节、稳定杆衬套或连接件的磨损;也能够发现有缺陷的或磨损的转向系统零部件,如随动转向臂、横拉杆球接头或中间拉杆。

4. 在崎岖不平的道路上驾驶

当在有凹陷或凸起的道路上驾驶时,磨损或有缺陷的悬架(和转向)零部件能够引起车辆颠簸或从一侧快速地冲向另一侧。磨损或有缺陷的球节、控制臂衬套、横向稳定杆衬套、横向稳定杆铰接头或磨损的减振器可能出现这种现象。一旦确认了故障,就可以在修理间进行更进一步的检查了。

提示:

进行任何维修工作之前,都应做道路测试来确认故障,并设法确定它的原因;完成维修工作之后,应再做道路测试来确认客户反映的故障已解决。

二、悬架的基本检查

1. 测试减振器状况

首先进行悬架就车测试，将车辆反复摇动 3 次或 4 次，每次推力尽量相同。回弹时，应注意支柱的阻力和车身回弹的次数，若松手后，回弹 1～2 次，车身立即停止回弹，且左右两侧回弹次数相同，表明减振器（支柱）正常。

2. 确认汽车底盘高度正确

按照维修手册，确定测量点，对汽车从前到后或从左到右测量汽车离地高度。如果存在高度不同，表明螺旋弹簧变软。需要注意的是，不同车型的测量点是不同的，即使是同一公司生产的不同车型测量点也会不同。

三、前悬架元件的检查

1. 前悬架外观检查

① 检查减振器，如发现渗油或漏油现象，则必须更换。
② 检查减振器和滑柱的所有固定处。
③ 检查所有悬架是否存在松旷、开裂、破裂、错位和异响。
④ 检查固定装置、联动杆件和所有的连接部位是否松动、卡滞和损坏。

> 提示：
>
> 减振器和滑柱总是成对更换。

2. 球节的检修

（1）首先检查球节是否设有磨损指示器　在检查球节时，首先检查球节是否设有磨损指示器。如果设有磨损指示器，则检查润滑脂嘴的位移量。如果润滑脂嘴已经回缩，表明球节已经磨损，应当更换。对于有些汽车，建议检查润滑脂嘴是否能在球节中摇动，如果能够摇动，表明应当更换球节。

（2）仔细检查球节防尘套　防尘套或球节油封损坏将会使润滑油漏出，并且让灰尘和杂质进入润滑脂中。如果防尘套已经损坏，就应更换球节。如果没有发现防尘套损坏，则慢慢地挤压防尘套。如果防尘套中充有润滑脂，将会感到有些坚硬。如果球节上设有润滑脂嘴，而且表现出缺少润滑脂，应用润滑脂枪填充润滑脂，直到有新润滑脂从防尘罩通气孔中流出为止。如果充入球节的润滑脂过多或过快，可能会使防尘套脱离安装位置或发生破裂。

3. 螺旋弹簧检查

如果车辆行驶高度低于规定值，应该成对更换螺旋弹簧。

4. 控制臂衬套检查

如果控制臂与车架之间的衬套处于不良状态，则不能保持精确的车轮定位。

目检各个橡胶衬套，检查是否存在变形、移动、偏心和严重龟裂，检查金属衬套是否会产生异响，密封是否松动。为了拆卸控制臂衬套，将汽车举升起来，并用安全支架支撑车架，拆卸车轮总成，将弹簧压缩器安装到螺旋弹簧上。

5. 减振器的检修

可以在工作台上对减振器进行检测。首先，将减振器按照在汽车上的安装方向固定；然后，使减振器完全伸张；接下来，将减振器上下颠倒，使其完全压缩。多次重复这些过程，如果减振器在中间部位发生卡滞或弹跳，或者在行程中的任何位置发生卡死，就应换用新的减振器。如果减振器存在异响或压缩与伸张速度差异较大时，也应进行更换。如果减振器存在泄漏或排除空气后工作仍不稳定，也要更换减振器。

6. 检查轮毂轴承

① 拆下前轮。
② 拆下前轮制动卡钳和制动盘。
③ 检查轮毂轴承间隙，最大值为 0.05mm，若超过最大值，则更换轮毂轴承。
④ 检查前轮偏摆量，最大值为 0.07mm，若超过最大值，则更换前轮毂总成。

7. 悬架的其他部件的检查维修

① 检查前减振器悬架轴承的磨损与损坏情况，应能灵活转动，如磨损严重或损坏，应更换，更换时只能整体更换。
② 橡胶件、缓冲块如果有损伤、龟裂、老化等现象，也要更换新件。金属橡胶支承不能进行修理，如果有松动、裂纹、损伤、破裂等现象，均需要更换新件。
③ 检查托架、横向稳定杆和梯形臂有无变形或裂纹。若存在变形或裂纹，不允许在前悬架支撑位置和导向装置部件上进行焊接及矫直，只能更换。还应检查横向稳定杆的橡胶支座和橡胶衬套，梯形臂或下摆臂的前衬套和后衬套的损坏及老化情况，若不正常，应更换。
④ 若车架和摇臂变形或脱焊，也必须更换，不允许对车架和下摇臂进行焊接或整形处理。

第九节　离合器的检查与维护

离合器的维护检查主要包括检查离合器踏板自由行程、检查离合器的工作情况、检查离合器储液罐液面高度等。

离合器储液罐液面高度检查

检查主缸储液罐内离合器液（制动液）面的高度，如果低于"MIN"的标记（图20-9-1），则应补加，并要进一步检查离合器液压操纵机构是否有泄漏的部位。

二、离合器液压操纵机构泄漏检查

液压操纵机构泄漏检查主要是检查主缸与油管、工作缸与油管及油封等部位是否有离合器液的痕迹。

三、离合器踏板检查

1. 踩下离合器踏板，检查是否存在下述故障

❶ 踏板回弹无力。
❷ 异响。
❸ 踏板过度松动。
❹ 踏板沉重。

2. 检查离合器踏板高度（图20-9-2）

❶ 翻起地毯。
❷ 检查并确认踏板高度正确。
踏板距离地板的高度：143.6～153.6mm。
❸ 松开锁紧螺母并转动限位螺栓直至获得正确高度。
❹ 拧紧锁紧螺母。扭矩：16N·m。

视频精讲

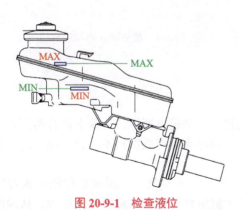

图20-9-1 检查液位

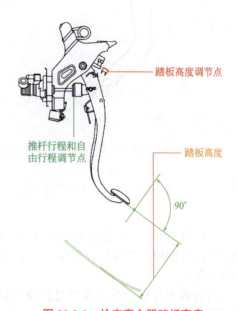

图20-9-2 检查离合器踏板高度

3. 检查离合器踏板自由行程

用一个直尺抵在驾驶室地板上，先测量踏板完全放松时的高度，再用手轻按踏板，当感到阻力增大时再测量踏板高度，两次测量的高度差即为踏板的自由行程（图20-9-3）。

踏板自由行程的调整：液压式操纵机构一般是调整主缸推杆的长度，先将主缸推杆锁紧螺母旋松，然后转动主缸推杆，从而调整踏板自由行程，调整后应将锁紧螺母旋紧。

有些车辆的操纵机构具有自调装置，可以免除离合器踏板自由行程的调整。

❶ 踩下踏板直至开始感觉到离合器阻力。

踏板自由行程：5.0～15.0mm。

❷ 轻轻踩下踏板直至阻力开始增大。

踏板顶端处的推杆行程：1.0～5.0mm。

如有必要，调整踏板自由行程和推杆行程。

❶ 松开锁紧螺母并转动推杆直至获得正确的自由行程和推杆行程。

❷ 拧紧锁紧螺母。

扭矩：12N·m。

四、离合器分离点的检查

启动发动机，使发动机怠速运转。在没有踩下离合器踏板时慢慢地换挡到倒车挡。逐渐踩下离合器踏板，测量其自由行程到齿轮噪声停止进入啮合位置的行程量（图20-9-4）。

标准距离：25mm或更长（从踏板行程终点位置到分离点）。

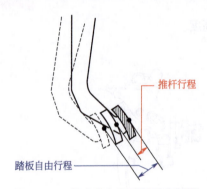

图20-9-3　检查离合器踏板自由行程

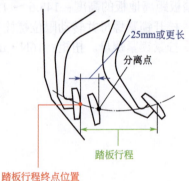

图20-9-4　检查离合器踏板高度

五、离合器工作情况检查

车辆可靠驻停，拉起驻车制动手柄。启动发动机，发动机怠速运转，踩下离合器踏板，换到1挡或倒挡，检查是否有噪声、是否换挡平稳。如果有噪声或换挡不平稳，说明离合器分离不彻底。

离合器液压操纵系统在经过检修之后，管路内可能进入空气，在添加制动液时也可能使液压系统中进入空气。空气进入后，由于缩短了主缸推杆行程，即踏板工作行程，从而使离合器分离不彻底。因此，液压系统检修后或怀疑液压系统进入空气时，就要排除液压系统中的空气。排除方法如下。

❶ 将主缸储液罐中的制动液加至规定高度，升起汽车。

❷ 在工作缸的放气阀上安装一根软管，接到一个盛有制动液的容器内。

❸ 排空气需要两人配合工作，一人慢慢地踏离合器踏板数次，感到有阻力时踏住不动；

另一人拧松放气阀直至制动液开始流出，然后再拧紧放气阀。

❹ 连续按上述方法操作几次，直到流出的制动液中不见气泡为止。

❺ 空气排除干净之后，需要再次检查及调整踏板自由行程。

❻ 再次检查主缸储液罐液面高度，必要时添加。

第十节　发动机舱盖的检查与拆装

一、检查发动机舱盖

检查发动机舱盖分总成：检查并确认间隙 A、间隙 B、间隙 C 的量均处于各自的标准范围内（图 20-10-1 和表 20-10-1）。

表 20-10-1　标准间隙

间隙	测量值/mm
A	3.1～6.1
B	-1.5～1.5
C	2.3～5.3

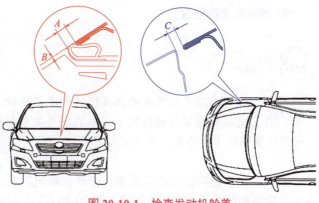

图 20-10-1　检查发动机舱盖

二、拆卸发动机舱盖

❶ 拆卸发动机舱盖护板卡子。

脱开 2 个卡爪（图 20-10-2），拆下发动机舱盖护板卡子。

❷ 拆卸发动机舱盖隔垫（带发动机舱盖隔垫）。用卡子拆卸工具拆下 7 个卡子和发动机舱盖隔垫（图 20-10-3）。

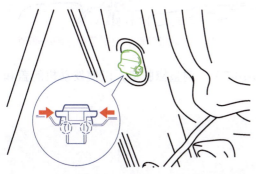

图 20-10-2　脱开 2 个卡爪

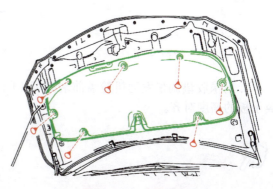

图 20-10-3　拆卸卡子

❸ 拆卸清洗器喷嘴分总成。
❹ 断开清洗器软管总成（图 20-10-4）。
❺ 拆卸发动机舱盖两侧固定螺栓，取下发动机舱盖。

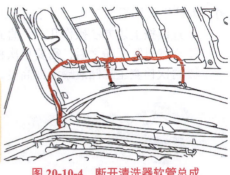

图 20-10-4　断开清洗器软管总成

 注意：

拆卸发动机舱盖固定螺栓时，需要2人同时扶着机舱盖。

三、安装发动机舱盖

❶ 2名技师共同安装发动机舱盖，拧入螺栓但不紧固。
❷ 调整发动机舱盖。

 提示：

① 定心螺栓用来安装发动机盖铰链和发动机舱盖锁（图 20-10-5）。
② 在定心螺栓装好的情况下，不能调整发动机舱盖和发动机舱盖锁。进行调整时，可用标准螺栓（带垫圈）替换定心螺栓。

a. 水平和垂直调整发动机舱盖。松开发动机舱盖上的铰链螺栓。移动发动机舱盖，调整发动机舱盖和前翼子板之间的间隙（图 20-10-6）。调整后，紧固铰链螺栓。扭矩：13N·m。

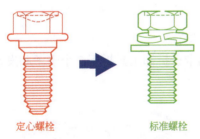

定心螺栓　　　　标准螺栓

图 20-10-5　定心螺栓与标准螺栓对比

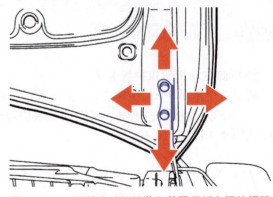

图 20-10-6　调整发动机舱盖和前翼子板之间的间隙

b. 用橡胶垫调整发动机舱盖前端高度（图 20-10-7）。调整橡胶垫，以使发动机舱盖和翼子板的高度对齐。

 提示：

通过转动橡胶垫升高或降低发动机舱盖前端。

c. 调整发动机舱盖锁（图20-10-8）。松开3个螺栓，调整后，紧固螺栓。扭矩：8.0N·m。检查并确认锁扣能够与发动机舱盖锁顺利接合。

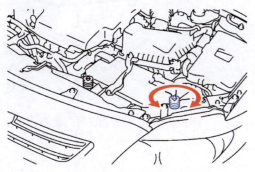

图20-10-7 用橡胶垫调整发动机舱盖前端高度

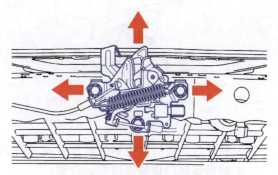

图20-10-8 调整发动机舱盖锁

❸ 连接清洗器软管总成。
❹ 调整清洗器喷嘴分总成。
❺ 安装清洗器喷嘴分总成。
❻ 安装发动机舱盖隔垫（带发动机舱盖隔垫）。用7个卡子安装发动机舱盖隔垫。
❼ 安装发动机舱盖护板卡子。接合2个卡爪并安装发动机舱盖护板卡子。

第十一节 后备厢盖的检查与拆装

一、检查后备厢盖

检查后备厢门板分总成：检查并确认间隙 A、间隙 B、间隙 C、间隙 D 的量均处于各自的标准范围内（图20-11-1 和表20-11-1）。

表20-11-1 标准间隙

间隙	测量值/mm	间隙	测量值/mm
A	9.2	C	4.5～7.5
B	2.5～5.5	D	2.5～5.5

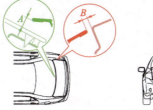

图20-11-1 检查后备厢盖

二、拆卸后备厢盖

❶ 拆卸后备厢门装饰罩。
❷ 拆卸后扰流器总成。
❸ 拆卸后备厢门锁总成。
a. 断开连杆（图20-11-2）。
b. 升起后备厢门锁盖（图20-11-3）。

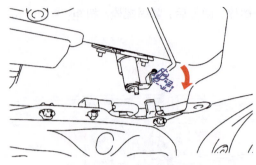

图 20-11-2　断开连杆

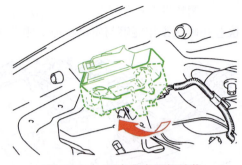

图 20-11-3　升起后备厢门锁盖

c. 断开后备厢门锁控制拉索分总成（图 20-11-4）。
d. 将后备厢门锁盖返回原始位置。
e. 断开连接器。
f. 拆下 2 个螺栓和后备厢门锁总成（图 20-11-5）。

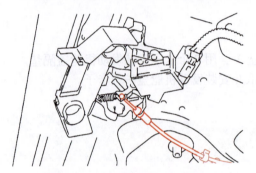

图 20-11-4　断开后备厢门锁控制拉索

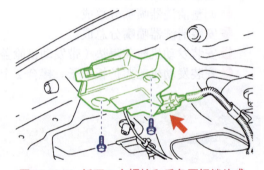

图 20-11-5　拆下 2 个螺栓和后备厢门锁总成

④ 拆下 2 个螺母和后备厢门锁芯总成（图 20-11-6）。
⑤ 拆卸后备厢左侧侧盖。
⑥ 拆卸后备厢右侧侧盖。
⑦ 拆卸左后灯总成。
⑧ 拆卸右后灯总成。
⑨ 拆卸后备厢门外装饰条分总成。
⑩ 拆卸后备厢门开启开关总成。
⑪ 拆卸牌照灯总成。
⑫ 拆卸后备厢门两侧固定螺栓，取下后备厢门。

图 20-11-6　拆下 2 个螺母和后备厢门锁芯总成

注意：

拆卸时，必须由两人一起完成。

三、安装后备厢盖

❶ 安装后备厢门到车上，安装两侧螺栓但不完全紧固。

❷ 调整后备厢门。
a. 通过松开车门侧铰链螺栓，在水平和垂直方向调整车门（图 20-11-7）。扭矩：7.5N·m。
b. 稍稍松开锁扣安装螺钉，并用塑料锤敲打锁扣以调整锁扣位置。
c. 调整后，紧固锁扣安装螺钉（图 20-11-8）。扭矩：5.5N·m。

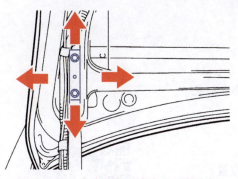
图 20-11-7　在水平和垂直方向调整车门

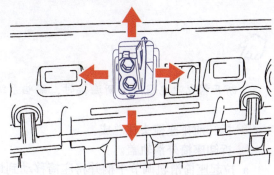
图 20-11-8　调整锁扣位置

❸ 安装牌照灯总成。
❹ 安装后备厢门开启开关总成。
❺ 安装后备厢门外装饰条分总成。
❻ 安装左后灯总成。
❼ 安装右后灯总成。
❽ 安装后备厢左侧侧盖。
❾ 安装后备厢右侧侧盖。
❿ 安装后备厢门锁芯总成，用 2 个螺母安装后备厢门锁芯。
⓫ 安装后备厢门锁总成。
a. 用 2 个螺栓安装后备厢门锁总成。扭矩：5.5N·m。
b. 连接连接器。
c. 升起后备厢门锁盖。
d. 连接后备厢门锁控制拉索分总成。
e. 将后备厢门锁盖返回原始位置。
f. 连接连杆（图 20-11-9）。
⓬ 安装后扰流器总成。
⓭ 安装后备厢门装饰罩。

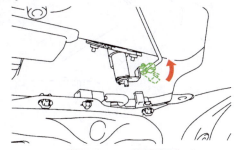
图 20-11-9　连接连杆

 第十二节　拆装座椅

 一、拆卸座椅

❶ 将电缆从蓄电池负极端子上断开。

注意：
断开电缆后等待90s，以防止气囊展开。

小心：
断开蓄电池电缆后重新连接时，某些系统需要初始化。

❷ 拆卸前排座椅头枕总成。
❸ 拆卸座椅外滑轨盖。
a. 拉起座椅滑轨调节手柄并将座椅移动到最前位置。
b. 脱开2个卡爪（图20-12-1）并拆下座椅外滑轨盖。
❹ 拆卸座椅内滑轨盖。
a. 脱开卡爪。
b. 脱开导销（图20-12-2）并拆下座椅内滑轨盖。

视频精讲

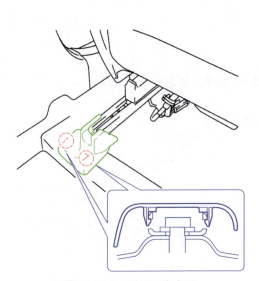

图20-12-1　脱开2个卡爪

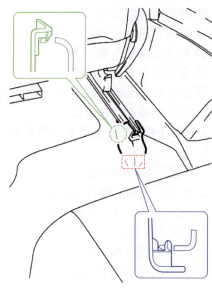

图20-12-2　脱开导销
▭ 导销

❺ 拆卸前排座椅总成。
a. 拆下座椅后侧的2个螺栓（图20-12-3）。
b. 拉起座椅滑轨调节手柄并将座椅移动到最后位置。
c. 拆下座椅前侧的2个螺栓（图20-12-4）。
d. 拉起座椅滑轨调节手柄并将座椅移动到中间位置。
同时，操作靠背倾角调节器释放手柄并将座椅靠背移动到直立位置。
e. 断开座椅下面的连接器。

f. 拆下座椅。

小心：

不要损坏车身。

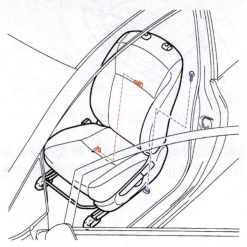

图 20-12-3　拆下座椅后侧的 2 个螺栓

图 20-12-4　拆下座椅前侧的 2 个螺栓

 安装座椅

❶ 安装前排座椅总成。
a. 将前排座椅总成放入车厢内。
b. 连接座椅下面的连接器。
c. 用 4 个螺栓临时安装前排座椅总成。
d. 拉起座椅滑轨调节手柄并将座椅移动到最后位置。
e. 紧固座椅前侧的 2 个螺栓（图 20-12-5）。扭矩：37N·m。

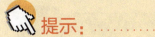提示：

按图 20-12-5 中 1 和 2 所示顺序紧固螺栓。

f. 拉起座椅滑轨调节手柄并将座椅移动到最前位置。
g. 紧固座椅后侧的 2 个螺栓（图 20-12-6）。扭矩：37N·m。

提示：

按图 20-12-6 中 1 和 2 所示顺序紧固螺栓。

 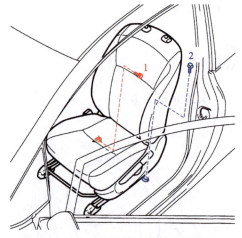

图 20-12-5 紧固座椅前侧的 2 个螺栓　　　　图 20-12-6 紧固座椅后侧的 2 个螺栓

❷ 检查前排座椅滑动调节器锁止情况。在前排座椅的滑动操作过程中，检查并确认左右调节器一起平稳移动且同时锁止。如果座椅调节器未同时锁止，则松开座椅固定螺栓以便调节调节器的位置。

❸ 安装座椅内滑轨盖。

a. 插入导销。

b. 接合卡爪并安装座椅内滑轨盖。

❹ 接合 2 个卡爪并安装座椅外滑轨盖。

❺ 安装前排座椅头枕总成。

❻ 将电缆连接至蓄电池负极端子。

 小心：

断开蓄电池电缆后重新连接时，某些系统需要初始化。

❼ 检查 SRS 警告灯。

第十三节　拆装雨刮水壶

 拆卸雨刮水壶

❶ 拆卸散热器上的空气导流板。

❷ 拆卸散热器格栅防护罩。

❸ 拆卸前保险杠总成。

❹ 从前挡风玻璃清洗器电动机和泵总成上断开清洗器软管，并排空清洗液（图 20-13-1）。

❺ 拆卸前挡风玻璃清洗器电动机和泵总成，断开连接器（图20-13-2）。

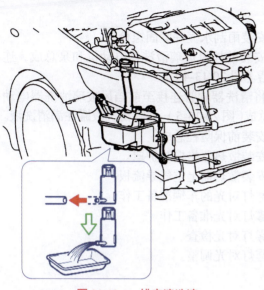

图20-13-1 排空清洗液

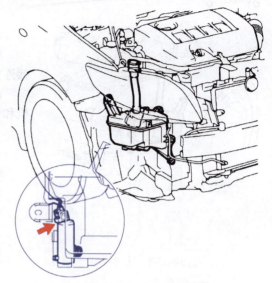

图20-13-2 断开连接器

❻ 取下前挡风玻璃清洗器电动机和泵总成。
❼ 拆卸雨刮水壶固定螺栓。
❽ 取下雨刮水壶。

二、检查前挡风玻璃清洗器电动机和泵总成

❶ 将清洗液罐加满清洗液。
❷ 将蓄电池正极（+）引线连接到前挡风玻璃清洗器电动机和泵的端子2，并将蓄电池负极（-）引线连接到端子1（图20-13-3）。
❸ 检查并确认清洗液从清洗液罐中流出。如果结果不符合规定，则更换清洗器电动机和泵总成。

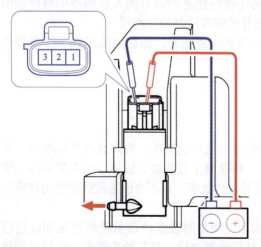

图20-13-3 检查前挡风玻璃清洗器电动机和泵总成

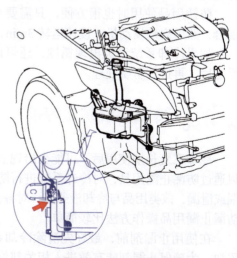

图20-13-4 连接连接器

三、安装雨刮水壶

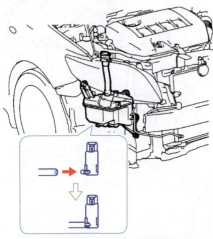

❶ 安装雨刮水壶并紧固螺栓。
❷ 安装前挡风玻璃清洗器电动机和泵总成,连接连接器(图20-13-4)。
❸ 将清洗器软管连接至前挡风玻璃清洗器电动机和泵总成(图20-13-5),并将清洗液罐注满清洗液。
❹ 安装前保险杠总成。
❺ 安装散热器格栅防护罩。
❻ 安装散热器上空气导流板。
❼ 雾灯对光的车辆准备工作。
❽ 雾灯对光准备工作。
❾ 雾灯对光检查。
❿ 雾灯对光调整。

图 20-13-5　连接管路

第十四节　冷却系统防锈处理

发动机冷却液除了防冻外,其中还添加了很多其他的添加剂,解决穴蚀、化学腐蚀、电化学腐蚀和水垢等问题,以保护发动机。

一、冷却系统防锈养护

由于冷却系统中的锈蚀会显著地降低冷却效率,为防止冷却系统锈蚀,可采用防锈用品对冷却系统进行防锈处理。冷却系统防锈用品的种类较多,一般含有硅酸钠和硫化钠等成分,其性能适合所有的发动机,包括铝制发动机。有的还添加了荧光素钠,其荧光绿色可以方便检测冷却系统渗漏。

防锈用品使用时也很方便,只需要将防锈剂在瓶内摇晃均匀后倒入散热器中与冷却液混合,然后启动发动机,慢速运转3min,使其充分溶解在冷却液中即可。

如果冷却系统已经出现锈蚀,还可以使用冷却系统清洗剂,彻底清除锈蚀、淤泥和水垢之后,再进行防锈处理。

二、冷却系统防漏养护

冷却系统长期使用后,可能会出现泄漏,导致冷却液迅速减少。为防止冷却液泄漏,可以通过防漏止漏用品,对冷却系统进行防漏养护,快速制止散热器、缸体、水泵等部件的渗漏或泄漏,该类用品与冷却液兼容,对各种金属及橡胶件无害,也不会引起散热器管道堵塞。防漏止漏用品操作方法比较简单。

在使用止漏剂前,最好先清除冷却系统的水垢,使用时根据冷却系统的容量相应进行添加,为确保止漏剂能有效进入相关部位,最好是启动发动机,打开散热器盖,然后运转使水温达到正常工作温度。发动机运转，节温器开始进行大循环，此时再打开暖风开关，将止漏剂摇匀后倒入散热器中即可，加入止漏剂一周内不要更换冷却液，确保产品充分发挥效用。

三、冷却系统防锈保护剂

该保护剂可有效抑制冷却液中水垢、锈斑和酸性物质的生成，充分发挥冷却效能，避免因锈垢所产生的过热对发动机机件的损坏。该保护剂内含高效防泡剂、抗氧化剂，可防止系统内机件的穴蚀和氧化腐蚀。定期使用该剂对冷却系统可起到长久保护作用。

1. 产品性能

❶ 有效地阻止冷却系统中水垢、穴蚀与锈垢的生成，确保冷却效果。
❷ 中和酸性物质，维护系统中的酸碱平衡，防止机件腐蚀，延长机件使用寿命。
❸ 可与各种冷却液相溶，避免一般冷却液对水箱的侵蚀。
❹ 内含优良的乳化剂，可有效润滑节温器、水泵，消除水泵的异常鸣响。
❺ 对金属及橡胶制品无腐蚀性。

2. 使用方法

❶ 关闭发动机后，将该保护剂加入到水箱内。
❷ 启动发动机使其与冷却液充分混合，使保护剂发生作用。
❸ 每瓶兑 10L 冷却液，每 50000km 使用一次。
❹ 每次更换冷却液时加一瓶效果更佳。

视频精讲

视频精讲

第二十一章 汽车快修作业中常见故障的诊断与排除

第一节 发动机常见故障

一、发动机不能启动故障诊断与排除

 1. 发动机不能启动故障分析（表 21-1-1）

表 21-1-1 发动机不能启动故障分析

故障原因	（1）发动机控制单元（ECM）故障 （2）发动机控制单元线束插接器接触不良、断路或短路
故障分析	（1）ECM 持续监控其内部存储器的状态、内部电路和发送至节气门执行器的输出信号。这种自检可以确保 ECM 正常工作。如果检测出任何故障，ECM 会设置相应的 DTC 并亮起 MIL。ECM 存储器状态由主 CPU 和副 CPU 的内部"镜像"功能进行诊断，以检测随机存取存储器（RAM）故障。这两个 CPU 也持续地进行相互监控 （2）如果发生以下情况，使用电脑诊断仪读取定格数据 ①两个 CPU 的输出不同或与标准有偏差 ②发送至节气门执行器的信号与标准有偏差 ③节气门执行器供电电压出现故障 ④发现其他 ECM 故障，则 ECM 使 MIL 亮起并设置一个 DTC 存储 DTC 时，ECM 将车辆和驾驶条件信息记录为定格数据。进行故障排除时，定格数据有助于确定故障出现时车辆是运行还是停止、发动机是暖机还是冷机、空燃比是稀还是浓，以及其他数据

2. 发动机控制单元电路分析

发动机控制单元电路图如图 21-1-1 所示。当点火开关置于 ON 位置时，蓄电池电压被施加到 ECM 的端子 IGSW 上。ECM 的 MREL 端子的输出信号使电流流向线圈，闭合集成继电器（EFI MAIN 继电器）触点并向 ECM 的端子 "+B" 或 "+B2" 供电。

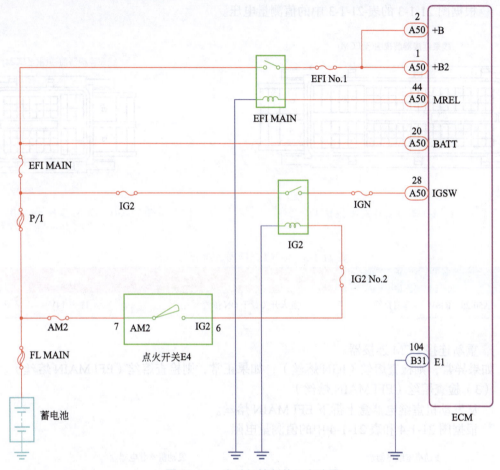

图 21-1-1 发动机控制单元电路图

3. 故障检测与排除

（1）检查线束和连接器（ECM- 车身搭铁）

❶ 断开 ECM 连接器。

❷ 根据图 21-1-2 和表 21-1-2 中的值测量电阻。

表 21-1-2 ECM 连接器 B31 标准电阻

检测仪连接	条件	规定状态
B31-104（E1）- 车身搭铁	始终	小于 1Ω

❸ 重新连接 ECM 连接器。

如果异常，则维修或更换线束或连接器（ECM-车身搭铁）；如果正常，则检查 ECM（IGSW 电压）。

（2）检查 ECM（IGSW 电压）

❶ 断开 ECM 连接器。

❷ 将点火开关置于 ON 位置。

❸ 根据图 21-1-3 的表 21-1-3 中的值测量电压。

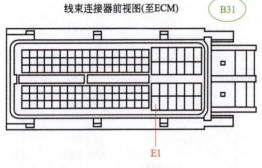

图 21-1-2　ECM 连接器 B31

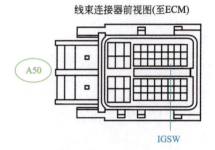

图 21-1-3　ECM 连接器 A50

表 21-1-3　ECM 连接器 A50 标准电压

检测仪连接	开关状态	规定状态
A50-28（IGSW）-车身搭铁	点火开关置于 ON 位置	11～14V

❹ 重新连接 ECM 连接器。

如果异常，则检查熔丝（IGN 熔丝）；如果正常，则检查熔丝（EFI MAIN 熔丝）。

（3）检查熔丝（EFI MAIN 熔丝）

❶ 从发动机室继电器盒上拆下 EFI MAIN 熔丝。

❷ 根据图 21-1-4 和表 21-1-4 中的值测量电阻。

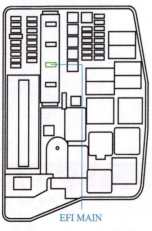

图 21-1-4　EFI MAIN 熔丝

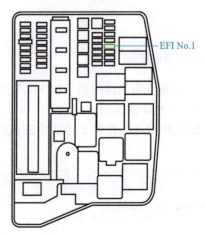

图 21-1-5　EFI No.1 熔丝

表 21-1-4　EFI MAIN 熔丝标准电阻

检测仪连接	条件	规定状态
EFI MAIN 熔丝	始终	小于 1Ω

❸ 重新安装 EFI MAIN 熔丝。

如果异常，则更换熔丝（EFI MAIN 熔丝）；如果正常，则检查熔丝（EFI No.1 熔丝）。

（4）检查熔丝（EFI No.1 熔丝）

❶ 从发动机室继电器盒上拆下 EFI No.1 熔丝。

❷ 根据图 21-1-5 和表 21-1-5 中的值测量电阻。

表 21-1-5　EFI No.1 熔丝标准电阻

检测仪连接	条件	规定状态
EFI No.1 熔丝	始终	小于 1Ω

❸ 重新安装 EFI No.1 熔丝。

如果异常，则更换熔丝（EFI No.1 熔丝）；如果正常，则检查集成继电器（EFI MAIN 继电器）。

（5）检查集成继电器（EFI MAIN 继电器）

❶ 从发动机室继电器盒上拆下集成继电器。

❷ 断开集成继电器连接器。

❸ 根据图 21-1-6 和表 21-1-6 中的值测量电阻。

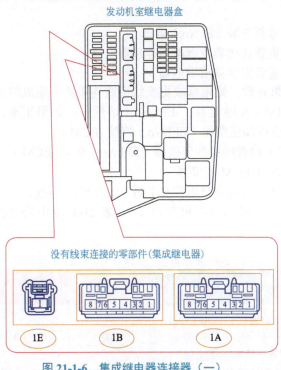

图 21-1-6　集成继电器连接器（一）

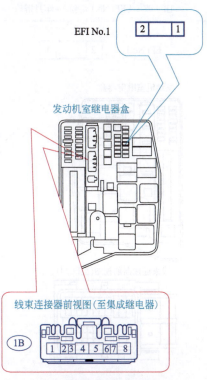

图 21-1-7　集成继电器连接器（二）

表 21-1-6 标准电阻（一）

检测仪连接	条件	规定状态
1E-1-1B-4	始终	10kΩ 或更大
		小于 1Ω（向端子 1B-2 和 1B-3 施加蓄电池电压）

❹ 重新连接集成继电器连接器。
❺ 重新安装集成继电器。
如果异常，则更换集成继电器；如果正常，则检查线束和连接器［集成继电器（EFI MAIN 继电器）-EFI No.1 熔丝］。

（6）检查线束和连接器［集成继电器（EFI MAIN 继电器）-EFI No.1 熔丝］
❶ 从发动机室继电器盒上拆下集成继电器。
❷ 断开集成继电器连接器。
❸ 从发动机室继电器盒上拆下 EFI No.1 熔丝。
❹ 根据图 21-1-7 和表 21-1-7、表 21-1-8 中的值测量电阻。

表 21-1-7 标准电阻（断路检查）（一）

检测仪连接	条件	规定状态
1B-4-1（EFI No.1 熔丝）	始终	小于 1Ω

表 21-1-8 标准电阻（短路检查）（一）

检测仪连接	条件	规定状态
1B-4 或 1（EFI No.1 熔丝）- 车身搭铁	始终	10kΩ 或更大

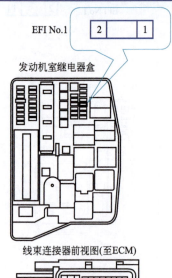

图 21-1-8 EFI No.1 熔丝、ECM 连接器

❺ 重新安装 EFI No.1 熔丝。
❻ 重新连接集成继电器连接器。
❼ 重新安装集成继电器。
如果异常，则维修或更换线束或连接器［集成继电器（EFIMAIN 继电器）-EFI No.1 熔丝］；如果正常，则检查线束和连接器（EFI No.1 熔丝 -ECM）。

（7）检查线束和连接器（EFI No.1 熔丝 -ECM）
❶ 断开 ECM 连接器。
❷ 从发动机室继电器盒上拆下 EFI No.1 熔丝。
❸ 根据图 21-1-8 和表 21-1-9、表 21-1-10 中的值测量电阻。

表 21-1-9 标准电阻（断路检查）（二）

检测仪连接	条件	规定状态
2（EFI No.1 熔丝）-A50-1（+B2）	始终	小于 1Ω
2（EFI No.1 熔丝）-A50-2（+B）		

表 21-1-10 标准电阻（短路检查）（二）

检测仪连接	条件	规定状态
2（EFI No.1 熔丝）或 A50-1（+B2）- 车身搭铁	始终	10kΩ 或更大
2（EFI No.1 熔丝）或 A50-2（+B）- 车身搭铁		

❹ 重新安装 EFI No.1 熔丝。
❺ 重新连接 ECM 连接器。
如果异常，则维修或更换线束或连接器（EFI No.1 熔丝 -ECM）；如果正常，则检查线束和连接器（EFI MAIN 继电器 - 蓄电池）。
（8）检查线束和连接器（EFI MAIN 继电器 - 蓄电池）
❶ 从发动机室继电器盒上拆下集成继电器。
❷ 断开集成继电器连接器。
❸ 断开蓄电池负极端子。
❹ 断开蓄电池正极端子。
❺ 根据图 21-1-9 和表 21-1-11、表 21-1-12 中的值测量电阻。

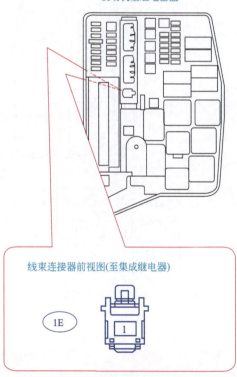

图 21-1-9 集成继电器连接器（三）

表 21-1-11 标准电阻（断路检查）（三）

检测仪连接	条件	规定状态
1E-1- 蓄电池正极端子	始终	小于 1Ω

表 21-1-12　标准电阻（短路检查）（三）

检测仪连接	条件	规定状态
1E-1 或蓄电池正极端子 - 车身搭铁	始终	10kΩ 或更大

❻ 重新连接集成继电器连接器。
❼ 重新安装集成继电器。
❽ 重新连接蓄电池正极端子。
❾ 重新连接蓄电池负极端子。
　　如果异常，则维修或更换线束或连接器（EFI MAIN 继电器 - 蓄电池）；如果正常，则检查线束和连接器［集成继电器（EFI MAIN 继电器）- 车身搭铁］。
　　（9）检查线束和连接器［集成继电器（EFI MAIN 继电器）- 车身搭铁］
❶ 从发动机室继电器盒上拆下集成继电器。
❷ 断开集成继电器连接器。
❸ 根据图 21-1-10 和表 21-1-13 中的值测量电阻。

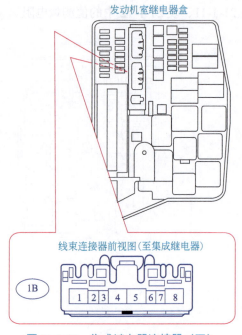

图 21-1-10　集成继电器连接器（四）

表 21-1-13　标准电阻（二）

检测仪连接	条件	规定状态
1B-3- 车身搭铁	始终	小于 1Ω

❹ 重新连接集成继电器连接器。
❺ 重新安装集成继电器。
　　如果异常，则维修或更换线束或连接器［集成继电器（EFIMAIN 继电器）- 车身搭铁］；如果正常，则检查线束和连接器［集成继电器（EFI MAIN 继电器）-ECM］。

（10）检查线束和连接器［集成继电器（EFI MAIN 继电器）-ECM］

❶ 断开 ECM 连接器。

❷ 从发动机室继电器盒上拆下集成继电器。

❸ 断开集成继电器连接器。

❹ 根据图 21-1-11 和表 21-1-14、表 21-1-15 中的值测量电阻。

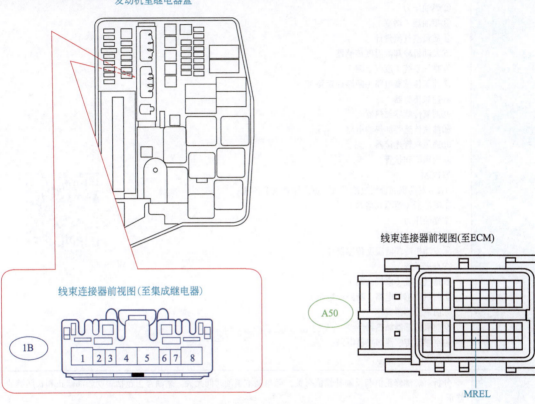

图 21-1-11　ECM 连接器、集成继电器连接器

表 21-1-14　标准电阻（断路检查）（四）

检测仪连接	条件	规定状态
1B-2-A50-44（MREL）	始终	小于 1Ω

表 21-1-15　标准电阻（短路检查）（四）

检测仪连接	条件	规定状态
1B-2 或 A50-44（MREL）- 车身搭铁	始终	10kΩ 或更大

❺ 重新连接 ECM 连接器。

❻ 重新连接集成继电器连接器。

❼ 重新安装集成继电器。

如果异常，则维修或更换线束或连接器［集成继电器（EFIMAIN 继电器）-ECM］；如果正常，则更换 ECM。

二、发动机动力不足、怠速不稳、起步易熄火故障诊断与排除（表21-1-16）

表21-1-16　发动机动力不足、怠速不稳、起步易熄火故障分析

故障原因	（1）发动机混合气过稀导致，重点检查以下各项 ①进气系统 ②燃油压力 ③喷油器（堵塞） ④质量空气流量计 ⑤发动机冷却液温度传感器 ⑥排气系统（废气泄漏） ⑦前氧传感器电路（断路或短路） ⑧前氧传感器 ⑨前氧传感器加热器 ⑩前氧传感器加热器电路 ⑪通风软管连接器 ⑫通风阀和软管 ⑬ECM （2）发动机混合气过浓导致，重点检查以下各项 ①喷油器（泄漏或堵塞） ②燃油压力 ③质量空气流量计 ④发动机冷却液温度传感器 ⑤点火系统 ⑥排气系统（废气泄漏） ⑦前氧传感器电路（断路或短路） ⑧前氧传感器 ⑨前氧传感器加热器 ⑩空燃比传感器加热器电路 ⑪ECM
故障分析与诊断排除	分析：燃油修正值与反馈补偿值有关，而与基本喷油时间无关。燃油修正包括短期燃油修正和长期燃油修正 短期燃油修正值是指用于将空燃比持续保持在理论值的燃油补偿值。空燃比传感器（S1）的信号指示空燃比与理论空燃比相比是偏稀还是偏浓，这使得燃油喷射量在空燃比偏浓时减少，在空燃比偏稀时增加 各发动机之间的差别、长期磨损和使用环境的改变等因素都会使短期燃油修正值与中心值有所偏差。长期燃油修正控制全面燃油补偿，用来补偿短期燃油修正造成的与中间值的长期偏离 如果短期燃油修正值和长期燃油修正值都比预定值偏稀或偏浓，会被判定为一个故障，ECM将亮起MIL并设置DTC 在存储DTC时，ECM将车辆和驾驶条件信息记录为定格数据。使用电脑诊断仪读取定格数据。进行故障排除时，定格数据有助于确定故障出现时车辆是运行还是停止、发动机是暖机还是冷机、空燃比是稀还是浓，以及其他数据 空气燃油混合气过浓可能会导致空燃比传感器电压低。检查是否存在导致发动机在混合气浓的情况下运行的条件 空气燃油混合气过稀可能会导致空燃比传感器电压高。检查是否存在导致发动机在混合气稀的情况下运行的条件 使用智能检测仪进行主动测试（空燃比控制）：监视显示在检测仪上的前氧传感器和后氧传感器的输出电压 结果：前氧传感器根据燃油喷射量的增加和减少做出响应 +25%=浓输出：高于3.35V -12.5%=稀输出：低于3.0V

注：前氧传感器存在数秒钟的输出延迟，后氧传感器的输出延迟最长可达约20s。

三、发动机火花塞故障诊断与排除

1. 发动机火花塞故障诊断

发动机火花塞故障诊断见表 21-1-17。

表 21-1-17　发动机火花塞故障诊断

故障现象	（1）发动机无力 （2）单缸或少数缸不工作 （3）发动机温度高 （4）排气管有明显的"突、突"声 （5）启动困难甚至无法启动 （6）多个火花塞故障会导致启动困难，甚至无法启动
故障原因	（1）火花塞间隙过大。对于普通的火花塞，车辆每行驶 10000km，中心电极的磨损和撕裂就会扩大 0.1～0.15mm （2）火花塞撕裂短路 （3）火花塞间隙过小 （4）火花塞积炭短路 （5）火花塞油污短路 （6）外部绝缘体破裂
诊断与排除	用断缸方法检测哪缸不工作或工作不良，即可拆卸该缸火花塞检查。根据火花塞现象，分析故障原因，对症排除故障后，再更换火花塞 ①如果火花塞油污，可烘干火花塞继续使用 ②如果电极熔化，应更换更冷型火花塞 ③如果火花塞积垢，可更换更热型火花塞

2. 火花塞间隙过大或过小故障诊断

火花塞间隙过大或过小故障诊断见表 21-1-18。

表 21-1-18　火花塞间隙过大或过小故障诊断

故障现象	（1）火花塞间隙过大 ①发动机缺火 ②高速点火不良，动力下降 ③排气管放炮 ④点火线圈被击穿 （2）火花塞间隙过小 ①发动机怠速不稳 ②发动机加速不良 ③尾气排放超标 ④火花塞电极过早被烧蚀
故障原因	（1）火花塞间隙过大 长时间使用未更换火花塞，普通火花塞应在车辆行驶 3 万千米更换 （2）火花塞间隙过小 ①火花塞本身的问题，不符合规定 ②安装火花塞时不注意，导致火花塞电极变形
诊断与排除	拆卸火花塞，目视或用间隙规测量间隙，如不符合要求则更换火花塞

第二节 变速器常见故障

一、手动变速器故障诊断与排除

1. 手动变速器挂挡困难故障诊断

手动变速器挂挡困难故障诊断见表21-2-1。

表21-2-1 手动变速器挂挡困难故障诊断

故障现象（异响特征）	离合器状况良好，但挂挡时不能顺利挂入挡位，常发出齿轮撞击声
故障原因	（1）同步器故障 （2）拨叉轴弯曲、锁紧弹簧过硬、钢球损伤等 （3）一轴花键损伤或一轴弯曲 （4）齿轮油不足或过量、齿轮油不符合规格
诊断与排除	（1）检查同步器是否散架、锥环内锥面螺旋槽是否磨损、滑块是否磨损、弹簧是否过软等 （2）如果同步器正常，则检查一轴是否弯曲、花键是否磨损严重 （3）检查拨叉轴是否移动正常

2. 离合器打滑故障诊断

离合器打滑故障诊断见表21-2-2。

表21-2-2 离合器打滑故障诊断

故障现象（异响特征）	汽车用低速挡起步时，放松离合器踏板后，汽车不能起步或起步困难；汽车加速行驶时，车速不能随发动机转速的提高而提高，感到行驶无力，严重时产生焦糊味或冒烟等现象
故障原因	（1）离合器踏板没有自由行程，使分离轴承压在分离杠杆上 （2）从动盘摩擦片、压盘或飞轮工作面磨损严重，离合器盖与飞轮的连接松动，使压紧力减弱 （3）从动盘摩擦片油污、烧蚀、表面硬化、铆钉外露、表面不平，使摩擦系数下降 （4）压力弹簧疲劳或折断，膜片弹簧疲劳或开裂，使压紧力下降 （5）离合器操纵杆卡滞，分离轴承套筒与导管间油污、尘腻严重，甚至造成卡滞，使分离轴承不能回位 （6）分离杠杆弯曲变形，出现运动干涉，不能回位
诊断与排除	（1）检查离合器踏板自由行程，如不符合规定，应予以调整 （2）如果自由行程正常，应拆下变速器壳，检查离合器与飞轮连接螺栓是否松动，如松动，则予以拧紧 （3）如果离合器仍然打滑，应拆下离合器，检查从动盘摩擦片的状况。如果有油污，一般可用汽油清洗并烘干，然后找出油污来源并设法排除。如果摩擦片磨损严重或有铆钉外露，应更换从动盘 （4）如果从动盘完好，则应分解离合器，检查压紧弹簧，如果弹力过软，则应更换 总结：离合器打滑主要可以从从动盘压不紧、从动盘摩擦系数下降等方面加以考虑

3. 离合器分离不彻底故障诊断

离合器分离不彻底故障诊断见表 21-2-3。

表 21-2-3　离合器分离不彻底故障诊断

故障现象 （异响特征）	发动机怠速运转时，踩下离合器踏板，挂挡有齿轮撞击声，且难以挂挡；如果勉强挂上挡，则在离合器踏板尚未完全放松时，发动机熄火
故障原因	（1）离合器踏板自由行程过大 （2）分离杠杆弯曲变形、支座松动、支座轴销脱出，使分离杠杆内端高度难以调整 （3）分离杠杆调整不当，其内端不在同一平面内或内端高度太低 （4）双片离合器中间压盘限位螺钉调整不当，个别分离弹簧疲劳、高度不足或折断，中间压盘在传动销上或在离合器驱动窗口内轴向移动不灵活 （5）从动盘钢片翘曲、摩擦片破裂或铆钉松动 （6）新换的摩擦片太厚或从动盘正反装错 （7）从动盘花键孔与变速器第一轴花键轴卡滞 （8）离合器液压操纵机构漏油、有空气或油量不足 （9）膜片弹簧弹力减弱 （10）发动机支承磨损或损坏，发动机与变速器不同心
诊断与排除	（1）检查离合器踏板自由行程，如果自由行程过大，则进行调整。否则对于液压操纵机构，检查是否储液罐油量不足或管路中有空气，并进行必要的排除。如果不是上述问题应继续检查 （2）检查分离杠杆内端高度，如果分离杠杆高度太低或不在同一平面，则进行调整。否则检查从动盘是否装反，如果都没问题则继续检查 （3）检查从动盘是否翘曲变形、铆钉脱落，从动盘是否轴向运动卡滞等，如果是，则进行更换或修理 总结：离合器分离不彻底主要可以从离合器踏板自由行程、分离杠杆高度、从动盘等几个方面考虑

二、自动变速器故障诊断与排除

1. 汽车不能行驶故障诊断

汽车不能行驶故障诊断见表 21-2-4。

表 21-2-4　汽车不能行驶故障诊断

故障现象	（1）在汽车行驶中，升挡车速明显高于标准值，升挡前发动机转速偏高 （2）不能升挡：必须采用松油门提前升挡的操作方法，才能使自动变速器升入高挡或超速挡
故障原因	（1）无 ATF 油 （2）选挡杆与手动阀之间的连接松动，手动阀保持在空挡位置 （3）油泵滤网堵塞 （4）主油路严重堵塞 （5）油泵损坏

诊断与排除	（1）检查自动变速器内有无液压油。其方法是：拔出自动变速器的油尺，观察机油尺上有无液压油。若油尺上没有液压油，说明自动变速器内的液压油已漏光。对此，应检查油底壳、液压油散热器、油管等处有无破损而导致漏油。如有严重漏油处，应修复后重新加油 （2）检查自动变速器操纵手柄与手动阀摇臂之间的连杆或拉索有无松脱。如果有松脱，应予以装复，并重新调整好操纵手柄的位置 （3）拆下主油路测压孔上的螺塞，启动发动机，将操纵手柄拨至前进挡或倒挡位置，检查测压孔内有无液压油流出 （4）若主油路侧压孔内没有液压油流出，应打开油底壳，检查手动阀摇臂轴与摇臂间有无松脱，手动阀阀芯有无折断或脱钩。若手动阀工作正常，则说明油泵损坏。对此，应拆卸并分解自动变速器，更换油泵 （5）若主油路测压孔内只有少量液压油流出，油压很低或基本上没有油压，应打开油底壳，检查油泵进油滤网有无堵塞。如无堵塞，说明油泵损坏或主油路严重泄漏，对此，应拆卸并分解自动变速器，予以修理 （6）若冷车启动时主油路有一定的油压，但热车后油压即明显下降，说明油泵磨损过甚。对此，应更换油泵 （7）若测压孔内有大量液压油喷出，说明主油路油压正常，故障出在自动变速器中的输入轴、行星排或输出轴。对此，应拆检自动变速器

2. 自动变速器打滑故障诊断

自动变速器打滑故障诊断见表 21-2-5。

表 21-2-5　自动变速器打滑故障诊断

故障现象	（1）起步时踩下加速踏板，发动机转速升高很快但车速升高很慢 （2）行驶时踩下加速踏板加速，发动机转速升高但车速没有很快提高 （3）平路行驶正常，但上坡无力，且发动机转速很高
故障原因	（1）液压油油面太低 （2）液压油油面太高，运转中被行星排剧烈搅动后产生大量气泡 （3）离合器或制动器摩擦片、制动带磨损过甚或烧焦 （4）油泵磨损过甚或主油路泄漏，造成油路油压过低 （5）单向超越离合器打滑 （6）离合器或制动器活塞密封圈损坏，导致漏油 （7）减振器活塞密封圈损坏，导致漏油
诊断与排除	（1）对于出现打滑现象的自动变速器，应先检查其液压油的油面高度和品质。若油面过低或过高，应先调整至正常后再做检查。若油面调整正常后自动变速器不再打滑，可不必拆修自动变速器 （2）检查液压油的品质。若液压油呈棕黑色或有烧焦味，说明离合器或制动器的摩擦片或制动带有烧焦，应拆修自动变速器 （3）进行路试，以确定自动变速器是否打滑，并检查出现打滑的挡位和打滑的程度。将操纵手柄拨入不同的位置，让汽车行驶。若自动变速器升至某一挡位时发动机转速突然升高，但车速没有相应提高，即说明该挡位有打滑。打滑时发动机的转速越容易升高，说明打滑越严重

3. 自动变速器换挡冲击过大故障诊断

自动变速器换挡冲击过大故障诊断见表 21-2-6。

表 21-2-6　自动变速器换挡冲击过大故障诊断

故障现象	（1）在汽车行驶时，升挡车速明显高于标准值，升挡前发动机转速偏高 （2）不能升挡：须采用松油门提前升挡的方法才能使自动变速器升入高挡或超速挡
故障原因	（1）节气门拉线或节气门位置传感器调整不当 （2）调速器存在故障 （3）输出轴上调速器进出油孔的密封圈损坏 （4）真空式节气门阀推杆调整不当 （5）真空式节气门阀的真空软管或真空膜片漏气 （6）主油路油压或节气门油压太高 （7）强制降挡开关短路 （8）传感器故障
诊断与排除	（1）应对电控自动变速器进行故障诊断。检查、调整节气门拉线或节气门位置传感器，测量节气门位置传感器电阻，如不符合标准，应更换 （2）采用真空式节气门阀的自动变速器，应检查真空软管是否漏气。检查强制降挡开关是否短路 （3）测量怠速主油路油压，若油压太高，应通过节气门拉线或节气门位置传感器予以调整 （4）采用真空式节气门阀的自动变速器，应用减少节气门阀推杆长度的方法进行调整。若以上调整无效，应拆检油压阀或节气门阀 （5）测量调速器油压，调速器油压应随车速的升高而增大。将不同转速下测得的调速器油压与规定值比较，若油压太低，说明调速器存在故障或调速器油路存在泄漏 （6）此时应拆检自动变速器，检查调速器固定螺钉是否松动，调速器油路密封环是否损坏，阀芯是否卡滞或磨损过度。如果调速器油压正常，升挡缓慢的原因可能是换挡阀工作不良。应拆卸阀体检查，必要时更换

三、自动变速器油故障诊断与排除

自动变速器油（ATF）易变质故障诊断与排除见表 21-2-7。

表 21-2-7　自动变速器油易变质故障诊断与排除

故障现象	更换后的新自动变速器油使用不久变变质；自动变速器温度太高，从加油口处向外冒烟
故障原因	（1）汽车使用不当，经常超负荷行驶，如经常用于拖车或经常急加速、超速挡行驶等 （2）自动变速器油散热器管路堵塞 （3）通往自动变速器油散热器的限压阀卡滞 （4）离合器或制动器自由间隙太大 （5）主油路油压太低，离合器或制动器工作中打滑
诊断与排除	（1）对车辆进行详细的检查，如果出现变速器内部故障，则需要维修或更换 （2）检查管路是否堵塞，如果出现堵塞，则更换管路 （3）检查散热器的限压阀是否出现故障，如果出现故障，则维修或更换限压阀 （4）检查离合器和制动器的间隙，如果间隙过大，则进行维修或更换 （5）测量油压，如果主油路油压过低，则对变速器进行维修

四、变速器油温传感器故障诊断与排除

1. 变速器油温传感器故障分析（表 21-2-8）

表 21-2-8　变速器油温传感器故障分析

故障现象	（1）变速器警告灯点亮 （2）换挡冲击大 （3）挡位被锁死，没有超速挡
故障原因	（1）变速器油温传感器损坏 （2）变速器油温传感器线路插接器接触不良、断路或短路
故障分析	（1）变速器油温传感器用于测量变速器油温，并把油温测量值传送到变速器控制模块 （2）结构和功用。变速器油温传感器位于阀体内，浸没在变速器油中。它用来测量变速器油温，并把油温测量值传送到变速器控制模块。变速器油温传感器由一块安装板固定。它是阀体总成的一个部件，作为一个热敏电阻工作 （3）信号利用。下列功能需要变速器油温传感器提供的参数 ①适应系统换挡压力和换挡过程中建立压力及释放压力 ②激活或解除暖机程序和变矩器锁止离合器等的温度依赖功能 ③在热车模式，变速器油温高时，激活变速器的保护功能 （4）故障的影响 ①变矩器锁止离合器没有调节操作，只能打开或闭合；没有适应的换挡压力，这通常会导致难以换挡 ②变速器油温传感器的负温度系数（NTC）热敏电阻有特性关系 ③温度升高时，传感器阻力减小 ④为了防止变速器过热，超出定义的变速器油温范围时，触发相应的对策 ⑤车辆行驶一定时间后，ATF 温度应升高。当 ATF 温度低于 10℃ 时，ECM 将其视为故障并点亮 MIL ⑥发动机冷启动后，当 ATF 温度为 100℃ 或更高，且发动机冷却液温度达到 60℃ 时，ECM 仍将其确定为故障，点亮 MIL 并存储 DTC （5）检查程序 提示：使用检测仪读取数据表，可以读取开关、传感器、执行器及其他项的数值或状态，而无需拆下任何零件。这种非侵入式检查非常有用，因为可在扰动零件或配线之前发现间歇性故障或信号。在故障排除时，尽早读取数据表信息是节省诊断时间的方法之一

2. 变速器油温传感器电路图（图 21-2-1）

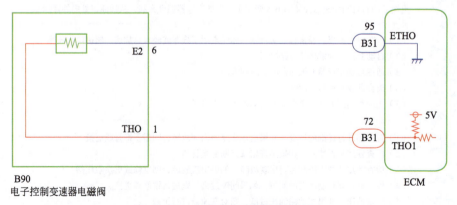

图 21-2-1　变速器油温传感器电路图

3. 故障检测与排除

（1）读取故障码　故障码为变速器油温传感器性能异常。

（2）读取油温数据流　检测仪检测为150℃时，存在短路故障；检测仪检测为-40℃时，存在断路故障。

（3）检查变速器油位　如果异常，则加注油液；如果正常，则更换变速器线束（ATF温度传感器）。

第三节　传感器常见故障

一、电子节气门故障诊断与排除

1. 电子节气门故障分析（表21-3-1）

视频精讲

表21-3-1　电子节气门故障分析

故障现象	（1）发动机故障灯点亮 （2）发动机怠速抖动和怠速不稳 （3）低速熄火 （4）油门操控状态差，发动机加速不良、车辆无力 （5）自动变速器的车辆会引起换挡延迟、换挡冲击大
故障原因	（1）节气门位置传感器损坏 （2）节气门位置传感器线路接触不良、断路或短路 （3）初始化位置不正确 （4）节气门积炭过多 （5）节气门伺服电动机损坏 （6）节气门伺服电动机线路接触不良、断路或短路 （7）发动机控制单元故障
故障分析	使用电脑诊断仪读取定格数据： 　　（1）使用电脑诊断仪对发动机模块进行检查，在无永久故障码时一般无需更换；读取节气门的数据流，检查节气门的2个位置传感器、节气门开度，开度较大时先对节气门进行清积炭，再做节气门初始化 　　（2）节气门位置传感器和电动机出现线路接触不良、断路或短路。接触不良则检查节气门线束插接器是否生锈、是否进水、插接器铁片是否变宽；断路或短路则检查节气门相关的线路，可通过测量电压、线路的通断来判定 　　（3）节气门积炭过多，检查空气滤清器是否太脏，清除节气门积炭后，必须对节气门进行初始化

2. 电子节气门电路图（图 21-3-1）

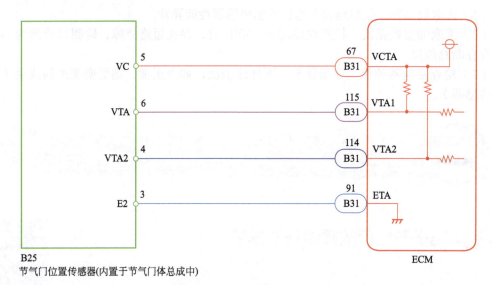

图 21-3-1　电子节气门电路图

3. 故障检测与排除

（1）使用电脑诊断仪读取数据流（表 21-3-2）

表 21-3-2　使用电脑诊断仪读取数据流

节气门位置（VTA1）松开油门踏板时 /V	2 号节气门位置（VTA2）松开油门踏板时 /V	节气门位置（VTA1）踩下油门踏板时 /V	2 号节气门位置（VTA2）踩下油门踏板时 /V	故障部位
0～0.2	0～0.2	0～0.2	0～0.2	VC 电路断路
4.5～5.0	4.5～5.0	4.5～5.0	4.5～5.0	E2 电路断路
0～0.2 或 4.5～5.0	2.4～3.4（失效保护）	0～0.2 或 4.5～5.0	2.4～3.4（失效保护）	VTA1 电路断路或对搭铁短路
0.7～1.3（失效保护）	0～0.2 或 4.5～5.0	0.7～1.3（失效保护）	0～0.2 或 4.5～5.0	VTA2 电路断路或对搭铁短路
0.5～1.1	2.1～3.1	3.3～4.9（非失效保护）	4.6～5.0（非失效保护）	节气门位置传感器电路正常

（2）检查节气门位置传感器至 ECM 线路

❶ 断开节气门体总成连接器。

❷ 断开 ECM 连接器。

❸ 根据图 21-3-2 和表 21-3-3、表 21-3-4 中的值测量电阻。

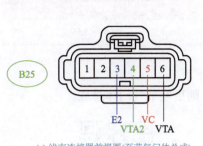
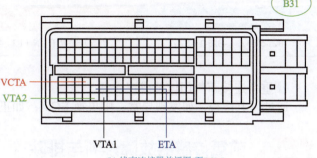

(a) 线束连接器前视图(至节气门体总成)　　　　　(b) 线束连接器前视图(至ECM)

图 21-3-2　节气门与 ECM 连接器

表 21-3-3　标准电阻（断路检查）

检测仪连接	条件	规定状态
B25-5（VC）-B31-67（VCTA）	始终	小于 1Ω
B25-6（VTA）-B31-115（VTA1）		
B25-4（VTA2）-B31-114（VTA2）		
B25-3（E2）-B31-91（ETA）		

表 21-3-4　标准电阻（短路检查）

检测仪连接	条件	规定状态
B25-5（VC）或 B31-67（VCTA）- 车身搭铁	始终	10kΩ 或更大
B25-6（VTA）或 B31-115（VTA1）- 车身搭铁		
B25-4（VTA2）或 B31-114（VTA2）- 车身搭铁		

❹ 重新连接节气门体总成连接器。
❺ 重新连接 ECM 连接器。
通过以上检查，如发现异常，则维修或更换线束或连接器；如正常，则进行下一步检查。
（3）检查 ECM（VC 电压）
❶ 断开节气门体总成连接器。
❷ 将点火开关置于 ON（IG）位置。
❸ 根据图 21-3-3 和表 21-3-5 的值测量电压。

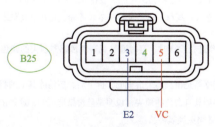

图 21-3-3　标准电压
1~6—端子

表 21-3-5　标准电压

检测仪连接	开关状态	规定状态
B25-5（VC）-B25-3（E2）	点火开关置于ON（IG）位置	4.5～5.5V

❹ 重新连接节气门体总成连接器。

通过以上检查，如发现异常，则更换 ECM；如正常，则更换节气门体总成。

前氧传感器故障诊断与排除

1. 前氧传感器故障分析（表 21-3-6）

视频精讲

表 21-3-6　前氧传感器故障分析

故障现象	（1）发动机故障灯点亮 （2）发动机怠速抖动 （3）汽油油耗增加 （4）尾气排放不合格 （5）排气管冒黑烟
故障原因	（1）前氧传感器老化 （2）前氧传感器中毒（铅中毒、硅中毒、磷中毒） （3）前氧传感器损坏 （4）前氧传感器线路断路或短路 （5）发动机控制单元故障
故障分析	使用电脑诊断仪读取发动机故障码，观察是否存在前氧传感器故障，并确认是临时故障还是永久故障 （1）读取前氧传感器的数据流，电压在 0.1～1V 之间不断变化，变化次数 10s 超过 8 次。如果电压在 0.1～0.5V 之间变化，说明混合气过稀；如果电压在 0.5～1V 之间变化，说明混合气过浓；如果电压在 0.4～0.5V 之间不动，说明氧传感器损坏 （2）检查氧传感器电阻，当发动机温度达到正常后，拔下氧传感器的导线连接器，用电阻表检测压力传感器端子之间的电阻值，电阻值应符合具体车型标准值的要求（一般为 440Ω），如电阻值不符合要求，则应更换氧传感器 （3）氧传感器电压输出信号的检测，是在装好氧传感器的导线连接器后，从信号端子引出一根导线，启动发动机，使发动机达到正常工作温度，并维持发动机怠速运转，此时，用电压表检测氧传感器信号端子的输出电压。当拔掉某个气缸的高压线（断火）时，排气中的含氧量将下降，如果电压表指示的电压有所升高，说明氧传感器性能良好（氧传感器输出电压一般在 0.2～0.9V 之间，其变化范围在 0.5V 左右） 注意：不能短路传感器接线柱，正、负接头不能弄错，电压表负极表笔接蓄电池负极，正极表笔接氧传感器信号线 （4）在对氧传感器进行检查时，有时通过观察氧传感器顶尖的颜色也可知道故障原因。氧传感器顶尖的正常颜色为淡灰色 ①黑色顶尖的氧传感器是由炭污染造成的，拆下后，应清除其上的积炭沉积 ②如果发现氧传感器具有白色的顶尖，说明是硅污染造成的，这是由于发动机在维修时，使用了不符合要求的硅密封胶，此时必须更换氧传感器 ③当发现氧传感器顶尖为红棕色时，则说明氧传感器受铅污染，这是由于汽车使用了含铅汽油所致

2. 前氧传感器电路图（图 21-3-4）

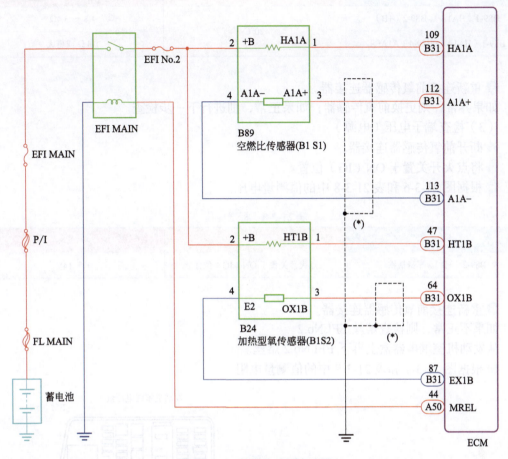

图 21-3-4　前氧传感器电路图

* 屏蔽

3. 故障检测与排除

（1）使用电脑诊断仪读取定格数据进行分析

（2）检查前氧传感器加热器电阻

❶ 断开前氧传感器连接器。

❷ 根据图 21-3-5 和表 21-3-7 中的值测量电阻。

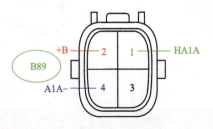

图 21-3-5　前氧传感器连接器（一）

1～4—端子

表 21-3-7 标准电阻（一）

检测仪连接	条件	规定状态
B89-1（HA1A）-B89-2（+B）	20℃	1.8～3.4Ω
B89-1（HA1A）-B89-4（A1A-）		10kΩ 或更大

❸ 重新连接前氧传感器连接器。
如果异常，则更换前氧传感器；如果正常，则进行下一步检查。
（3）检查端子电压（电源）
❶ 断开前氧传感器连接器。
❷ 将点火开关置于 ON（IG）位置。
❸ 根据图 21-3-6 和表 21-3-8 中的值测量电压。

表 21-3-8 标准电压

检测仪连接	开关状态	规定状态
B89-2（+B）- 车身搭铁	点火开关置于 ON（IG）位置	9～14V

❹ 重新连接前氧传感器连接器。
如果不正常，则检查熔丝 EFI No.2。
从发动机室继电器盒上拆下 EFI No.2 熔丝。
❺ 根据图 21-3-7 和表 21-3-9 中的值测量电阻。

图 21-3-6 前氧传感器连接器（二）
1～4—端子

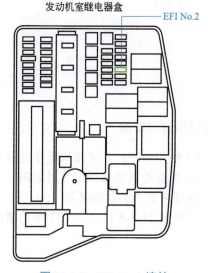

图 21-3-7 EFI No.2 熔丝

表 21-3-9 标准电阻（二）

检测仪连接	条件	规定状态
EFI No.2 熔丝	始终	小于 1Ω

⑥ 重新安装 EFI No.2 熔丝。
如果异常，则更换熔丝；如果正常，则维修或更换线束或连接器。
⑦ 如果前氧传感器电源正常，则检查线束和连接器（前氧传感器 -ECM）
⑧ 断开前氧传感器连接器。
⑨ 断开 ECM 连接器。
⑩ 根据图 21-3-8 和表 21-3-10、表 21-3-11 中的值测量电阻。

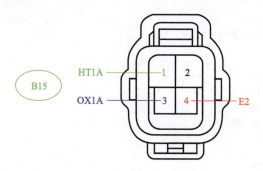

(a) 线束连接器前视图[至加热型氧传感器(S1)]

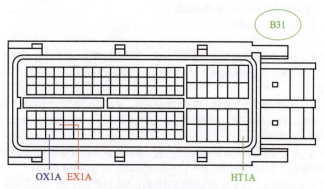

(b) 线束连接器前视图(至ECM)

图 21-3-8　前氧传感器连接器、ECM 连接器

1～4—端子

表 21-3-10　标准电阻（断路检查）

检测仪连接	条件	规定状态
B15-1（HT1A）-B31-109（HT1A）	始终	小于 1Ω
B15-3（OX1A）-B31-112（OX1A）		
B15-4（E2）-B31-90（EX1A）		

表 21-3-11　标准电阻（短路检查）

检测仪连接	条件	规定状态
B15-1（HT1A）或 B31-109（HT1A）- 车身搭铁	始终	10kΩ 或更大
B15-3（OX1A）或 B31-112（OX1A）- 车身搭铁		
B15-4（E2）或 B31-90（EX1A）- 车身搭铁		

⑪重新连接前氧传感器连接器。
⑫重新连接 ECM 连接器。

如果异常，则维修或更换线束或连接器（前氧传感器 -ECM）；如果正常，则更换 ECM。

三、进气压力传感器故障诊断与排除

进气压力传感器故障诊断见表 21-3-12。

表 21-3-12　进气压力传感器故障诊断

故障现象	（1）发动机怠速不稳 （2）发动机加速不良 （3）发动机运转中进气管回火 （4）排气管冒黑烟
故障原因	（1）传感器内部故障 （2）传感器检测部位有污物 （3）传感器线路接触不良、断路或短路 （4）发动机控制单元故障
故障分析与诊断排除	（1）进气压力传感器是集信号传感和信号放大于一体的部件，安装在进气歧管上（有的与空气流量计集成为一体，安装在空气滤清器壳体上）。它是由压力转换元件和把压力转换元件输出信号进行放大的集成电路组成的 （2）进气压力传感器发生故障，像真空泄漏一样，发动机不能得到正常操作所需的燃油量 （3）发动机 ECU 使用进气歧管绝对压力传感器来确定大气压力。发动机 ECU 在燃油控制中使用大气压力来补偿海拔高度差异 （4）进气压力传感器响应歧管内的真空变化。发动机 ECU 以信号电压的方式接收此变化信息，该信号电压将从怠速情况下节气门关闭时的 1～1.5V 变化至节气门全开时的 4.5～5V （5）使用电脑诊断仪读取发动机模块的故障码，判断为偶发故障还是持续故障，如果是进气压力传感器持续故障，则更换进气压力传感器 （6）使用电脑诊断仪读取进气压力传感器数据流，启动发动机观察进气压力的数据 （7）拆下进气压力传感器，检查是否有损坏和堵塞 （8）检查传感器线路，先目测检查进气歧管压力传感器的线路是否有断路、连接是否可靠。若无异常，可将插接器拔下，检查各端子是否存在锈蚀、氧化而导致的接触不良，如有，应清洁后将其连接好试车。实践表明，由接线端子接触不良而导致的传感器信号异常是故障检测的重点之一。因此必须在各接线端子连接可靠的情况下，方可进行下一步故障检测 （9）电源电压的检测 ①拔下传感器上的插接器，接通点火开关，但不启动发动机，此时 ECU 将加给传感器电源端子 5V 左右的电压 ②用万用表的一个表笔接电源端子，另一个表笔接接地端子 ③若电压值为 4.5～5.5V，说明电压值正常，应当将插接器插回传感器 ④若电压值为 0，则将接接地的表笔与车架搭铁，或通过导线与蓄电池负极接触 ⑤若电压值正常，应当检查接地端子通往 ECU 的导线 ⑥若电压值仍为 0，则测量 ECU 线束中的电源端子与接地端子的电压值 ⑦若电压值正常，说明 ECU 至传感器的电源线路断路，应予以修复或更换 ⑧ECU 的电源端子与接地端子的电压值若为 0，说明故障在 ECU 或 ECU 搭铁不良 （10）输出电压的检测 ①接通点火开关，拆下连接进气歧管压力传感器与进气歧管的真空软管的一端 ②在大气压力下，测量 PIM（信号）端子与 E2 端子的电压值，应当在 3.3～3.9V 的范围内

四、冷却液温度传感器故障诊断与排除

1. 冷却液温度传感器故障分析（表 21-3-13）

表 21-3-13　冷却液温度传感器故障分析

故障现象	（1）冷却液温度报警灯点亮 （2）冷却风扇高速常转 （3）水温表指针直接指向最高位置 （4）冷车启车困难 （5）发动机怠速抖动 （6）发动机加速不良 （7）发动机加速无力 （8）汽油消耗增加 （9）排气管冒黑烟
故障原因	（1）冷却液温度传感器损坏 （2）冷却液温度传感器检测头有污物 （3）冷却液温度传感器线路接触不良、断路或短路
故障分析	（1）使用电脑诊断仪读取发动机模块的故障码，判断为偶发故障还是持续故障，如果是持续故障则更换冷却液温度传感器 （2）使用电脑诊断仪读取进气压力传感器数据流，读取冷车时冷却液温度，以及热车后的冷却液温度，并观察几分钟，观察水温是否正常，是否稳定，显示 -40℃ 为断路，显示 140℃ 或更高为短路 （3）拆卸水温传感器，检查是否有损坏和污物 （4）测量冷却液温度传感器，阻值会随温度升高而电阻变小，水温在 95℃ 时水温传感器的阻值是 120Ω；水温在 108℃ 时水温传感器阻值是 100Ω

2. 冷却液温度传感器电路图（图 21-3-9）。

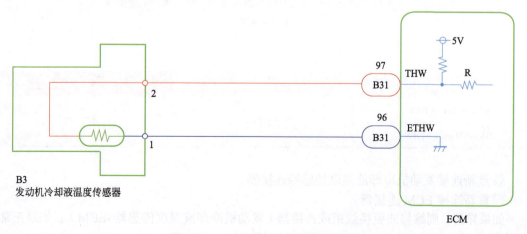

图 21-3-9　冷却液温度传感器电路图

3. 故障检测与排除

❶ 断开发动机冷却液温度传感器连接器。
❷ 断开 ECM 连接器。
❸ 根据图 21-3-10 和表 21-3-14 中的值测量电阻。

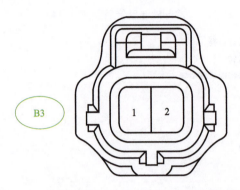

(a) 线束连接器前视图(至发动机冷却液温度传感器)

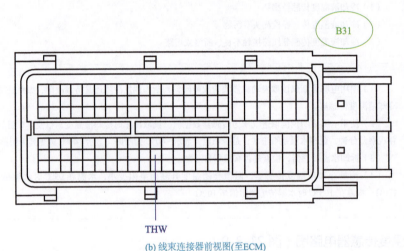

(b) 线束连接器前视图(至ECM)

图 21-3-10　断开冷却液温度传感器连接器、断开 ECM 连接器

1，2—端子

表 21-3-14　标准电阻

检测仪连接	条件	规定状态
B3-2-B31-97（THW）	始终	小于1Ω
B3-1-B31-96（ETHW）		

❹ 重新连接发动机冷却液温度传感器连接器。
❺ 重新连接 ECM 连接器。
　　如果异常，则维修或更换线束或连接器（发动机冷却液温度传感器 -ECM）；如果正常，则更换 ECM。

五、质量空气流量计故障诊断与排除

1. 质量空气流量计故障分析（表 21-3-15）

表 21-3-15　质量空气流量计故障分析

故障现象	（1）发动机故障灯点亮 （2）发动机怠速抖动和怠速不稳 （3）发动机加速不良、车辆无力
故障原因	（1）质量空气流量计本身故障 （2）质量空气流量计线路接触不良、断路或短路 （3）发动机控制单元故障
故障分析	（1）质量空气流量计电压低于 0.2V 或高于 4.9V 达 3s，故障部位：质量空气流量计电路（断路或短路）、质量空气流量计、ECM （2）质量空气流量计电压低于 0.2V 达 3s，故障部位：质量空气流量计电路（断路或短路）、质量空气流量计、ECM （3）质量空气流量计电压高于 4.9V 达 3s，故障部位：质量空气流量计电路（断路或短路）、质量空气流量计、ECM （4）使用电脑诊断仪读取定格数据进一步分析

2. 质量空气流量计电路图（图 21-3-11）

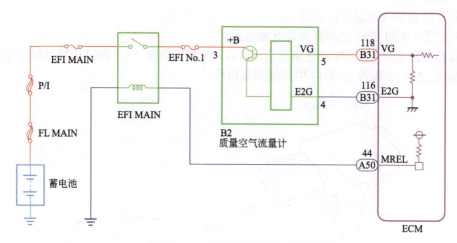

图 21-3-11　质量空气流量计电路图

3. 故障检测与排除

（1）检测质量空气流率为 0 时

❶ 检查质量空气流量计电源电压。

a. 断开质量空气流量计连接器。

b. 将点火开关置于 ON 位置。

c. 根据图 21-3-12 和表 21-3-16 中的值测量电压。

视频精讲

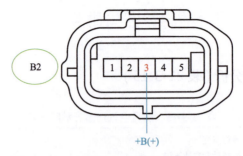

图 21-3-12　质量空气流量计连接器（一）

1～5—端子

表 21-3-16　标准电压（一）

检测仪连接	开关状态	规定状态
B2-3（+B）- 车身搭铁	点火开关置于 ON 位置	9～14V

d. 重新连接质量空气流量计连接器。

如果异常，则检查 EFI No.1 熔丝［检查结果不正常，则更换熔丝；检查结果正常，则维修或更换线束或连接器（质量空气流量计 - 集成继电器）］。

如果正常，则检查质量空气流量计（VG 电压）。

❷ 检查质量空气流量计（VG 电压）。

a. 检查输出电压。

b. 断开质量空气流量计连接器。

c. 向端子 +B 和 E2G 之间施加蓄电池电压。

d. 将检测仪正极（+）探针连接至端子 VG，检测仪负极（-）探针连接至端子 E2G。

根据图 21-3-13 和表 21-3-17 中的值测量电压。

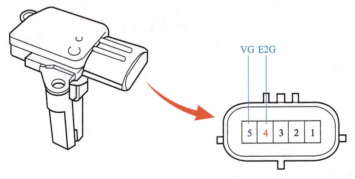

图 21-3-13　质量空气流量计连接器（二）

1～5—端子

表 21-3-17　标准电压（二）

检测仪连接	条件	规定状态
5（VG）-4（E2G）	向端子 +B 和 E2G 之间施加蓄电池电压	0.2～4.9V

e. 重新连接质量空气流量计连接器。

如果异常，则更换质量空气流量计；如果正常，则检查线束和连接器（质量空气流量计 -ECM）。

❸ 检查线束和连接器（质量空气流量计 -ECM）。

a. 断开质量空气流量计连接器。

b. 断开 ECM 连接器。

c. 根据图 21-3-14 和表 21-3-18、表 21-3-19 中的值测量电阻。

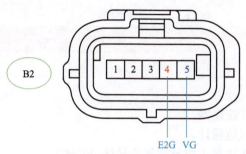

(a) 线束连接器前视图(至质量空气流量计)

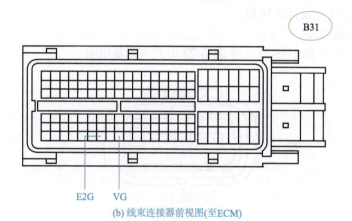

(b) 线束连接器前视图(至ECM)

图 21-3-14　断开质量空气流量计连接器、断开 ECM 连接器（一）

1～5—端子

表 21-3-18　标准电阻（断路检查）

检测仪连接	条件	规定状态
B2-5（VG）-B31-118（VG）	始终	小于 1Ω
B2-4（E2G）-B31-116（E2G）		

表 21-3-19　标准电阻（短路检查）

检测仪连接	条件	规定状态
B2-5（VG）或 B31-118（VG）- 车身搭铁	始终	10kΩ 或更大

d. 重新连接质量空气流量计连接器。

e. 重新连接 ECM 连接器。

如果异常，则维修或更换线束或连接器（质量空气流量计 -ECM）；如果正常，则更换 ECM。

（2）检测质量空气流率为 271.0 或更高时

❶ 检查线束和连接器（传感器搭铁）。

a. 断开质量空气流量计连接器。

b. 根据表 21-3-20 中的值测量电阻。

表 21-3-20　标准电阻

检测仪连接	条件	规定状态
B2-4（E2G）- 车身搭铁	始终	小于 1Ω

c. 重新连接质量空气流量计连接器。

如果正常，则更换质量空气流量计。

如果异常，则检查线束和连接器（质量空气流量计 -ECM）。

❷ 检查线束和连接器（质量空气流量计 -ECM）。

a. 断开质量空气流量计连接器。

b. 断开 ECM 连接器。

根据图 21-3-15 和表 21-3-21、表 21-3-22 中的值测量电阻。

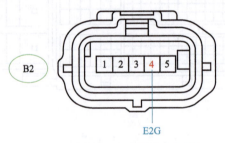

(a) 线束连接器前视图(至质量空气流量计)

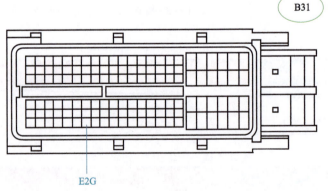

(b) 线束连接器前视图(至ECM)

图 21-3-15　断开质量空气流量计连接器、断开 ECM 连接器（二）

1～5—端子

表 21-3-21　标准电阻（断路检查）

检测仪连接	条件	规定状态
B2-4（E2G）-B31-116（E2G）	始终	小于 1Ω

表 21-3-22　标准电阻（短路检查）

检测仪连接	条件	规定状态
B2-4（E2G）或 B31-116（E2G）- 车身搭铁	始终	10kΩ 或更大

如果异常，则维修或更换线束或连接器（质量空气流量计 -ECM）；如果正常，则更换 ECM。

六、涡轮增压传感器故障诊断与排除（表 21-3-23）

表 21-3-23　涡轮增压传感器故障诊断

故障现象	（1）发动机怠速不稳 （2）发动机加速无力 （3）发动机故障灯点亮 （4）汽油油耗增加
故障原因	（1）涡轮增压传感器损坏 （2）涡轮增压传感器线束插接器接触不良、断路或短路 （3）发动机控制单元故障
故障分析与诊断排除	（1）分析 增压传感器可测量涡轮增压器和节气门体之间的压力范围。此发动机使用的传感器是三级大气传感器。该部分进气系统的压力受发动机转速、节气门开度、涡轮增压器增压、进气温度（IAT）、大气压力（BARO）和增压空气冷却器效率影响。传感器向发动机控制模块（ECM）提供一个与压力变化相关的信号电压。在正常操作条件下，点火开关处于"ON（打开）"位置且发动机关闭时，该部分进气系统的最大压力等于大气压力。当发动机在节气门全开（WOT）的情况下操作时，涡轮增压器可将此压力增加到约 240kPa。发动机怠速运行或减速时，此压力等于大气压力。 （2）诊断 ①增压空气冷却器由需要使用专用高扭矩固定卡箍的柔性管道系统连接至涡轮增压器和节气门体上，这些卡箍不可替代。在进行管道维修作业时，为了防止任何类型的空气泄漏，必须严格遵守紧固规格和正确的卡箍位置，这至关重要 ②使用烟雾发生装置或喷雾瓶中的洗洁精查明进气系统和增压空气冷却器总成中的所有可疑空气泄漏 ③使用电脑诊断仪读取定格数据进行分析

七、气囊传感器故障诊断与排除

以右前气囊传感器为例。

1. 右前气囊传感器故障分析

右前气囊传感器故障分析见表 21-3-24。

表 21-3-24　右前气囊传感器故障分析

故障现象	SRS 警示灯点亮
故障原因	（1）中央气囊传感器总成故障 （2）右前气囊传感器故障
故障分析	右前气囊传感器电路元件由中央气囊传感器总成和右前气囊传感器组成 右前气囊传感器检测车辆碰撞并发送信号给中央气囊传感器总成，以确定是否应该展开气囊 如果在右前气囊传感器中检测到故障，则 SRS 警示灯点亮

2. 右前气囊传感器电路图（图 21-3-16）

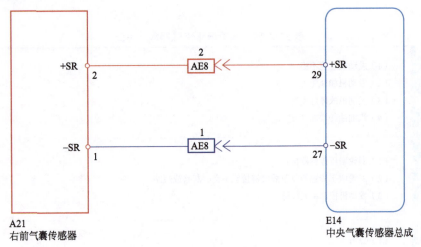

图 21-3-16　右前气囊传感器电路图

3. 故障检测与排除

（1）检查连接器

❶ 将点火开关置于 OFF 位置。

❷ 断开蓄电池负极（-）电缆，等待至少 90s。

❸ 检查并确认连接器已正确连接到中央气囊传感器总成和右前气囊传感器上。检查并确认连接发动机室主线束和仪表板线束的连接器连接正确。

> 提示：
> 如果连接器没有连接牢固，则重新连接连接器并进行下一步检查。

❹ 将连接器从中央气囊传感器总成和右前气囊传感器上断开，并断开连接发动机室主线束和仪表板线束的连接器。

❺ 检查并确认连接器端子没有损坏。
如果异常，则更换线束；如果正常，则检查右前气囊传感器电路（断路）。
（2）检查右前气囊传感器电路（断路）
❶ 连接发动机室主线束和仪表板线束的连接器。
❷ 连接连接器 B 的端子 29（+SR）和 27（-SR）。

小心：

连接时不得强行将 SST 插入连接器端子。

❸ 根据图 21-3-17 和表 21-3-25 中的值测量电阻。

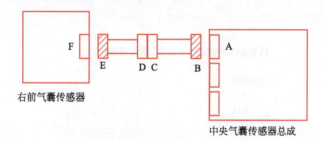

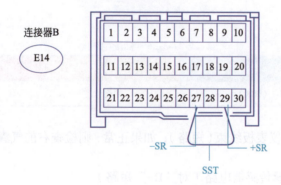

图 21-3-17　连接器（一）

表 21-3-25　标准电阻

检测仪连接	开关状态	规定状态
A21-2（+SR）-A21-1（-SR）	始终	小于 1Ω

如果异常，则检查仪表板线束（断路）；如果正常，则检查右前气囊传感器电路（短路）。

（3）检查右前气囊传感器电路（短路）

❶ 将连接器 B 断开。

❷ 根据图 21-3-18 和表 21-3-26 中的值测量电阻。

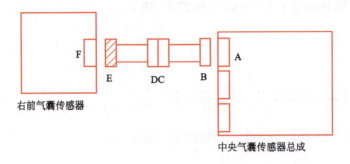

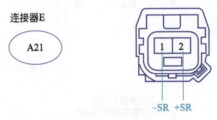

图 21-3-18　连接器（二）

表 21-3-26　标准电阻

检测仪连接	开关状态	规定状态
A21-2（+SR）-A21-1（-SR）	始终	1MΩ 或更大

如果异常，则检查仪表板线束（短路）；如果正常，则检查右前气囊传感器电路（对"B+"短路）。

（4）检查右前气囊传感器电路（对"B+"短路）

❶ 将负极（-）电缆连接至蓄电池。

❷ 将点火开关置于 ON（IG）位置。

❸ 根据图 21-3-18 和表 21-3-27 中的值测量电压。

表 21-3-27　标准电压

检测仪连接	开关状态	规定状态
A21-2（+SR）- 车身搭铁	点火开关置于 ON（IG）位置	低于 1V
A21-1（-SR）- 车身搭铁		

如果异常，则检查仪表板线束（对"B+"短路）；如果正常，则检查右前气囊传感器电路（对搭铁短路）。

（5）检查右前气囊传感器电路（对搭铁短路）

❶ 将点火开关置于 OFF 位置。

❷ 断开蓄电池负极（-）电缆，等待至少 90s。

❸ 根据图 21-3-18 和表 21-3-28 中的值测量电阻。

表 21-3-28 标准电阻

检测仪连接	开关状态	规定状态
A21-2（+SR）- 车身搭铁	始终	1MΩ 或更大
A21-1（-SR）- 车身搭铁		

如果异常，则检查仪表板线束（对搭铁短路）；如果正常，则检查右前气囊传感器。

（6）检查右前气囊传感器

❶ 将连接器连接到中央气囊传感器总成上（图 21-3-19）。

❷ 互换右前、左前气囊传感器，并将连接器连接到这两个传感器上。

❸ 将负极（-）电缆连接至蓄电池。

❹ 将点火开关置于 ON（IG）位置，等待至少 60s。

❺ 清除存储器中的 DTC。

❻ 将点火开关置于 OFF 位置。

❼ 将点火开关置于 ON（IG）位置，等待至少 60s。

❽ 检查是否有 DTC。

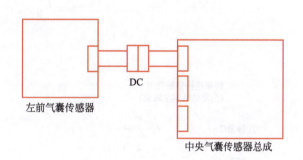

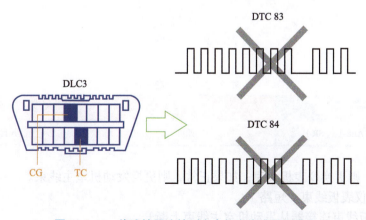

图 21-3-19 将连接器连接到中央气囊传感器总成上

存储器中没有DTC则为正常。

（7）检查仪表板线束（断路）

❶ 将仪表板线束连接器从发动机室主线束上断开。

❷ 根据图21-3-20和表21-3-29中的值测量电阻。

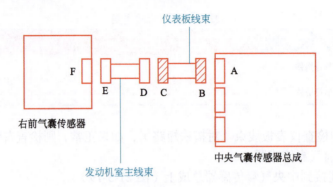

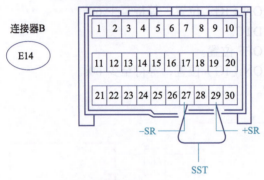

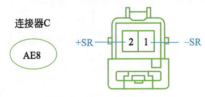

图21-3-20　连接器（三）

表21-3-29　标准电阻

检测仪连接	开关状态	规定状态
AE8-2（+SR）-AE8-1（-SR）	始终	小于1Ω

如果异常，则更换仪表板线束；如果正常，则更换发动机室主线束。

（8）检查仪表板线束（短路）

❶ 将仪表板线束连接器从发动机室主线束上断开。

❷ 根据图21-3-21和表21-3-30中的值测量电阻。

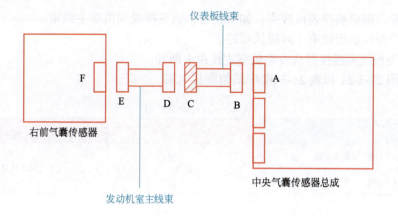

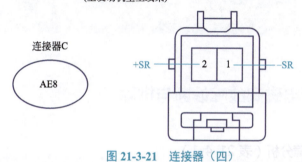

图 21-3-21 连接器（四）

表 21-3-30 标准电阻

检测仪连接	开关状态	规定状态
AE8-2（+SR）-AE8-1（-SR）	始终	1MΩ 或更大

如果异常，则更换仪表板线束；如果正常，则更换发动机室主线束。

（9）检查仪表板线束（对"B+"短路）

❶ 将点火开关置于 OFF 位置。
❷ 断开蓄电池负极（-）电缆，等待至少 90s。
❸ 将仪表板线束连接器从发动机室主线束上断开。
❹ 将负极（-）电缆连接至蓄电池。
❺ 将点火开关置于 ON（IG）位置。
❻ 根据图 21-3-21 和表 21-3-31 中的值测量电压。

表 21-3-31 标准电压

检测仪连接	开关状态	规定状态
AE8-2（+SR）- 车身搭铁	点火开关置于 ON（IG）位置	低于 1V
AE8-1（-SR）- 车身搭铁		

如果异常，则更换仪表板线束；如果正常，则更换发动机室主线束。

（10）检查仪表板线束（对搭铁短路）

❶ 将仪表板线束连接器从发动机室主线束上断开。

❷ 根据图 21-3-21 和表 21-3-32 中的值测量电阻。

表 21-3-32　标准电阻

检测仪连接	开关状态	规定状态
AE8-2（+SR）- 车身搭铁	始终	1MΩ 或更大
AE8-1（-SR）- 车身搭铁		

如果异常，则更换仪表板线束；如果正常，则更换发动机室主线束。

第四节　执行器常见故障

 **活性炭罐电磁阀故障诊断与排除**

 1. 活性炭罐电磁阀故障分析（表 21-4-1）

表 21-4-1　活性炭罐电磁阀故障分析

故障现象	（1）发动机故障灯点亮 （2）发动机怠速抖动和怠速不稳 （3）发动机加速不良、车辆无力
故障原因	（1）活性炭罐电磁阀损坏 （2）活性炭罐电磁阀堵塞 （3）活性炭罐电磁阀故障线束插接器接触不良、断路或短路 （4）发动机控制单元故障
故障分析	（1）为了减少碳氢化合物排放，从燃油箱蒸发的燃油经过活性炭罐进入进气歧管，然后在气缸内燃烧。发动机暖机后，ECM 改变向清污 VSV 发送的占空比信号，以使碳氢化合物排放的进气量与行驶状态（发动机负载、发动机转速、车速等）相适应 （2）使用电脑诊断仪读取定格数据进行分析 （3）使用电脑诊断仪对活性炭罐电磁阀进行动作测试，正常状态下，活性炭罐电磁阀打开有吸力，关闭则无吸力

2. 活性炭罐电磁阀电路图（图 21-4-1）

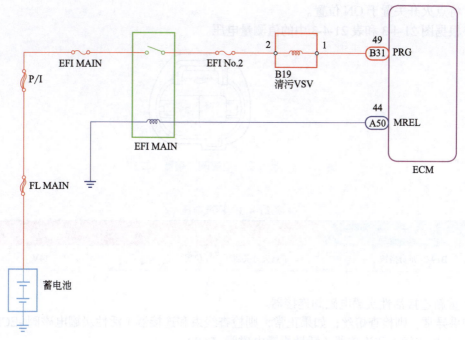

图 21-4-1　活性炭罐电磁阀电路图

3. 故障检测与排除

（1）检查活性炭罐电磁阀

❶ 断开活性炭罐电磁阀连接器。

❷ 根据图 21-4-2 和表 21-4-2 中的值测量电阻。

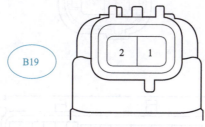

图 21-4-2　活性炭罐电磁阀连接器（一）

1，2—端子

表 21-4-2　标准电阻

检测仪连接	条件 /℃	规定状态
B19-1-B19-2	20	23～26Ω

❸ 重新连接活性炭罐电磁阀连接器。

如果异常，则更换活性炭罐电磁阀；如果正常，则检查活性炭罐电磁阀电源。

（2）检查活性炭罐电磁阀电源

❶断开活性炭罐电磁阀连接器。

❷将点火开关置于 ON 位置。

❸根据图 21-4-3 和表 21-4-3 中的值测量电压。

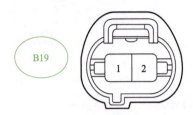

图 21-4-3　活性炭罐电磁阀连接器（二）

表 21-4-3　标准电压

检测仪连接	开关状态	规定状态
B19-2- 车身搭铁	点火开关置于 ON 位置	9～14V

❹重新连接活性炭罐电磁阀连接器。

如果异常，则检查熔丝；如果正常，则检查线束和连接器（活性炭罐电磁阀 -ECM）。

（3）检查线束和连接器（活性炭罐电磁阀 -ECM）

❶断开活性炭罐电磁阀连接器。

❷断开 ECM 连接器。

❸根据图 21-4-4 和表 21-4-4、表 21-4-5 中的值测量电阻。

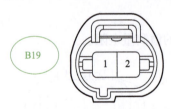

(a) 线束连接器前视图(至清污VSV)

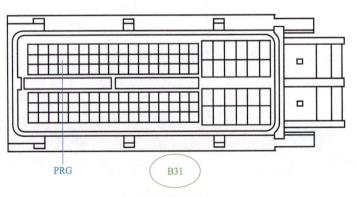

(b) 线束连接器前视图(至ECM)

图 21-4-4　断开活性炭罐电磁阀连接器、ECM 连接器

表 21-4-4　标准电阻（断路检查）

检测仪连接	条件	规定状态
B19-2-B31-49（PRG）	始终	小于 1Ω

表 21-4-5　标准电阻（短路检查）

检测仪连接	条件	规定状态
B19-2 或 B31-49（PRG）- 车身搭铁	始终	10kΩ 或更大

❹ 重新连接清污 VSV 连接器。
❺ 重新连接 ECM 连接器。
如果异常，则维修或更换线束或连接器（活性炭罐电磁阀 -ECM）；如果正常，则更换 ECM。

二、涡轮增压压力限制电磁阀故障诊断与排除（表 21-4-6）

表 21-4-6　涡轮增压压力限制电磁阀故障诊断

故障现象	（1）发动机怠速不稳 （2）发动机加速无力 （3）发动机故障灯点亮 （4）汽油油耗增加
故障原因	（1）增压压力限制电磁阀损坏 （2）增压压力限制电磁阀线束插接器接触不良、断路或短路 （3）发动机控制单元故障
故障分析与诊断排除	（1）增压压力限制电磁阀的作用 　　当发动机高速运转时增压压力增大，达到设定值时压力推动阀体向下移动，将增压器涡壳上的放气阀打开，将排气压力卸掉一部分。采用该阀体主要是为了改善低速工况，使低速时可以得到较高的增压压力 　　发动机控制单元根据需要以占空比方式给增压压力限制电磁阀通电，改变加在增压压力调节单元膜片阀上的气压以调节增压压力。在中低速小负荷时，增压压力限制电磁阀的 A 端与 B 端连通，允许增压压力调节单元自动调节增压压力 　　在加速或高速大负荷时，该电磁阀由发动机控制单元以占空比的方式供电，低压通气端与另两端连通，使加在增压压力调节单元膜片阀上的压力下降，废气旁通阀开度减小，增压压力提高，占空比越大，增压压力越高 （2）使用电脑诊断仪读取定格数据 　　存储 DTC 时，ECM 将车辆和驾驶条件信息记录为定格数据。进行故障排除时，定格数据有助于确定故障出现时车辆是运行还是停止、发动机是暖机还是冷机、空燃比是稀还是浓，以及其他数据

第五节　启动系统常见故障

一、车辆不能启动故障诊断与排除（表21-5-1）

表21-5-1　车辆不能启动故障诊断与排除

故障原因	（1）启动系统故障使发动机不能转动或转动太慢导致发动机无法启动 ①蓄电池存电不足、电极桩柱夹松动或电极桩柱氧化严重 ②电路总熔丝断 ③点火开关故障 ④起动机故障 ⑤启动线路断路或线路连接器接触不良
	（2）点火系统故障引起发动机不能启动 ①点火线圈工作不良，造成高压火花弱或没有高压火花 ②点火线圈故障 ③火花塞故障
	（3）燃油喷射系统故障导致发动机无法启动 ①油箱内没有燃油 ②燃油泵不工作或泵油压力过低 ③燃油管泄漏变形 ④断路继电器断开 ⑤燃油压力调节器工作不良 ⑥燃油滤清器过脏
	（4）进气系统故障问题 ①怠速控制阀或其控制线路故障 ②怠速控制发阀空气管破裂或接头漏气 ③空气流量计故障 ④节气门故障
	（5）传感器故障 ①曲轴位置传感器 a.曲轴位置信号丢失或异常虽然发动机可启动，但会造成ECU因无基础信号引发的计算混乱，喷油提前角，轨压信号和修正数据等会出现无规律的错误。因此维修检测中发现数据流无规律变化时，曲轴位置传感器是必检测的部件 b.ECU对每缸喷油量的修正是曲轴位置传感器根据飞轮上信号孔产生的波形检测每缸活塞的运行速度来决定的，信号异常将会导致喷油量修正异常，引发中、低速时发动机抖动等现象 ②凸轮轴位置传感器 凸轮轴位置传感器同样是ECU运算的基础信号，此信号丢失或异常可造成发动机启动困难 ③水温传感器 水温传感器信号异常可对发动机工作状况造成以下影响 a.产生的低温信号可使ECU认为是冷启动加浓工况，喷油加大，造成混合气过浓，发动机产生燃烧不完全，功率降低状况 b.产生的高温信号可使ECU认为发动机已高温，限油，降低发动机的转速 ④机油压力传感器 机油压力传感器信号异常（低电压值）可使ECU认为机油压力不够，限油，降低发动机的转速 ⑤进气压力传感器 进气压力传感器是ECU计算喷油量大小的重要依据。信号异常：高电压值信号，可使ECU认为为保证混合比，加大喷油量，导致发动机无力，冒黑烟，当超过极限时ECU突然断电停油；低电压值信号，可使ECU减少喷油量，发动机无力

续表

发动机不能启动的几种情况及解决方法	（1）若启动开关转到 S 位置，发动机无反应 检查启动电路、熔丝、继电器、蓄电池及接线情况、启动开关。对自动变速器汽车，应检查换挡手柄是否在 P/N 位置
	（2）若将启动开关转到 S 位置，只听到起动机发出"咔咔"声响，发动机仍不转动 ①检查蓄电池电压及接线情况 ②检查起动机的吸拉线圈和保持线圈的工作情况 ③检查发动机是否曲轴抱死
	（3）只有起动机空转，发动机不转 检查起动机的吸拉线圈和保持线圈的工作情况，检查起动机小齿轮及单向离合器
	（4）若将启动开关转到 S 位置，发动机转速无力，不能启动（200r/min） 检查蓄电池、起动机
	（5）若将启动开关转到 S 位置，发动机启动，但一松手，点火开关回到 ON 的位置时发动机熄火 启动开关工作不良
	（6）若起动机非常有力地带动发动机运转（超过 200r/min），但发动机仍无法启动 ①用仪器或自诊断系统检测故障码 ②检查点火电路 a. 检查有无跳火 b. 将火花塞高压线或中央高压线拔出，让其在离搭铁 5～8mm 处试火。若无火则首先检查：发动机转速传感器、曲轴位置 / 凸轮轴位置传感器的信号输出及线路情况 ③检查供油系统 检查火花塞润湿情况，润湿则说明油路供油；若不润湿则检查以下项目 a. 汽油泵工作情况，通电、油压 b. 喷油器电路及工作情况 c. 油路是否畅通，油箱是否有油 ④检查配气正时

二、起动机不工作故障诊断与排除（表 21-5-2）

表 21-5-2　起动机不工作故障诊断排除

故障现象	汽车起动机运转无力是指汽车起动机能带动汽车发动机转动，但是转速太低（汽车发动机正常怠速转速是 800r/min），严重时起动机停转，起动机功率明显不足
故障原因	（1）蓄电池供电系统有问题：如蓄电池电量不足、汽车主电源熔丝或者继电器损坏、起动机电缆和蓄电池接线柱松动或者是接线柱氧化 （2）启动继电器故障：如启动继电器电感线圈短路、启动继电器电感线圈断路或者搭铁、启动继电器动触点或者静触点烧蚀、启动继电器铁芯与触点臂间隙过大等 （3）起动机故障：如起动机直流电动机故障、传动机构故障、控制装置故障等 （4）启动开关故障，汽车启动挡失灵

续表

诊断与排除	（1）检查蓄电池 当出现喇叭不响、仪表灯暗淡、电动车窗升降慢、汽车前大灯昏暗、防启动指示灯闪烁（有些车型）等状况时，应检查蓄电池接线柱是否氧化或连接不良，蓄电池是否接地不良，测量起动机的启动电压是否大于9.6V （2）检查起动机 将起动机上接电缆线的主接线杆与启动接线柱短接，若起动机不能工作，说明起动机的电磁开关等有故障，需拆下起动机进行检修 （3）检查点火开关和与点火开关有关的线路 （4）检查汽车启动继电器和启动熔丝，以此判断故障部位

三、点火线圈故障诊断与排除

1. 点火线圈故障分析（表21-5-3）

表21-5-3　点火线圈故障分析

故障现象	（1）发动机故障灯点亮 （2）发动机怠速抖动 （3）发动机加速无力 （4）燃油消耗比正常时多 （5）急加速时发动机无力并抖动
故障原因	（1）点火线圈损坏 （2）点火线圈绝缘套损坏 （3）点火线圈线束插接器接触不良、断路或短路 （4）发动机控制单元故障
故障分析	以直接点火系统（DIS）为例 DIS是单缸点火系统，其中每个气缸由一个点火线圈点火，火花塞连接在各个次级绕组的末端。次级绕组中产生的高电压直接作用到各个火花塞上。火花塞产生的火花通过中央电极到达搭铁电极 ECM确定点火正时并向每个气缸发送点火信号（IGT）。ECM根据IGT信号接通或关闭点火器内的功率晶体管的电源。功率晶体管进而接通或断开流向初级线圈的电流。当初级线圈中的电流被切断时，次级线圈中产生高压。此高压被施加到火花塞上并使其在气缸内部产生火花。一旦ECM切断初级线圈电流，点火器便会将点火确认（IGF）信号发送回ECM，用于各气缸点火 以下DTC表示与初级电路有关的故障 如果设置了DTC P0351，则检查1号点火线圈电路 如果设置了DTC P0352，则检查2号点火线圈电路 如果设置了DTC P0353，则检查3号点火线圈电路 如果设置了DTC P0354，则检查4号点火线圈电路 使用电脑诊断仪读取定格数据进一步分析

2. 点火线圈电路分析

点火线圈电路图如图21-5-1和图21-5-2所示。

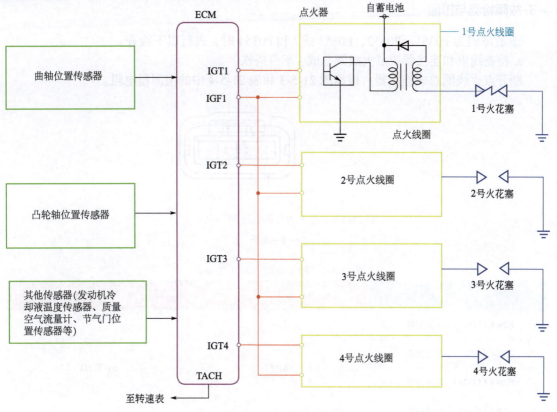

图 21-5-1 点火线圈原理图

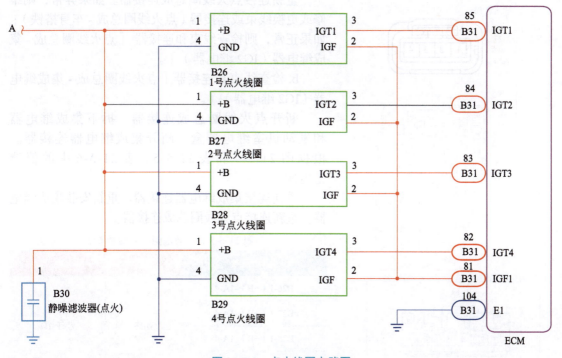

图 21-5-2 点火线圈电路图

3. 故障检测与排除

❶ 故障码为 P0351、P0352、P0353 或 / 和 P0354 时，进行以下检查。

a. 检查线束和连接器（点火线圈总成 - 车身搭铁）。

断开点火线圈总成连接器。根据图 21-5-3 和表 21-5-4 中的值测量电阻。

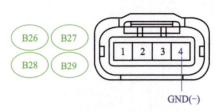

图 21-5-3　点火线圈总成连接器（一）

1～4—端子

表 21-5-4　标准电阻（断路检查）

检测仪连接	条件	规定状态
B26-4（GND）- 车身搭铁	始终	小于 1Ω
B27-4（GND）- 车身搭铁		
B28-4（GND）- 车身搭铁		
B29-4（GND）- 车身搭铁		

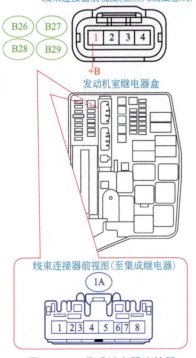

图 21-5-4　集成继电器连接器

重新连接点火线圈总成连接器。如果异常，则维修或更换线束或连接器（点火线圈总成 - 车身搭铁）；如果正常，则检查线束和连接器［点火线圈总成 - 集成继电器（IG2 继电器）］。

b. 检查线束和连接器［点火线圈总成 - 集成继电器（IG2 继电器）］。

断开点火线圈总成连接器。拆下集成继电器和发动机室继电器盒。断开集成继电器连接器。根据图 21-5-4 和表 21-5-5、表 21-5-6 中的值测量电阻。

重新连接集成继电器连接器。重新安装集成继电器。重新连接点火线圈总成连接器。

表 21-5-5　标准电阻（断路检查）

检测仪连接	条件	规定状态
B26-1（+B）-1A-4	始终	小于 1Ω
B27-1（+B）-1A-4		
B28-1（+B）-1A-4		
B29-1（+B）-1A-4		

表 21-5-6 标准电阻（短路检查）

检测仪连接	条件	规定状态
B26-1（+B）或 1A-4- 车身搭铁	始终	10kΩ 或更大
B27-1（+B）或 1A-4- 车身搭铁		
B28-1（+B）或 1A-4- 车身搭铁		
B29-1（+B）或 1A-4- 车身搭铁		

如果异常，则维修或更换线束或连接器［点火线圈集成继电器（IG2 继电器）］；如果正常，则检查 ECM 电源电路。

❷ 当输出 DTC P0351、P0352、P0353 或 P0354 时，需要进行以下检查。

a. 检查点火线圈总成（电源）。

断开点火线圈总成连接器。将点火开关置于 ON（IG）位置。根据图 21-5-5 和表 21-5-7 中的值测量电压。

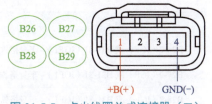

图 21-5-5 点火线圈总成连接器（二）

表 21-5-7 标准电压

检测仪连接	开关状态	规定状态
B26-1（+B）-B26-4（GND）	点火开关置于 ON（IG）位置	9～14V
B27-1（+B）-B27-4（GND）		
B28-1（+B）-B28-4（GND）		
B29-1（+B）-B29-4（GND）		

检查结果为正常，则检查线束和连接器（点火线圈总成 -ECM）。

b. 检查线束和连接器（点火线圈总成 -ECM）。

断开点火线圈总成连接器。断开 ECM 连接器。根据图 21-5-6 和表 21-5-8、表 21-5-9 中的值测量电阻。

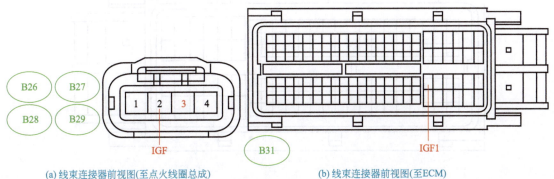

图 21-5-6 断开点火线圈总成连接器、ECM 连接器（一）

表 21-5-8 标准电阻（断路检查）

检测仪连接	条件	规定状态
B26-2（IGF）-B31-81（IGF1）	始终	小于 1Ω
B27-2（IGF）-B31-81（IGF1）		
B28-2（IGF）-B31-81（IGF1）		
B29-2（IGF）-B31-81（IGF1）		

表 21-5-9 标准电阻（短路检查）

检测仪连接	条件	规定状态
B26-2（IGF）或 B31-81（IGF1）- 车身搭铁	始终	10kΩ 或更大
B27-2（IGF）或 B31-81（IGF1）- 车身搭铁		
B28-2（IGF）或 B31-81（IGF1）- 车身搭铁		
B29-2（IGF）或 B31-81（IGF1）- 车身搭铁		

重新连接 ECM 连接器。重新连接点火线圈总成连接器。

如果异常，则维修或更换线束或连接器（点火线圈总成 -ECM）；如果正常，则检查线束和连接器（点火线圈总成 -ECM）。

c. 检查线束和连接器（点火线圈总成 -ECM）。

断开点火线圈总成连接器。断开 ECM 连接器。根据图 21-5-7 和表 21-5-10、表 21-5-11 中的值测量电阻。

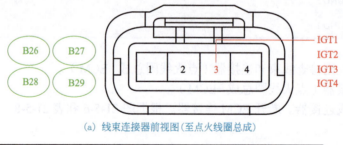

(a) 线束连接器前视图(至点火线圈总成)

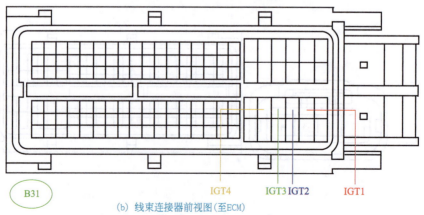

(b) 线束连接器前视图(至ECM)

图 21-5-7 断开点火线圈总成连接器、ECM 连接器（二）

表 21-5-10　标准电阻（断路检查）

检测仪连接	条件	规定状态
B26-3（IGT1）-B31-85（IGT1）	始终	小于 1Ω
B27-3（IGT2）-B31-84（IGT2）		
B28-3（IGT3）-B31-83（IGT3）		
B29-3（IGT4）-B31-82（IGT4）		

表 21-5-11　标准电阻（短路检查）

检测仪连接	条件	规定状态
B26-3（IGT1）或 B31-85（IGT1）- 车身搭铁	始终	10kΩ 或更大
B27-3（IGT2）或 B31-84（IGT2）- 车身搭铁		
B28-3（IGT3）或 B31-83（IGT3）- 车身搭铁		
B29-3（IGT4）或 B31-82（IGT4）- 车身搭铁		

重新连接 ECM 连接器。重新连接点火线圈总成连接器。
如果异常，则维修或更换线束或连接器（点火线圈总成 -ECM）；如果正常，则更换 ECM。

第六节　转向制动与照明系统常见故障

一、转向泵及系统有异响故障诊断与排除（表 21-6-1）

表 21-6-1　转向泵及系统有异响故障诊断与排除

故障原因	（1）转向泵油杯油面过低，系统漏油或动力转向系统中有空气 （2）转向泵油杯内的滤芯脏造成转向泵吸油不足 （3）转向系统内部清洁度差，造成定子、转子、分油盘、端盖、输入轴过度磨损 （4）油管在安装和连接过程中有堵塞、弯折或产生共振及进出油不畅现象 （5）转向系统因过度负荷运转，造成转向泵内部的定、转子过度磨损，从而造成泵内的油液不规则运动从而产生异响声 （6）发动机其他转动部件，如水泵、空调压缩机、张紧轮、皮带轮等轴承响 （7）泵的安装位置低或汽车的行驶路况极差等问题，极易造成油泵的壳体外表堆积大量的泥沙和油垢，这容易造成油泵的输入轴及壳体的滚珠轴承在使用过程中被外界的水、酸、碱物所腐蚀，若不按期维护整个转向系统，则油泵的滚珠轴承极易发生被烧坏或被卡死的现象，同时也极易在此处产生异响声 （8）转向器、转向泵在支架上的安装出现松动，转向器内部磨损及齿轮、齿条调整不当
故障检测与排除	（1）清洁整个转向系统 （2）检查并维修油管、油杯、转向泵、转向器，更换新的动力转向助力油和油杯 （3）排除整个转向系统中的空气 （4）按规定调整转向器齿轮、齿条间隙 （5）检查其他转动件，在特殊情况下需更换转向泵或转向器总成

二、 ABS 防抱死系统警告灯长亮故障诊断与排除（表 21-6-2）

表 21-6-2　ABS 防抱死系统警告灯长亮故障诊断与排除

故障现象	（1）在发动机启动后或汽车行驶中 ABS 故障警告灯一直亮着 （2）ABS 装置失去作用，汽车紧急制动时车轮会抱死 （3）汽车制动效能较差
故障原因	（1）制动主缸储液室内的制动液太少，液面高度太低 （2）制动系统管路中有空气 （3）车轮转速传感器损坏或线路有故障 （4）车轮转速传感器感应齿圈损坏或传感器与感应齿圈间隙之间有杂物 （5）电动回液泵继电器损坏或线路有故障 （6）电动回液泵电动机损坏或线路有故障 （7）二位二通电磁阀继电器损坏或线路有故障 （8）二位二通电磁阀损坏或线路有故障，压力调节器中电磁阀位置 （9）ABS 的 ECU 电源线路或搭铁线路有故障
诊断与排除	（1）检查制动主缸储液室内的液面高度，若太低，应加注制动液至正常液面高度 （2）进行故障自诊断，按照读取的故障码查找故障原因 （3）如果无法读取故障码，则可按 ABS 故障警告灯点亮的规律判断故障的大致范围：若打开点火开关后或发动机启动后 ABS 故障警告灯一直不熄灭，则可能是 ABS 的 ECU、电回液泵、二位二通电磁阀损坏或其电源线路、搭铁线路有故障；若打开点火开关后或发动机启动后 ABS 故障警告灯能正常熄灭，但汽车行驶至 40km/h 时踩制动踏板后 ABS 故障警告灯又亮起，则通常是车轮转速传感器损坏或其线路有故障 （4）检测 ABS 的 ECU 电源线路。打开点火开关，对照所检修车型的 ABS 线路图，从 ABS 的 ECU 线束插头上检测与蓄电池正极及点火开关电源线路连接的各脚的电压，其值应等于蓄电池电压，否则说明熔丝或电源线路有故障，应予以修复 （5）检测 ABS 的 ECU 搭铁情况。对照线路图，从 ABS 的 ECU 线束插头上检测各搭铁端子与蓄电池负极之间的电阻，其值应为 0，否则说明搭铁不良，应予以修复 （6）检测电动回液泵继电器及其线路，若继电器有故障，应予以更换；若继电器的电源线路或与 ECU 连接的控制线路有故障，应予以修复 （7）检测电动回液泵电动机及其线路。拆开制动压力调节器上盖，拔下电动回液泵继电器，打开点火开关，将继电器插座上连接继电器开关触点的 2 个端子用一根导线短接，使蓄电池电源直接施加在电动机上，此时应能听到电动回液泵电动机转动的声音，否则说明电动机或其线路有故障，应检修线路或更换制动压力调节器总成 （8）检测二位二通电磁阀继电器及其线路，如继电器有故障，应更换；如线路有故障，应予以修复 （9）检测二位二通电磁阀。拔下制动压力调节器线束连接器，对照所修车型的 ABS 线路图，在制动压力调节器线束插座上分别测量各个二位二通电磁阀的线圈电阻，其阻值应符合标准（一般为 0.8～1.5Ω）。如有异常，应更换制动压力调节器总成 （10）测量制动灯开关，在踩下制动踏板时，制动灯开关应闭合；未踩制动踏板时，制动灯开关应断开。如有异常，应更换制动灯开关 （11）检查各个车轮转速传感器，检查感应齿圈有无缺齿、齿圈与传感器之间有无杂物、齿圈与传感器之间的气隙是否正常。拔下传感器线束连接器，检测传感器电阻，其阻值应符合标准；转动车轮，同时用万用表测量传感器输出电压信号，如无信号输出，说明传感器有故障，应予以更换

三、 ABS 泵电动机故障诊断与排除

1. ABS 泵电动机故障分析（表 21-6-3）

表 21-6-3　ABS 泵电动机故障分析

故障现象	（1）ABS 警告灯点亮 （2）ABS 泵不工作

续表

故障原因	（1）ABS 泵损坏 （2）ABS 泵线路插接器接触不良、断路或短路 （3）防抱死控制单元故障
故障分析	ABS 电动机继电器向 ABS 泵电动机供电。ABS 被激活时 ECU 接通电动机继电器并运行 ABS 泵电动机。如果因蓄电池或交流发电机电压过低，导致向电动机继电器（+BM）输送的电压低于 DTC 检测下限值，则 DTC 可能被存储 （1）检测到以下任一状况时，故障部位为 ABS No.1 熔丝、ABS 电动机继电器电路、制动器执行器总成（ABS 电动机继电器） ①以下状况持续 0.1s 或更长时间 a. IG1 端子电压为 9.5V 或更高 b. 初始检查时，或 ABS 或 BA 运行时 c. 继电器接通时，继电器触点断开 ②以下两种状况持续 0.1s a. IG1 端子电压低于 9.5V b. 继电器接通时，继电器触点仍然断开 （2）电动机继电器断开时，电动机继电器保持关闭 4s 或更长时间。故障部位为 ABS 电动机继电器电路和制动器执行器总成（ABS 电动机继电器）

2. ABS 泵电路图

ABS 泵电路图如图 21-6-1 所示。

3. 故障检测与排除

（1）读取故障

❶ 读取故障码，缩小检查范围。

❷ 故障码含义为 ABS 电动机继电器电路断路。

（2）检查 ABS No.1 熔丝

❶ 从发动机室继电器盒上拆下 ABS No.1 熔丝。

❷ 根据图 21-6-2 和表 21-6-4 中的值测量电阻。

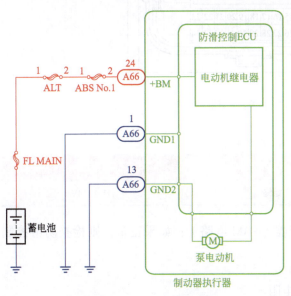

图 21-6-1　ABS 泵电路图

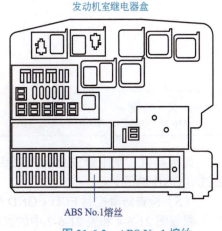

图 21-6-2　ABS No.1 熔丝

表 21-6-4　标准电阻

检测仪连接	条件	规定状态
ABS No.1（50A）熔丝	始终	小于 1Ω

如果异常，则更换 ABS No.1 熔丝；如果正常，则用智能检测仪执行主动测试（ABS 电动机继电器）。

（3）用智能检测仪执行主动测试（ABS 电动机继电器）
❶ 安装 ABS No.1 熔丝。
❷ 使用智能检测仪操作 ABS 电动机继电器时，检查 ABS 电动机继电器的工作声音（表 21-6-5）。

表 21-6-5　动作测试

测试部位	控制范围	诊断备注
ABS 电动机继电器	继电器 ON/OFF	可听到电动机的工作声音

如果异常，则检查防滑控制 ECU（+BM 端子）。
（4）检查防滑控制 ECU（+BM 端子）
❶ 将点火开关置于 OFF 位置。
❷ 断开防滑控制 ECU 连接器。
❸ 根据图 21-6-3 和表 21-6-6 中的值测量电压。

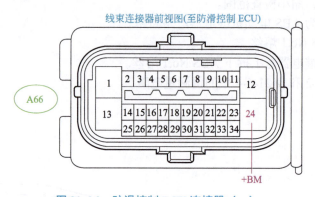

图 21-6-3　防滑控制 ECU 连接器（一）

表 21-6-6　标准电压

检测仪连接	条件	规定状态
A66-24（+BM）- 车身搭铁	始终	11～14V

如果异常，则维修或更换线束或连接器（+BM 电路）；如果正常，则检查防滑控制 ECU（GND 端子）。

（5）检查防滑控制 ECU（GND 端子）
根据图 21-6-4 和表 21-6-7 中的值测量电阻。

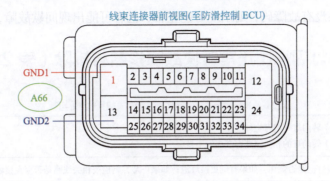

图 21-6-4　防滑控制 ECU 连接器（二）

表 21-6-7　标准电阻

检测仪连接	条件	规定状态
A66-1（GND1）- 车身搭铁	始终	小于 1Ω
A66-13（GND2）- 车身搭铁		

如果异常，则维修或更换线束或连接器（GND 电路）；如果正常，则再次确认故障码。

（6）再次确认故障码

 提示：

① 当确定制动器执行器总成中出现故障时，将检测到该代码。

② ABS 电动机继电器在制动器执行器总成内。因此 ABS 电动机继电器检查和电动机继电器单元检查无法执行。更换制动器执行器总成前务必检查是否有任何 DTC 输出。

❶ 清除 DTC。
❷ 启动发动机。
❸ 以 20km/h 或更高的速度行驶车辆 30s 或更长时间。
❹ 检查是否记录同一 DTC。

 提示：

① 当点火开关置于 ON 位置且制动灯开关关闭时，如果 6km/h 或更高的车速信号输入到防滑控制 ECU，ECU 将执行电动机和电磁阀电路的自诊断。

② 如果输出正常系统代码（未输出故障码），则轻轻晃动制动器执行器总成的连接器、线束和熔丝，确保未输出 DTC。

③ 如果在晃动制动器执行器总成（防滑控制 ECU）连接器或线束时输出任何 DTC，则检查并维修连接器或线束。

DTC 的输出可能是由连接器端子的不良连接所造成的。如果有故障码，则更换制动器执行器总成；如果没有故障码，则系统可能正常，也有可能出现间歇故障，需要进一步检查。

四、转向灯闪烁比正常时快故障诊断与排除（表21-6-8）

表21-6-8　转向灯闪烁比正常时快故障诊断与排除

故障原因	（1）转向灯灯泡有烧坏 （2）转向灯的相关线路存在接触不良
诊断与排除	检查灯泡是否烧坏，如果有则更换灯泡；如果正常，则检查相关线路是否存在接触不良

五、前照灯光暗淡故障诊断与排除（表21-6-9）

表21-6-9　前照灯光暗淡故障诊断与排除

故障原因	（1）蓄电池容量不足，端电压降低 （2）发电机不发电或发电量不足，输出电压低 （3）散光玻璃或反射镜上有尘埃 （4）电线接头松动和锈蚀，使电阻增大 （5）灯丝蒸发、功率降低
诊断与排除	诊断时，应根据不同的故障现象采取不同的诊断方法 （1）个别灯丝暗淡 　　如果只有个别灯丝暗淡，故障往往是该灯丝功率偏低或其线路接触不良，可更换灯泡对比检查，若更换灯泡后，亮度正常，表明灯泡有故障；否则，检修线路 （2）一个灯的两个灯丝都比较暗淡 　　如果一个灯的两个灯丝都比较暗淡，故障往往是该反射镜、配光镜表面脏污或灯丝功率偏低或搭铁线搭铁不良。如果一个灯的两个灯丝都非常暗淡，故障往往是该搭铁线短路。如果该灯良好搭铁后，亮度正常，表明原来搭铁线断路或搭铁不良，重新接好搭铁线；否则，检查灯泡和反射镜、配光镜，必要时进行清洁或更换

第七节　其他常见故障

一、蓄电池报警灯点亮故障诊断与排除（表21-7-1）

表21-7-1　蓄电池报警灯点亮故障诊断与排除

故障现象	接通点火开关和发动机正常运转时，充电指示灯始终不亮
故障原因	（1）充电指示灯灯丝断路 （2）熔断器烧断，使指示灯线路不通 （3）指示灯或调节器电源线路导线断路或接头松动 （4）蓄电池极柱上的电缆接头松动 （5）点火开关故障 （6）发电机电刷与滑环接触不良 （7）调节器内部电路故障，如调节器内部电子元件损坏而使大功率三极管不能导通或大功率三极管本身断路

续表

诊断与排除	首先启动发动机并急速（交流发电机转速 2000r/min 左右）运转，然后用万用表检查发电机电源系统能否充电（发电机输出电压能够超过蓄电池电压）。将充电指示灯不亮分为电源系统能充电与不能充电两种情况分别进行排除 　　当接通点火开关时充电指示灯不亮，启动发动机后发电机又能发电（发电机输出电压能够超过蓄电池电压），说明发电机充电系统正常，应检查仪表盘上的充电指示灯是否正常，若灯丝断路，则需更换 　　当接通点火开关充电指示灯不亮，并且启动发动机后发电机不能发电时，故障排除方法与诊断程序如下 　　（1）首先断开点火开关，检查熔断器是否断路。如该熔断器断路，必须更换相同容量的熔断器；如熔断器良好，再继续检查 　　（2）接通点火开关，用万用表检测熔断器上的电压值，如电压为零，说明点火开关以及点火开关与熔断器之间线路有故障，应予检修或更换；如熔断器上的电压等于蓄电池的电压，再继续检查 　　（3）拆下调节器接线端子上的导线，接通点火开关，用万用表检测调节器接线端子上的导线电压，如电压为零，说明仪表盘上的充电指示灯或充电指示灯的旁通电阻断路，或仪表盘与调节器之间的线路断路，应予以检修或更换；如调节器接线端子上的导线电压等于蓄电池的电压，再继续检查 　　（4）检查电刷与电刷弹簧、电刷与滑环接触是否良好，否则应予以检修或更换；如接触良好，再继续检查 　　（5）检查调节器有无故障，如有则需更换调节器总成 　　（6）检查发电机的转子绕组有无短路、断路、搭铁故障，如有则需更换

二、电动刮水器不工作故障诊断与排除（表 21-7-2）

表 21-7-2　电动刮水器不工作故障诊断与排除

故障现象	接通刮水器控制开关电源后，刮水器电动机不能运转
故障原因	（1）电动机方面。电动机转子断线，电线电刷磨损，电动机轴弯曲，电动机内部短路 （2）电源电路。刮水器外电路短路，接线柱松或断路，接地不良 （3）开关接触不良 （4）拉杆式摆杆卡住，拉杆脱落，摆杆脱落或锈死
诊断与排除	（1）接通开关，用手触摸电动机外壳，若电动机微微振动或发热，则可能是刮水片、传动杆件、减速机构或电动机转子卡住 （2）用万用表检查电源电路，若发现短路或断路，应予以排除 （3）目测使用情况，必要时更换电动机

三、驾驶员侧车门主开关不能升降驾驶员车窗故障诊断与排除

1. 驾驶员侧车门主开关故障分析（表 21-7-3）

表 21-7-3　驾驶员侧车门主开关故障分析

故障原因	（1）电动车窗升降器电动机（驾驶员侧）损坏 （2）电动车窗主开关损坏 （3）电动车窗主开关线束或连接器损坏
故障分析	（1）驾驶员车门中的电动车窗控制系统部分由一个电动车窗主开关、升降器和带集成 ECU 的电动机组成。当操作电动车窗主开关时（带防夹功能的车型），驾驶员车门电动车窗升降器电动机由 ECU 控制 （2）检查驾驶员车门主开关上的小灯是否点亮，若点亮则说明电源没有问题 （3）拆下驾驶员车门主开关进行检测，如果异常则更换 （4）如果正常，则检查电动车窗主开关线束或连接器

2. 驾驶员侧车门主开关电路图（图 21-7-1）

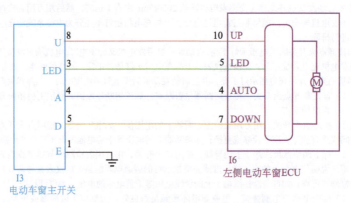

图 21-7-1　驾驶员侧车门主开关电路图

3. 故障检测与排除

（1）检查电动车窗主开关

根据图 21-7-2 和表 21-7-4 中的值测量电阻。

表 21-7-4　标准电阻

检测仪连接	条件	规定状态
8（U）-1（E）-4（A）	自动上升	小于 1Ω
8（U）-1（E）	手动上升	
5（D）-1（E）	手动下降	
4（A）-5（D）-1（E）	自动下降	

如果异常，则更换电动车窗主开关；如果正常，则检查线束和连接器（电动车窗主开关 - 车窗升降器电动机）。

（2）检查线束和连接器（电动车窗主开关 - 车窗升降器电动机）

❶ 断开连接器 I3 和 I6。

❷ 根据图 21-7-3 和表 21-7-5 中的值测量电阻。

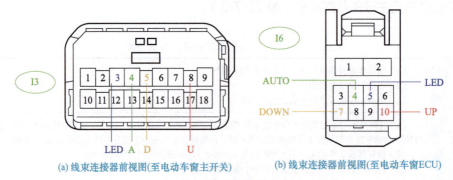

图 21-7-3　连接器 I3 和 I6

表 21-7-5　标准电阻

检测仪连接	条件	规定状态
I3-8（U）-I6-10（UP）	始终	小于 1Ω
I3-3（LED）-I6-5（LED）		
I3-4（A）-I6-4（AUTO）		
I3-5（D）-I6-7（DOWN）		
I3-8（U）- 车身搭铁		10kΩ 或更大
I3-3（LED）- 车身搭铁		
I3-4（A）- 车身搭铁		
I3-5（D）- 车身搭铁		

如果异常，则维修或更换线束或连接器；如果正常，则更换前排驾驶员侧电动车窗升降器电动机。

四、轮胎异常磨损故障诊断与排除

表 21-7-6　轮胎异常磨损故障诊断与排除

现象	原因分析	诊断与排除
轮胎的中央部分早期磨损	轮胎充气量过大，这样不但影响轮胎的减振性能，还会使轮胎的变形量过大	可测量和调整轮胎的气压，并且让轮胎按期换位。通常子午线轮胎与普通斜交轮胎的换位方法不同
轮胎的两边磨损量过大	轮胎充气量不足或长期超负荷行驶，使轮胎与地面接触面大，造成轮胎两边与地面接触而形成早期磨损	可测量轮胎的气压，并调整到规定值，汽车使用时限制负荷，防止超载
轮胎的一边磨损量过大	车轮外倾角不对引起	可修理或更换车桥和悬架上的零件，并通过调整车轮外倾角来解决
轮胎胎面出现锯齿状磨损	前轮定位调整不当或前悬架系统位置失常、球头松旷等，使正常滚动的车轮发生支承架滑动或行驶中车轮定位不断变化而造成轮胎锯齿状磨损	调整前轮定位，检查前悬架系统和球头销，必要时进行调整或更换
个别轮胎磨损量过大	个别车轮悬架系统失常、支承架弯曲或个别车轮不平衡所致	检查磨损严重的车轮定位情况、独立悬架弹簧和减振器的工作情况，同时应缩短车轮的换位周期
轮胎出现斑秃形磨损	轮胎的个别部位出现斑秃性严重磨损，是轮胎的平衡性差所致。当不平衡的车轮高速转动时，个别部位受力很大，磨损相应加快，伴随转向发抖，使操纵性变差	如果在汽车行驶中发现某一特定速度车辆有轻微抖动时，就应立即对车轮进行平衡处理，这样可防止轮胎出现斑秃性磨损

参 考 文 献

[1] 周晓飞 . 汽车维修从入门到精通 [M]. 北京：化学工业出版社，2018.
[2] 张能武 . 汽车电子元器件识别与检测 [M]. 北京：化学工业出版社，2018.
[3] 姚科业 . 图解汽车传感器识别·检测·拆装·维修（双色图解精华版）[M]. 北京：化学工业出版社，2017.
[4] 李玉茂 . 汽车发动机电控系统原理与维修 [M]. 北京：机械工业出版社，2010.